U0652800

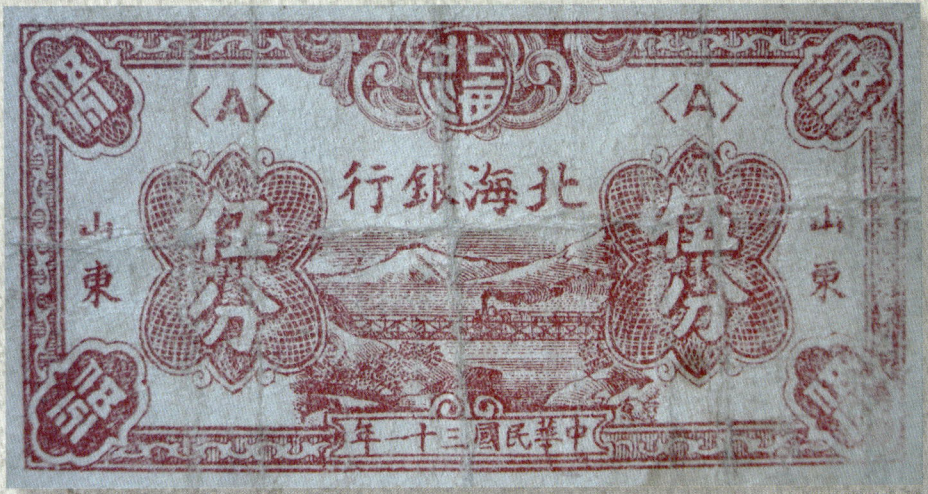

北海銀行

093528　093528

貳角　貳角

山東　山東

貳角

中華民國三拾一年

北海銀行

841546　841546

壹　壹

山東　山東

壹圓　壹圓

壹　壹

中華民國三十一年

北海银行

A1533646　北海银行　A1533646

拾圓

山東　山東

拾　拾

經理　重重

中華民國三十二年印

082868　北海银行　082868

伍圓

山東

伍　伍

憑票付印國幣伍圓

中華民國二十九年印

北海银行

A0445878　A0445878

拾圓

魯中　魯中

拾　拾

中華民國三十二年印

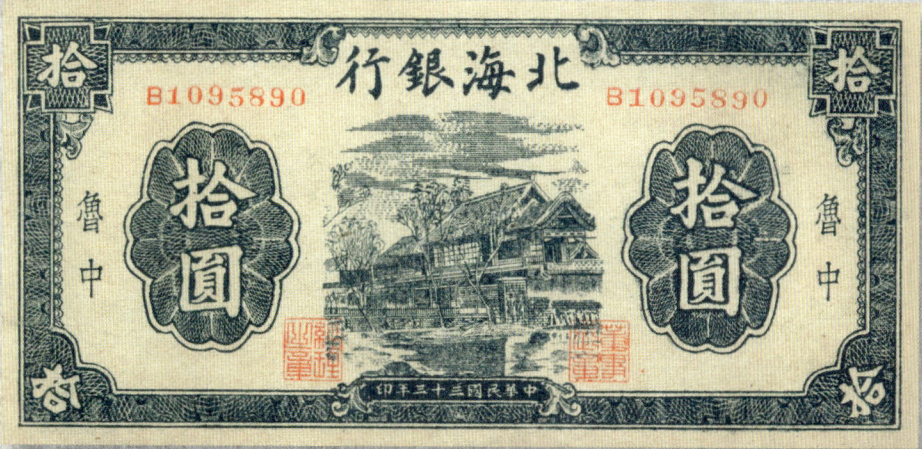

北海银行

B1095890　B1095890

拾圓　拾圓

魯中　魯中

拾　拾

中華民國三十三年印

北海銀行

D1494931　　　D1494931

拾

山東　　　山東

拾圓　　　拾圓

拾

拾

中華民國三十三年印

北海銀行

0395394　　　0395394

壹百圓　　　壹百圓

山東

壹百圓　　　壹圓

壹百圓

中華民國三十四年印

# 北海银行在沂蒙

山东省钱币学会
临沂市钱币学会 主编

中国金融出版社

责任编辑：张智慧　王雪珂
责任校对：潘　洁
责任印制：陈晓川

**图书在版编目（CIP）数据**

北海银行在沂蒙（Beihai Yinhang zai Yimeng）/山东省钱币学会，临沂市钱币学会主编. —北京：中国金融出版社，2014.1
ISBN 978 - 7 - 5049 - 7153 - 1

Ⅰ.①北…　Ⅱ.①山…　②临…　Ⅲ.①银行史—史料—山东省—民国　Ⅳ.①F832.96

中国版本图书馆 CIP 数据核字（2014）第 240113 号

出版
发行　中国金融出版社

社址　北京市丰台区益泽路 2 号
市场开发部　（010）63266347，63805472，63439533（传真）
网 上 书 店　http://www.chinafph.com
　　　　　　　（010）63286832，63365686（传真）
读者服务部　（010）66070833，62568380
邮编　100071
经销　新华书店
印刷　保利达印务有限公司
尺寸　169 毫米 ×239 毫米
印张　21
插页　4
字数　300 千
版次　2014 年 1 月第 1 版
印次　2014 年 1 月第 1 次印刷
定价　56.00 元
ISBN 978 - 7 - 5049 - 7153 - 1/F. 6713
如出现印装错误本社负责调换　联系电话（010）63263947

# 编　委　会

主　任：杨子强

副主任：李建文

委　员（按姓氏笔画排序）：

牛庆国　李克彬　吴金忠　宫延辉

祖洪涛　贺传芬　唐士文　徐建磊

主　编：山东省钱币学会　临沂市钱币学会

撰　稿：邓　强　李克彬　李　银　王　强

总　撰：贺传芬

# 追寻红色金融足迹　传承北海银行精神

　　北海银行于 1938 年 12 月 1 日在胶东掖县成立，临沂是山东北海银行总行的诞生地。1940 年山东省战时工作推行委员会在沂南成立后，随即正式成立了山东北海银行总行。生根于胶东、成树于沂蒙的北海银行，林漫齐鲁大地，并荫及冀、豫、皖、苏，在山东及周边地区建立了以北海币为本位币的独立的战时货币市场。

　　解放战争期间，沂蒙及整个山东是共产党领导的人民军队的总后方。北海银行部分骨干力量随解放大军南下，陆续接管了包括国民党中央银行在内的国家银行和民族资本银行，并临时代行国家银行职能处置涉外业务。无论是机构规模和人员编制，还是资本金总值和资产总量，都堪称是共产党领导下的最大的银行。1948 年 12 月 1 日，北海银行与华北银行、西北农民银行合并成立中国人民银行。1949 年 11 月，北海银行及其所发行的北海币完成使命，退出历史舞台。

　　在长达十年的时间里，北海银行总行及其所属的鲁中、鲁南、滨海三大分行，以及后来合并成立的鲁中南分行等分支机构，转战于蒙山腹地、沂河两岸。北海银行与敌伪日顽所进行的经济金融斗争，渗透在沂蒙山革命根据地政治、军事、文化斗争的方方面面，使沂蒙在抗日战争时期真正成为山东乃至全国根据地的经济中心。北海银行的金融先驱们在沂蒙大地上创下了不朽的丰业伟绩，沂蒙人民为支持、保卫北海银行奉献出不可估量的人财物力，在共和国金融史上写上了永不磨灭的一笔。

北海银行经历了抗日战争与解放战争两个时期，其全部活动具有战时金融和地方金融的特点，北海币在革命战争年代金融斗争最复杂、货币发行最混乱的山东地区，逐步建立起独立的货币体系，成为人民币发行前各根据地中流通地域最广、使用人口最多、影响范围最大、币值最为稳定的货币之一，为中国人民银行的成立和人民币本位制度的建立奠定了基础。北海银行的发展历程体现着红色金融从无到有、从小到大、从弱到强的创业艰辛，金融前辈们作出的奉献与牺牲可歌可泣。

北海银行在沂蒙发展的风雨历程，为我们留下了大量的历史遗存和文物史料，是金融前辈们留下的一笔宝贵财富。北海银行作为中华人民共和国国家银行的最大一块奠基石，在共和国金融史中占有十分重要的一席，它是沂蒙人民奉献给新生共和国的一份厚礼。沂蒙精神与延安精神、井冈山精神、西柏坡精神一样，是党和国家的宝贵精神财富，要结合新的时代条件不断发扬光大。

中国人民银行济南分行和山东省钱币学会高度重视对北海银行历史遗产的发掘、保护、研究和传承，发动全省各级学会和广大会员对北海银行旧址进行寻访，对北海银行及北海币展开研究，《不应忽视的红色金融文化》、《开发红色金融资源，建设先进金融文化》等研究成果被《金融时报》、《时代文学》，人民网、新浪网、搜狐网等多家媒体转载，以北海银行为代表的沂蒙红色金融文化已在全社会引起广泛关注。北海银行在沂蒙地区留下的大量宝贵历史资源，是开展金融文化建设无可替代的教育素材，是金融系统开展党的群众路线教育实践活动的好教材。本书在吸收利用已有研究成果的基础上，全面梳理了北海银行发展的非凡历程，真实记录了不同时期发生的重大历史事件，充分展示了在党的正确领导下，沂蒙革命根据地金融事业取得的伟大成就，总结了红色金融发展壮大的宝贵经验。

本书对中国共产党领导的、发生在沂蒙大地上的红色金融实践进行了系统而生动的史实评述。这是一本史料书，主要记录北海银行总行及其分支机构在沂蒙山革命根据地的整个发展过程及其历史得失；本书又不是单纯的史料汇编，而是以事实为依据，用事实陈述历史，有它独立的见解和历史的评价。同时，围绕弘扬"创业、奉献、清廉、为民"的北海银行精神，从组织领导、机构建设、银行会计、出纳、信贷、内控管理以及农村信用合作事业等方面，深入挖掘和研究具有鲜明沂蒙特色、充满革命豪情的红色金融文化资源，激励广大金融从业者积极继承发扬革命先辈光荣传统。

鉴往知今，认真研究北海银行史料，我们不得不为金融前辈们的智慧和勇气而叹服。新时期的金融人更应该牢记所肩负的历史责任和光荣使命，汲取金融先辈们干事创业的宝贵经验，不断推进我国金融事业深化改革和稳健发展，为新时期金融事业发展作出新的更大的贡献。

人民银行济南分行党委书记、行长

2013 年 12 月 20 日

# 目　　录

# 第一章 概　　述

北海银行是新民主主义革命时期在中国共产党领导下革命根据地建立的主要银行之一，在中国红色金融史上占有极其重要的位置。1938 年 12 月，北海银行在山东省掖县（今莱州市）成立，并首办成功，所发行的北海币深受欢迎。鉴于胶东北海银行的成功开办，八路军第一纵队在沂蒙山区根据地筹建银行的时候，决定借用北海银行之名。1940 年，北海银行总行在鲁中沂南县成立，后逐步成长壮大，发展成为遍及山东各抗日根据地的地方银行，并在山东及周边地区建立起以北海币为本位币的独立的货币体系。

抗日战争时期，北海银行通过发行货币、发放贷款和投资经营等活动，支持根据地生产建设，活跃农村经济，抑制高利贷资本对农民的剥削，保证了山东抗日根据地金融货币体系的基本稳定，推动了山东抗日根据地经济发展和社会进步，同时为革命政权筹措经费，支持战时财政，巩固根据地政权，为抗日战争夺取最后胜利打下了根基。

解放战争时期，北海银行在巩固好根据地农村金融业务的基础上，支持土改运动，支援战略反攻，执行国家银行的职能，接收官僚资本银行，管理货币金融市场，开展城市金融业务，为国家货币金融的统一和新中国金融事业的建立，奠定了坚实的基础。解放战争后期，北海银行发行的北海币跟随华东野战军南下中原、华东，流通于陇海、津浦铁路沿线，北海币伴随着人民币统一了全国货币市场。在迎接全国解放的胜利进军中，于 1948 年 12 月与华北银行、西北农民银行合并组建成为中国的国家银行——中国人民银行。

北海银行前后存在达 11 年之久，出色地发挥了新民主主义革命金融机构的作用，为发展新民主主义经济事业进行了许多创造性的工作，与此同时，北海银行还为新中国的金融事业准备了一大批专业人才，积累了丰富的工作经验和教训。北海银行的成就，反映了中国共产党领导下的金融事业成长壮大的创业历程，是我党新民主主义革命理论和路线在货币金融工作领域的重要实践。对北海银行历史进行研究，可以为我们当前的金融工作提供有益的启迪。

## 第一节　山东革命根据地的北海银行

1937 年，日本帝国主义发动全面侵华战争，不仅对中国进行军事、政治上的野蛮侵略，而且直接抢占经济战线，企图完全控制中国，达到"以战养战"的目的。为此，日军在占领区遍设银行，建立金融网络。1937 年12 月，日军占领济南后，立即接管了山东民生银行、平市官钱局等金融机构。1938 年 2 月，华北伪政权设立中国联合准备银行，发行联银券作为"国币"，强制使用。同年 4 月，联合准备银行总行在济南、青岛、烟台、龙口等地开设分行，强行实施联银券发行和旧通货兑换，以图在财政、金融上扼住山东经济的咽喉。

### 一、北海银行的创立与发展

（一）北海银行的创建与重建

抗日战争爆发后，中国共产党高举抗日旗帜，积极推动抗日民族统一战线的建立，抗日烽火在山东各地迅速形成燎原之势。我党在山东地区政权的初步建立，为北海银行的创立奠定了较为稳固的政治基础。1938 年 3 月，我党领导的抗日武装攻克了山东掖县，摧毁了当地的日伪政权，成立了胶东抗日游击队第三支队，郑耀南任支队长，张加洛任党委书记兼政治部主任。

郑耀南

郑耀南（1908—1946 年），山东省掖县西障郑家村人。1925 年秋考入省第九中学，1928 年 6 月加入中国共产党，次年冬在郑家村办起全县第一个农民协会小组，以农民协会为掩护秘密开展党的工作。1930 年秋，被选为中共掖县第一任县委书记。1936 年秋任胶东特委教育宣传委员兼党刊编辑主任。1937 年 10 月，组织建立"民众抗敌动员委员会"，统一领导全县抗日武装。1938 年 3 月 8 日，领导玉皇顶武装起义，成立胶东抗日游击队第三支队。为发展根据地经济，郑耀南聘请专业人士成立财经委员会，制定一整套根据地的经济制度和政策，筹备成立北海银行。他领导兴办文化教育事业，成立抗战日报社、抗战剧团，出版综合性刊物《海涛》半月刊。三支队迅速发展到 3 700 余人，成为当时胶东最大的一支抗日武装。1938 年 9 月，三支队奉命与山东人民抗日救国军第三军合编为山东人民抗日游击队第五支队，郑耀南任支队下属团长。不久，被任命为五支队二十一旅旅长兼蓬（莱）、黄（县）、掖（县）警备司令。1939 年 10 月，调中央马列学院学习，1941 年 8 月调中共中央社会部工作，1946 年 2 月病故。

张加洛（1919—2003 年），山东省掖县人。1933 年考入省立掖县中学，1934 年入党。1937 年受党组织委派，到韩复榘部队开展兵运工作，同年回掖县任县委书记。1938 年 3 月 8 日，郑耀南、张加洛领导玉皇顶起义，在掖县建立了山东最早的抗日民主政府。11月，任山东人民抗日游击队第五支队二十一旅政治部主任。1939 年 3 月，被派往延安汇报工作和学习，后来调到军委工作，1940 年任军委总卫生部政治处主任。解放战争回到胶东，任胶东军区政治部宣传部部长。1949 年 9 月任华东军区警备五旅政委。新中国成立后，历任山东军区政治部宣传部部长、江苏军区政治部主任、南京军区后勤部副政委，1964 年晋升少将，同年转业，任水电部政治部主任。1978 年担任第五

张加洛

届全国人大常委会副秘书长。1995 年 6 月离职休养。

1938 年，胶东地区蓬（莱）、黄（县）、掖（县）抗日民主政府成立。在当时的情况下，由于日寇入侵，国民党的法币币值急剧下跌，巨富奸商趁机滥发票券，大发国难财，造成物价飞涨，特别是粮价暴涨，给部队供给和人民生活造成了极大困难。中共中央指示，要有计划地与敌人发行伪币及破坏法币的政策作斗争，允许被隔断区域设立地方银行，发行地方货币。为稳定财经秩序和解决供需矛盾，三支队主要领导人郑耀南、张加洛领导成立了财政经济委员会，有了筹办自己银行的想法，并准备发行货币。

筹办银行最主要的困难是缺少精通业务的人才，恰巧掖县籍人士青岛中鲁银行经理张玉田回乡，遭到顽军张金铭的袭劫，钱物被抢，连夜出逃。郑耀南和张加洛得知后，前去慰问，张玉田深受感动，一再表示愿为三支队效力。1938 年 4 月，张玉田把原青岛中鲁银行的职员邢松岩、王苐村、王复生、方德卿、邢述先、杨崇光、刘翊初等人邀请到掖县，并在他的带领下投入了银行的筹建工作，银行名称初步定为"掖县银行"。

筹备成立银行首先要做的就是印发自己的钞票。张玉田先是请邓文卿（又名邓振元）设计绘制出票面图案，接着采购钞票纸和刻制票版。张玉田利用自己在外的关系，托人在天津购买印钞用的道林纸，并在青岛刻好票版。虽然当时两地均有敌人的严密封锁，但几经周折，所需物资秘密运回掖县。随后委托掖县城西门里"同裕堂"私人印刷局印钞，并请金华印刷所任宇宙作票版图案套色技术指导。

1938 年 8 月，筹备中的掖县银行交由中共胶东特委领导，9 月，八路军五支队成立，银行筹备仍由原三支队的人员负责，具体事务还是张玉田等人操办。

在五支队司令员高锦纯的提议下，筹建中的掖县银行改称为"北海银行"。因胶东按方位分为东海、西海、北海、南海几个专区，而蓬黄掖地处胶东北部，故称北海银行。

经过多次研究改进票面图案，印刷工作也几经试验，终于在 1938 年 10 月正式对外发行钞票，票面有壹角、贰角、伍角及壹元四种。钞票正面图案都以掖县古迹文物为标志，票版上"北海银行"四个字由邢松岩书写。壹元的图案是掖县县政府大门全景，伍角图案是掖县城鼓楼全景，贰角、壹角的图案是掖县城南关的火神阁全景。这些钞票设计别致、用纸考究、印制精美，深受社会好评。

**掖县北海银行壹角券**

**掖县北海银行贰角券**

　　1938 年 12 月 1 日，北海银行正式开业，并向社会首次发行 95 000 元北海币。北海银行正式营业的当天，在掖县城召开了隆重的典礼大会，会场设在县政府门前，搭了台子，立了松坊，会标上写着"北海银行开业典礼大会"字样，沿街张贴着各色标语。五支队司令员高锦纯到会讲话，表示祝贺和支持。大会宣布：北海币为掖、黄、蓬三县根据地的通用货币，与法币等值流通，对私人土杂小票限期清理收兑；对山东民生银行的小票设点兑换北海币，禁止伪联银券和敌汇票流通，违者没收。为了使其家喻户晓，会后还在三县各地张贴布告，散发宣传册《北海银行浅说》。北海银行正式运行后，银行地址设在掖县县城大十字路口南路西的"大鸿昌"，是一所四合院民房。张玉田任行长，黄县建设科长陈文其任副行长兼黄县办事处主任，经理邢松岩负责业务辅导，全行员工20余人，大多数是干过银钱票号或做过买卖的商人店员。

筹备成立银行的另一项主要工作是募集股金。银行最初是掖县自己筹办的银行，当时拟定以股份有限公司形式在全县范围招股募集资金，并设立了董事会。银行归胶东特委领导后，对募集资金方式做了两点改动：一是因隶属关系发生变化，将原定在掖县范围内募集扩大为在三县范围内募集；二是将原定的全部向社会招股改为公私合营。这时议定银行资本金为25万元，包括五支队司令部出资7.5万元作为公股，私股部分17.5万元分别由掖县、黄县、蓬莱三县财经委员会招股。招股采取动员摊派购买的方式，向商会大户、地方士绅、乡村群众募集。当时工商界仅认购了一小部分，大部分是通过区行政机构向各村派购，再由村公所派购到户。凡认购者，都以村为单位，发给认股书，并开给临时收据，然后由村公所造册登记保存。经充分发动，实募股金101 336元，其中掖县55 672元，黄县45 664元，蓬莱和五支队司令部因受战事影响未能认交。根据地政府本着对人民负责的精神，将募集来的资金分成若干份，一部分建立起了各种公营企业，其中另一部分分配为银行资本金。北海银行根据政府发展生产的政策，运用此项资金开展其本身业务，帮助人民，为发展经济而服务。

北海银行正式营业只有短短一个多月的时间。1939年1月，国民党地方武装与土匪刘桂堂相互勾结，进犯蓬莱、黄县、掖县的抗日根据地。在敌众我寡的情况下，1月16日，第五支队最终撤出了三县城，转入山区进行游击战争。北海银行也随军向黄县转移，停办业务，2月下旬，迫于形势严峻，北海银行职员在蓬莱县草甸附近疏散离去，北海银行解散。北海专员公署和北海银行的名义在国民党当局的责令下也予撤销。但由于人民的拥护，已发行的北海币仍在三县农村流通，且信誉良好。

1939年4月，《中共对山东问题之处置办法》指出：山东方面过去退让太多，如接受取消北海行政公署及北海银行……如上述情形不加改变，山东创造根据地与坚持抗战是要受挫折的。5月，中共山东分局指示胶东区委：北海银行努力经营，保持在我们手里，必须成为全省的金融调剂机关。

1939年8月，在胶东特委的指示下，陈文其等人在敌后的游击环境里，在招远、莱阳交界的张格庄地区重新建立起北海银行，印制北海币壹角、伍角、壹元券。

据陈文其、刘涤生等人回忆说，重建初期的北海银行条件极其简陋，人手及工具、材料都严重不足，"说是银行，实际上只有三四个人"，基本上"没有银行机构，只是有几个人管印发票子，先由胶东大众报社代印"。然而，在工作人员的努力下，北海银行很快度过了重建后的艰难时期。

1939年冬，北海银行由莱阳张格庄转移回到掖县，印钞工作从报社分离出来，在掖县建立了印钞厂，北海银行终于又有了独立的印钞体系，开始了正常的运转。

（二）北海银行总行在鲁中建立

随着山东抗日根据地的不断扩大，财政工作逐步统一并走上正轨，金融工作也不断发展，各地开始建立自己的金融调剂机构，以保障财政供给。1940年2月，中共山东分局指示：整理北海银行……筹办鲁西、鲁北、清河三银行。1940年春，八路军第一纵队供给部派辛蓂舟、任志明、李纶负责，在沂南县夏庄附近的艾山山沟里建立印钞厂，印制北海币贰角券。5月中旬，八路军第一纵队供给部财政科发行北海银行贰角券，在鲁中、鲁南地区流通。5月，鲁西行政主任公署任命八路军一一五师供给部长吕麟为鲁西银行行长，将泰西银行长清分行的工作技术人员和印钞器材搬迁到昆山县东平湖中的土山村（今属东平县），组建了鲁西银行印刷所，开始印发鲁西银行纸币。6月，在寿光成立了清河区北海银行，发行北海币及各县流通辅币。8月26日，山东省级政权机关——山东省战时工作推行委员会成立，黎玉任首席组长。10月，北海银行总行在沂南县成立。之后，胶东北海银行改为胶东分行，清河北海银行改为清河分行。此后，北海银行总行在沂蒙山根据转战南北，足迹遍布蒙山腹地、沂河两岸，与沂蒙山区人民结下不解之缘。

1940 年 11 月 22 日，中共山东分局财委会下达关于发行北海银行辅币的通知，发行北海币辅币壹角券、贰角券和伍角券。

1941 年 4 月 1 日，北海银行总行发布推行新钞宣传大纲及三个附件，在山东抗日根据地全面推行使用北海币。根据中共山东分局提出"建立独立的银行业务，使银行成为调剂金融、巩固法币、投资生产的经济命脉的中心系统"的要求，山东省战时工作推行委员会决定："立刻建立独立的北海银行组织系统，直接受战工会财政处领导……并在各地建立北海银行分行、办事处与银行网。"随即，北海银行总行从财政处分离出来，在沂南县艾于湖村建立了独立的银行机构。

（三）胶东分行的设立及发展

北海银行总行于 1940 年在沂蒙根据地成立后，最初在掖县创立，后于张格庄重建的北海银行则于 1941 年中共山东省财经大会后，正式明确改为"北海银行胶东分行"。

胶东分行在重组后发展也较为迅速，先后设立了东海、西海、南海、北海等支行和荣成、牟平、文登、海阳、牟海等多个办事处和贷款所；银行的职员人数也有了显著的增长，从初创、重建时的几个人，发展到数百人的规模。具体以东海支行职员人数的变化为例，1942 年东海支行有干部 8 人，勤杂人员 4 人，武装人员 25 人，合计 37 人；而到 1943 年，短短一年时间人员就迅速增加了 2 倍，有干部 21 人，勤杂人员 4 人，武装人员 86 人，合计 111 人。整个胶东分行的情况也是如此。

除了规模的扩大，胶东分行在工作中也取得了卓越的成就：它是唯一一个在山东地区第一次"排法"斗争中取得成功的银行；从事着贷款、投资、经营外汇、印发钞票等多项业务活动。在整个抗日战争时期的北海银行系统中，胶东分行具有不可替代的重要地位。

（四）清河分行与冀鲁边分行的建立及合并为渤海分行

清河分行的建立略早于北海银行总行。为抵制伪钞，粉碎敌人经济进攻，根据中共山东分局的部署，1940 年 6 月，在清河地区设立了山东北海银行清河分行。清河分行除了办理普通业务外，还发行北海银行钞票及各县流通辅币，十足兑换，以辅助法币的不足，抵制伪钞的发行。此前，清河区曾以益（都）、寿（光）、临（淄）、广（饶）四县联防政府的名义，于1940年春发行了"益寿临广流通辅币"券伍分、壹角、贰角、伍角券4种。票子是在敌区益都县城一家印刷所开印的，随即将一部印钞机转移至根据地，添置了一部小石印机继续印制。银行成立后，该厂即改建为清河印钞厂。另外，长山县民委会曾于1940年春发行过"长山县金融流通券"数万元，以贷款方式在民间推行，以上流通券后来均由北海银行收兑。

清河分行建立之初，采取招股公私合营的方式筹集资金，资本金的招股比例暂定为：国币30万元，分为3万股，每股10元，官六民四。至1942年初，清河分行分红改为国营银行时，按照分行每年营业所得纯利之总额，按百分分配，提出40%作股东红利、25%作积金、30%作公益金、5%作奖励金的规定标准，当时的股民红利应得9 759元，其经营效益由此可见一斑。而分行的规模也日益扩大，至1941年春，已经先后建立了寿光、益北、临淄、广南、广北、高苑、博兴、蒲台、邹平、长山、恒台11个办事处。

冀鲁边分行是在冀鲁边区划归山东领导后建立起来的。冀鲁边在1941年划归山东前，归冀南区领导。抗战初期，鲁北由于受津浦铁路的隔阻，山东党的领导及各方面联系都有困难。后经与北方局联系商定，将冀鲁边交由冀南区领导，故该区开始使用的是冀南银行的票子。

1940年，冀鲁边区为了解决经费短缺的困难，曾以县区的名义试发过地方流通券，旋即中断。1941年后，因为冀鲁边区与清河区又连成一片，战略关系密切，经决定又划回山东领导。1941年6月正式移交，即确定建立银行，由专员公署粮秣科、乐陵县印刷所、烽火报社挤出1部脚蹬机、1部小石印机成立印钞厂。

1941年7月，冀鲁边区分行及印钞厂在山东乐陵县大桑树村建立，印制发行加盖"冀鲁边"字样的北海币壹角券和伍角券。

1943年夏，清河区奉命与冀鲁边区合并，改称渤海区，1944年1月，清河分行与冀鲁边区分行随区划变动，合并为渤海分行，由渤海行署财政处长王有山兼任行长，开始印发盖有"渤海"区名的北海币。至 1945 年抗日战争结束前期，渤海分行政工人员及工人扩充到 170 余人，有了一定的发展。

（五）滨海、鲁中、鲁南三分行的建立及合并为鲁中南分行

1941 年 8 月，滨海专员公署成立，北海银行滨海办事处随即设立。这时，北海银行总行机构建置已基本健全，内设营业、会计、发行、出纳等科。当时办事处的业务极其简单，主要工作是协同政府整理土杂钞，推行本币，并由总行拨给一部分资金，办理手工业及商业贷款。所有事务均由办事处指导，各县尚无基层组织。未设印钞厂，票子由总行供给。

1942 年 9 月，滨海办事处改为分行，同时建立鲁南办事处，1943 年改为支行，隶属滨海分行。当时，鲁南也未设印钞厂，票子由滨海和总行供给。此前，鲁南区也曾以临（沂）、郯（城）、费（县）、峄（县）四边联防政府的名义发行了"临郯费峄流通券"壹角、贰角、伍角和壹圆四种。1943 年春，鲁中形势恶化，总行转移滨海，滨海分行并入总行，由总行兼理滨海业务，另在鲁中建立分行。

至 1943 年北海银行总行迁移到滨海区时，北海银行已形成了从总行、分行、支行、县办事处到代办所的机构系统。北海银行在胶东区有东海、北海、西海、南海 4 个支行和 12 个办事处；清河区有清东、清中、清西 3 个支行和 9 个办事处；鲁中区有泰山、泰南、沂蒙 3 个支行和 14 个办事处；滨海区有 7 个办事处；鲁南区有 5 个办事处。

1944 年 7 月，北海银行鲁南支行升格为分行，开始独立开展业务，印发盖有"鲁南"区名的北海币；8 月，滨海、鲁中、鲁南根据地实现了北海币的统一，北海币在这三个战略区统一发行和自由流通。

1945 年 8 月 1 日，山东省战时行政委员会发布《统一本币流通令》：全省各地区发行的北海币，不分地区统一流通；全省各地区过去发行的地方流通券等，应立即停止在市面流通，并限期由各发行机关负责兑回。同月，山东省战时行政委员会改称山东省政府，黎玉任主席，省政府发布公告："为全面调剂物资，流通金融，特决定全省各地区（滨海、鲁中、鲁南、胶东、渤海）过去所发行之北海银行本币，今后不分地区统一流通。"

北海币在全省实现了统一。同时，北海银行总行将北海印钞厂、东海印钞厂及胶东制版厂合并，在乳山县崖子钟家村组建成北海银行胶东印钞厂；将北海银行鲁南印钞厂、滨海印钞厂并入鲁中印钞厂，即北海银行印钞总厂，开始统一印制山东版北海币。

1947 年 4 月 1 日，华中银行总行迁至山东，与北海银行总行合并，两行组织机构调整后合署办公；华中银行发行局与北海银行发行科合并为北海银行发行局，华中银行印钞厂与北海银行印钞总厂合并组建北海银行印钞一厂、印钞二厂和印钞三厂。

1948 年 7 月，鲁中、鲁南两个区合并。新组建的鲁中南区，辖 7 个专区，东达黄海，西至运河，南抵陇海铁路，北接胶济铁路，人口 1 500 余万人。从战略位置上看，鲁中南区不仅是连接华中、冀鲁豫与山东三大解放区的纽带，而且境内山峦密布，河流纵横，津浦铁路纵贯南北，胶济、陇海铁路横贯东西，北可以攻取济南，南下则能经过徐淮。这里既是作战前线，又是后方供应基地。因此建立鲁中南区后，区党委与行署在加强战略攻势的同时，不断加强经济工作，特别是财政工作。对金融工作也作了很大调整。1948 年 7 月，山东省行处会议决定鲁中、鲁南、滨海直属支行合并为鲁中南分行，于 1948 年 8 月正式合并成立，任志明任行长。

鲁中南分行成立之初，驻在沂水县城北的农村，不久迁到临沂。分行分辖一、二、三、四、五、六、七共 7 个支行，及淄博、济宁、徐州、新海连 4 个城市支行。由封培乾、王金甲、于国屏、牟逮、王安邦、耿振华、王有成、黄玉明、晋洪西等分别任支行行长。

1949 年 6 月，淄博所属行处划归省直辖，三支行撤销，其辖属的淮安、安丘、临朐、益都、昌乐办事处划归昌潍支行管辖；沂北、莒沂办事处划归二支行管辖。8 月，沂北办事处撤销，与莒沂合并，撤销沂东办事处。秋，鲁中南分行从临沂迁到曲阜县城。11 月，将北海银行及其下属机构改称人民银行。鲁中南分行辖属的 7 个支行分别改称泰山、沂蒙、尼山、台枣、滨海、泰西等支行。10 月，由平原划来的华山、丰县、沛县、萧县等办事处划归台枣支行管辖。

1950 年 4 月，鲁中南分行撤销，原沂蒙支行改为沂水中心支行；滨海支行改为滨海中心支行，下半年改为临沂中心支行。

（六）北海银行合并成立中国人民银行

1948 年 12 月 1 日，根据中央的部署，原华北银行、北海银行、西北农民银行合并为中国人民银行，并确定原华北银行为合并后的总行。随后，中国人民银行总行又发布命令，北海银行总行改为中国人民银行华东区行，原各银行之各分支行处所，于 12 月 1 日一律改为中国人民银行分支行处所。但考虑到当时的实际情况，又经批准：原北海银行一切业务的进行仍沿用北海银行旧行名义。之后，北海银行总行分为两部分，一部分人员组成华东区行班子随军南下，并从各级银行中抽调了大批干部组成工作队赴新解放区工作，上海解放后在上海建立了华东区行。另一部分人员留在北海银行总行又改组成中国人民银行山东省行，仍保留北海银行名义。

1949 年 10 月 1 日，中华人民共和国中央人民政府成立后，北海银行发布通告称：兹中央人民政府成立，为统一起见，自 11 月 1 日起改称中国人民银行山东省行，各级分支机构也同时更名。对外的一切公函、公告、契约、合同、债权债务一律改用中国人民银行名义，所有以前以山东省北海银行名义对外订立的一切契约、合同、债权债务也继续有效，改由中国人民银行负责承受。北海币未收回前仍与人民币固定比价照旧流通。至此，北海银行宣告结束，完成了它的历史使命。

## 二、北海银行的主要任务

早在中华苏维埃共和国诞生之初，中国共产党领导的新生红色政权就决定创立自己独立的金融体系，创建了苏维埃共和国自己的银行——中华苏维埃国家银行。巴黎公社的失败教训和俄国苏维埃的成功经验，使以毛泽东为代表的中国共产党人清醒地认识到，革命要想成功，必须一手抓枪杆子，一手抓钱袋子。兵马未动，粮草先行，更重要的是钱袋子要支持枪杆子。因此，苏维埃国家银行有三项主要的任务：一是统一货币，二是统一财政和税收，三是支持苏区的生产和贸易。

在中共中央直接领导和支持下成长发展起来的北海银行，是新民主主义革命时期中国革命根据地的几个主要银行之一。在山东解放区存在了 11

年的北海银行，前7年是抗日战争时期，后4年是解放战争时期，其全部活动具有战时金融和地方金融的特点。北海银行成长壮大的过程，是我党经济金融斗争策略的具体实践过程，体现了老一辈共产党人卓越的金融智慧和胆略。

（一）货币斗争

从理论上讲，银行工作应以调剂金融、活跃市场、刺激生产发展为根本任务。但是，由于战时根据地的特殊情况，银行工作除了要开展好一般性的业务外，还要使边币成为独立的本位币，起到保护根据地的物资、与敌人争夺物资、平抑物价和促进根据地生产发展的作用，这就必须开展货币斗争。货币战是战争时期的一条特殊战线，它不像赤裸裸的武装斗争有枪声、硝烟，却同样充满了你死我活的激烈斗争。

山东抗日根据地地处渤海之滨，物产丰富，粮棉油在根据地内足以自给，并且有发展工业的丰富资源。但是，由于长期封建制度的束缚，山东地区良好的自然条件未能被充分利用，尤其是抗战初期，山东各地的货币金融状况极为紊乱，既有国民党政府的中央银行、中国银行、交通银行以及中国农民银行发行的"法币"，也有韩复榘统治山东后期成立的民生银行发行的钞票。由于法币以元以上的大钞为主，致使市场上出现辅币短缺的现象。而且由于当时金融呆滞，各式纸币趁机纷纷出炉，一些私人经营的钱庄和商店也陆续发行大量的流通券与"钱帖子"。当时的各种土杂钞不下数百种。货币种类杂多，扰乱了市场贸易的正常秩序，坑害了广大群众。日本帝国主义为大肆掠夺中国战略物资和黄金白银，不仅在沦陷区、国统区发行伪联银券，而且将目光盯向抗日根据地，大量伪造边币和法币，通过各种渠道投放到根据地，企图破坏根据地的经济。在国统区，虽然国民党政府采取了一些办法抵制，但未能从根本上解决问题，并且实行通货膨胀政策，致使法币日益贬值。

中国共产党在这种极其艰苦复杂的条件下，领导根据地银行坚持了金融阵线的斗争。北海银行是山东地区货币斗争的主角，其在组织章程中就明确宣布成立的目的是"为繁荣根据地经济，加强对敌金融货币斗争"。北海银行发行的货币以根据地政府收入及公司企业担保，政治上取得群众的信任，以统制外汇，打击日伪币。山东抗日根据地为建立独立自主的北海币市场，进行了艰苦卓绝的斗争。从 1942 年下半年到 1944 年，山东抗日根据地组织了两次"排法"斗争，最终使北海币成为根据地唯一流通的本位币。

1942 年 5 月 29 日，中共山东分局财委会发出《关于法币问题的指示》，决定：各个根据地已建立贸易机构，应立即实行贸易统一管理制，严格实行对外以货易货制度，以阻止法币内流及物资低价外流现象；各地税收机关及财政上一切收入，党政军民之公营事业，均应只收我北钞，其余法币等概不收受；各级政府应立即严禁粮食、耕牛、棉花、毛皮等重要产品出口，与商人合力共筹；宣布以北海银行票为我山东各地之本位币；在经济上应以发展农村经济建设为主；健全各级银行组织，有计划地发行、管理北钞，提高信用，扩大我钞流通范围，逐渐达到取消法币。随即，山东抗日根据地开展了排除法币的斗争，北海币与法币、伪钞呈三角斗争关系。

第一次"排法"斗争除在胶东部分地区获得成功外，其他地区均告失败，经济危机反而更加严重，这次货币斗争最终以失败告终。随后的一年时间里，中共山东分局及北海银行及时总结经验，从多方面调整货币政策。

1943 年，山东抗日根据地依据经济学家薛暮桥对马克思主义货币理论的研究，在"纸币的基本保证是物资"的思想指导下，严格控制货币发行数量，掌握重要物资，造成对外贸易的优势，根据市场规律灵活掌握北海币与伪联银券的比价，制定了正确的政策和策略，在抗日根据地全面开始了第二次"排法"斗争。

到 1943 年夏季，由于当时山东抗战形势有了明显好转，同时经济工作方向更加明确，滨海专员公署首先展开了货币斗争，宣布从 7 月 21 日起停止法币流通，从 7 月 21 日至 8 月 10 日的 20 天内分两期兑换：前 10 天法币一元换本币一元，后 10 天法币二元换本币一元。自 8 月 11 日起查出行使法币者概予没收。各级政府均成立停用法币委员会，以统一步调，加强领导，有组织地将法币排挤到敌占区换回物资，并采用多种形式向群众广泛宣传，使停用法币形成群众性的运动。

《中共山东分局关于停用法币的指示》指出：这一决定，是根据党中央的货币政策，根据华北、华中各地斗争经验，根据滨海区的具体情况，经分局详细研究的结果。这是民主政府的法令，同时也是我们党的政策，全体党员必须保证它的胜利实现。任何党员如果违反停用法币的法令，他不但要受政府国法的制裁，而且要受我党党纪的制裁。保证停用法币法令的具体方法：第一是自政府宣布停用法币之日起，全体党员均不得使用法币，不收受法币，看到人家使用法币应依法没收，交给政府。二是在停用法币以后，军政机关如需向外购买物资，必须依照政府所定比率到银行去兑换法币或者伪币（联银券），如因出卖物资获得法币伪币，也应依照法定比率向银行换回本币。

在货币斗争主要运用政治力量迈出了停用法币关键性的一步之后，只有得到经济力量的有力支持和配合，才能巩固胜利成果。同时应该看到，停用法币后，法币和伪联银券的流入完全由政府掌握，根据地剩余物资的输出已不可能成为引入大量法币的祸源而导致内地和市场物价的波动，从而也就为掌握对外贸易的主动权创造了有利条件。通过北海银行的积极配合，对敌经济斗争取得了胜利，稳定了根据地的物价。

1944 年，敌占区物价不断上涨，伪联银券平均涨 9.7 倍，根据地的物价却平均下降 17%。在货币的阵地斗争和比价斗争中，中共山东分局和山东省战时工作推行委员会（1943 年 8 月改为山东省行政委员会）领导各级工商局和银行相互配合，把货币斗争与贸易斗争结合起来，把外汇管理与外贸管理结合起来，用物资支持和保证北海币的信用及稳定。经过反复较量，抗日根据地夺取了物资，稳定了物价，提高了北海币的币值，于 1944 年 4 月取得了排除法币斗争的胜利，1945 年各地物价已相当平稳，北海币成为山东根据地市场上唯一的流通货币。

（二）银行业务

抗日战争前，国民政府以中央银行、中国银行、交通银行发行的钞票作为法定货币，各省也都发行地方钱币作为法币的辅币在地方上流通。抗战初期，随着正面战场的节节溃退，国民党地方官僚和商人纷纷逃亡，他们发行的土杂钞成为废纸。各地蜂起的游击杂牌部队为筹措饷款，纷纷自行印发钞票。当时全省各地流通的票券达 27 种之多。1939 年，国民党山东省政府主席沈鸿烈即曾借用民生银行票 200 余万元，并在鲁南印制民生银行钞票，以解省财政困境。这些纸币没有发行基金作担保，随意发行，近似空头支票。日伪趁机将其握有的民生钞券投放到国统区和根据地边缘区，购买物资，扰乱金融，严重威胁到根据地的金融秩序和经济活动。

在这种情况下，北海银行初期开展的主要业务工作：一是发行货币，取缔私钞，贬低敌钞，提高本币信誉；二是发放贷款，打击高利贷；三是兑换黄金和外汇（非本币），进行区外采购，保证军需供应；四是上缴外汇，支援抗战。随着北海银行业务的发展，作为根据地政府机构的重要组成部分，北海银行除发行货币外，主要办理经营存款、投资工商业、发放农业贷款等业务，此外，还接收根据地政府委托代理金库。

北海银行在同敌伪进行金融斗争的同时，逐步扩大业务范围，开展了储蓄、汇兑、借贷、投资等业务，既便利了群众，又扶持了根据地工农生产及商业贸易的发展。从而扩大了财政来源，支持了抗战。

1. 贷款业务。在银行业务上，向农民进行贷款是其主要方面，包括农业贷款、渔盐贷款、工商贷款等。其中，农业贷款是北海银行所有各种贷款中的主要业务，是从金融方面促进经济发展的主要办法。

银行对农民主要实行低利息贷款，在生产节约备荒保证前方供给总方针下，扶助贫雇农为主，使他们获得生产资本，提高土地的产量，以解决农业生产资金不足的困难，省战工会成立之初，就提出要"举办低利息贷款"，各地先后成立了贷款所。

初期贷款主要是农业贷款，贷款的用途有救济性质的，也有生产性质的。例如，1941 年初泰山区成立低息贷款所 5 处，贷出 44 556 元，贷户167 户，大都借贷给了贫苦的农民和抗战军属，用在了生产事业的建设上；寿光发放生产贷款，办法极其简便，按合作社利息 7 厘，贫苦农民、抗战军属及其他贷户利息 9 厘，贷款用途有畜牧、垦荒、掘井、纺织业、编席业，其他有关生产事项者如制造农具等也可贷款。这样一来就稳定了根据地的金融，活跃了市场，打击了敌伪的经济封锁与破坏。

**沂蒙根据地军民开挖水渠**

1942 年以后，农村贷款正式由北海银行统一办理，加强了贷款管理，贷款的数量增多，范围扩大。每年春天，山东地区多春旱，农村资金、粮食短缺，出现青黄不接的现象，有的农户没有肥料和种子，银行就发放春耕贷款，发展农业生产；秋天购置农具、肥料开支大，银行则发放秋耕贷款；有的地方发生自然灾害和遭到敌人洗劫，银行即发放临时贷款。

1942 年 2 月，为了帮助各抗日根据地展开春耕运动，北海银行决定在鲁中、鲁南、胶东、清河各地区分别举办春耕贷款。据资料记载："其总数定为 800 万元。全年实发放贷款 938 万元。其中农贷 483 万元，占总数的 51.5%；工贷 441 万元，占总数的 47%。"1943 年，北海银行又发放春耕贷款 580 万元，1944 年山东各根据地共发放农业贷款 2 390 余万元。

北海银行当时的一份总结报告中指出：这些贷款充分体现了以农业为主的发展生产的方针，并以此消灭封建高利贷剥削及建立农村新式资本主义的借贷关系。因此，农贷不是只顾目前对农民的救济一时盲目而无发展前途的工作。

银行贷款的另一个方面就是扶持手工纺织业，实现布匹自给。例如，滨海区规定发放纺织贷款土机每张 500～1 000 元，样机每张 2 000～4 000 元，纺车每架 50～80 元；并规定凡用贷款而制成的成品，无论是棉纱或是布匹，均能自由在根据地市场上销售；如在市场上销售不了，政府保证按一定的价格收买。

由于发放纺织贷款，滨海地区的纺织业得到空前发展。从 1942 年 11 月到 1943 年 2 月底，滨海区生产布总值达 420 万元，群众获利 223.5 万元，增加私人资本 109.5 万元。1942 年新棉上市后，泰山专员公署立即召开全区纺织会议，决定在各县划定实验区，由北海银行泰山办事处贷款 5 万元，帮助群众购买棉花，组织纺织小组。

1942 年 11 月底，鲁南、沂蒙两区相继成立纺织局，北海银行投资 10 万元，协助当地纺织业发展。胶东北海地区纺织贷款有两种方式：一种是合作社负责，由联社统一领导，发棉花，收土纱，支付工资，然后将纱制成土布，运到市场或贸易局销售，银行统一贷款给联合社；另一种是银行直接给纺织小组，由妇救会介绍并作保证，但因地区大，贷款少，许多群众仍是领棉花、卖土纱、支工资，和第一种方式差不多。1943 年第二季度共贷出 35 万余元。北海银行通过发放纺织贷款，使各地纺织业得到了迅速发展，不但解决了根据地军民衣服问题，改善了人民群众的生活，也提高了妇女的社会、经济地位。不仅如此，湖西建立的纺织厂，鲁南搞的集体养鸡、养鸭，胶东妇女组织的生产委员会，经费都是经过政府向银行借贷。

2. 投资经营。1942 年到 1943 年两年间，北海银行还在胶东、鲁中等地区进行投资经营工作。有的是直接创办工厂、商店，有的投资于私人商业、工厂或进行合办，对繁荣根据地经济起到了重要作用。当然，初期北海银行资金使用分散，现金贷款因物价不稳定，农贷资金无从积累，而且没有普遍机构，农贷分散为政府部门放贷，这样既不能保证正确的贷款发放和积累经验，又无从收回，资金徒然消耗。后来银行进行自身改善，将分散资金回笼重新集中用于农贷，并且改为以实物放贷为主，加强了银行的自身职责。另外，北海银行还举办低息和免息的副业、渔业贷款，以银行的资本金为农村和城市的基本群众发展生产服务，为消灭高利贷发展经济服务，推动了生产运动的开展。

3. 其他业务。为了确保财政收支的统一，促进生产救灾和保证前方供给，1942 年 5 月，山东省战时工作推行委员会责成北海银行承办金库业务，后改将各级金库划归政府。1948 年 2 月，山东省政府、华东财办联合发出《关于原各级政府金库移交北海银行并由北海银行代理全省各级金库的指示》，指示要求建立严格的金库制度，保证一切收入解库，一切支出统一于华东财办，是贯彻财政统一之中心关键。并指出在 1947 年的华东财经会议上，已经一致决定将各级政府之金库全部归并于北海银行，指定北海银行代理山东省各级金库，要求各地限 1948 年 2 月底以前迅速交接完毕，不得拖延。

由于长期处于农村游击环境中，北海银行吸收存款不多。从 1943 年始，北海银行开展企业存款业务，主要存款户是根据地政府兴办的公营企业，存款方式采用往来透支办法，利息实行日息制度，公营企业存款日息 1 毫，民营企业存款日息 2 毫。抗日战争胜利后，北海银行进入部分中小城市，逐渐以吸收存款开展城市业务，除定期存款、活期存款外，还有特种活期存款、暂时存款、通知存款等。

1947 年 7 月，人民解放军进入战略反攻，晋绥、晋察冀、晋冀鲁豫解放区逐渐连成一片，统一各解放区的货币提到议事日程。北海银行在中共中央的部署下，与其他各解放区的主要银行通力合作，共同开始致力于全国货币的统一工作。从 1948 年 7 月开始，北海银行先后与华北银行等其他解放区的主要银行签订了关于货币工作的协议，就北海币、冀币、边币、华中币、中州币等各解放区货币的比价和流通等问题达成了共识，初步实现了解放区内货币的顺畅流通。1948 年 12 月 1 日，北海银行与华北银行、西北农民银行合并为中国人民银行并发行人民币，由此拉开了全国货币统一的序幕。在北海银行和其他各解放区银行的共同努力下，新中国的货币统一工作最终完成。

## 第二节 北海银行大事记

### 1938 年（民国二十七年）

3 月 8 日，中共掖县县委郑耀南、张加洛等联合其他党派在玉皇顶举行抗日武装起义。12 日，组建了胶东抗日游击第三支队和掖县抗日民主政府，郑耀南任支队长。为了保障军政供给，稳定市场流通秩序，扭转混乱的金融局面，抵制日伪货币，三支队成立了财政经济委员会，孙康侯任主任。

4 月，郑耀南和财政经济委员会委托原青岛中鲁银行经理张玉田筹建掖县北海银行。以股份有限公司的形式招股集资，公司设有董事会。因掖县地处胶东西北部，北邻渤海，故拟成立的银行取名为"北海银行"。后由于战事不断及内部肃反，筹建银行计划一度被搁置。

7 月，银行筹建工作基本完成。

8 月初，首次印制发行了带有"掖县"地名而没有年份的北海银行纸币（俗称北海币）。该套北海币是道林纸石印机印刷，面额有壹角、贰角、伍角及壹元四种，由掖县沙河中心小学校长邓振元（邓文卿）设计票样，拟成立的北海银行经理邢松岩（原青岛中鲁银行职员）书写行名，青岛光华制版社的班鹏志制版，掖城西同裕堂印刷局承印。其中壹角、贰角券的主图是掖城火神阁，伍角券的主图是掖城鼓楼，壹元券的主图是掖县抗日民主政府门景。12 日，三支队与中共胶东特委领导的胶东抗日救国军第三军合编。15 日，在黄县成立了以蓬莱、掖县、黄县抗日根据地为基础的"北海区行政督察专员公署"，曹漫之任专员。下旬，中共胶东特委和第三军总部机关进驻掖县，接管了原三支队在建的北海银行，并将其扩建为北海专区的北海银行，银行的体制变更为公私合营，由第三军和蓬莱、掖县、黄县三县民众集资合办，张玉田继续担任经理。原定资本金 25 万元（法币），公股占 30%，私股占 70%，初期因为战事不断，军费匮乏，公股没有认购，实收资本金 10.1 万元（法币），后私股陆续收回，变为完全公营。

9 月 18 日，第三军与三支队整编为八路军山东人民抗日游击第五支队。本月，拟成立的北海银行在黄县、蓬莱县设分行。为便于北海币在北海公署所辖的三县范围内流通，用原票版稍作修改印制了不带掖县地名的壹角、贰角、伍角及壹元 4 种北海币。

10 月，为了补充军队给养，拟成立的北海银行在蓬莱、掖县、黄县 3

县发行了上述 4 种新版北海币，发行量 95 000 元。

12 月 1 日　北海银行在掖县民主政府大院举行正式成立开幕仪式，行长张玉田，副行长兼黄县分行行长陈文其，行址设在掖县城大十字路口南路西一所四合院内。并发行北海币，通告北海币为蓬莱、掖县、黄县 3 县通用货币。

### 1939 年（民国二十八年）

1 月 16 日，日伪军进攻掖县，北海银行人员撤离掖县城向黄县转移。

2 月下旬，北海银行职员在蓬莱县草甸附近疏散离去，北海银行解散。

春季，清河区益（都）、寿（光）、临（淄）、广（饶）四边抗日民主政府印制益寿临广流通辅币券，计有伍分、壹角、贰角和伍角四种券别。

5 月，中共山东分局指示胶东区委："北海银行努力经营，保持在我们手里，必须成为全省的金融调剂机关。"

7 月，鱼台县抗日民主政府开始发行鱼台流通券，计有壹角、贰角、伍角、壹元券，在鱼台及其邻近县区流通。

8 月，北海银行在莱阳张格庄重建，陈文其任行长，随后印发了北海币壹角、伍角、壹元券。

10 月，泰西地区长清县抗日民主政府印制发行了泰西银行长清分行壹角券、贰角券、伍角券，在大峰山抗日根据地流通。

同月，莱芜县民主政府印发莱芜农民合作社伍角券，计有伍分、壹角、贰角、伍角券 4 种面值，6 种版别。

冬季，胶东区党委从大众报社拨出两台圆盘机和一台平页机，从报社调配郝世德、王连志等技术工人，在掖县西家塘村建立了北海银行印钞厂，由姜文任厂长，开始独立地印刷北海币。

### 1940 年（民国二十九年）

2 月 29 日，中共山东分局指示：（A）扩大分局财委会，以第一队纵供给部兼财政部为最高设计及执行机关。（B）整理北海银行。筹办鲁西、鲁北、清河三银行。

本月，峄县抗日民主政府印发了峄县地方流通券，面额有贰角、伍角和壹元等。

春季，八路军第一纵队根据山东分局指示开始筹建银行印发纸币。具体事宜由第一纵队供给部审计处负责。参与人员有王志成、贾洪、陈中、任志明四人。由任志明带领二人在沂水夏庄村（后属沂南县，1981年4月更名为艾山东村）后面的艾山山沟里的两间草房里，用一台小石印机和一台打码机印制北海币火车轮船图案贰角券。印钞所需材料、生活用品以及印好的北海币，由供给部设在夏庄的药铺转运，药铺老板郝丁臣（真名辛葭舟）为地下联络人。当年夏收结束时，该券停印。

同季，第一纵队供给部委托济南大中书局代印标有"鲁南"字样的北海币壹角、贰角、伍角券。赵克勤制版。印好的北海币运回根据地，在沂南县南瓦庄村公立学屋的三间东屋加盖印章和流水编码。该印刷场所由辛葭舟负责，对外宣称贸易局。

同季，长山县抗日民主政府印发长山金融流通券，共有壹角、贰角、叁角、伍角四种面额，合计2万元。

4月，泰山专员公署印发莱芜农民合作社伍分、壹角、贰角、伍角四种面值6个版别纸币流通于专员公署辖区。

5月13日，《大众日报》刊载北海银行发行壹角、贰角、伍角三种辅币公告。

本月中旬，第一纵队供给部审计处发行北海银行贰角券，在鲁中、鲁南地区流通。

6月1日，北海银行清河分行在寿光县成立，发行北海币及各县流通辅币。

6月，济南大中印刷局派出3名员工带着两台打印机前来根据地协助补印工作。

7月，临（沂）、郯（城）、费（县）、峄（县）四县边联抗日民主政府为了保护法币，抵制伪币，调剂金融，在鲁南地区发行"临郯费峄"流通券35万元。计有壹角、贰角、伍角、壹元四种面值，五个版别。翌年5月收回。

8月，山东战时工作推行委员会在鲁中区沂南县青驼寺成立，印发北海币事宜转归战工会财政处。

秋季，战工会着手购买大中印刷局全套印钞设备。

10月，北海银行总行正式成立，归战工会财政处领导，两机关合署办公，艾楚南任处长兼行长，洒海秋任副行长。下设三个科：发行科、会计科和营业科。发行科负责人是王志成和任志明，会计科负责人陈中，营业科负责人由洒海秋兼任。

本月，总行用1万元日伪币购买济南大中印刷局全套印钞设备，这些设备主要包括票版、印刷石、号码机、打印机、四台小石印机以及一台大石印机。除了大石印机在运抵泰安后被敌发现并扣留外，其余设备于同年冬季陆续运到根据地。在购买设备的同时，动员大中印刷局制版、印刷、着色、裁切及打号等工种二十几名技工前来根据地。人员分数批抵达根据地，最后一批到达根据地的时间是1941年初春。

10月16日，北海专员公署决定发行各县地方流通券290万元，有黄县地方流通券、蓬莱地方流通券和栖霞地方流通券等，计壹角、贰角、贰角伍分和伍角4种券别。

11月22日，鉴于抗战进入艰苦相持阶段，中共山东分局财委会下达关于发行北海银行辅币的通知，发行北海币壹角、贰角、伍角3种辅币。

本年度第一纵队供给部及北海银行总行合计发行北海币15万元。

## 1941年（民国三十年）

2月，总行印钞厂在沂南县大梨峪村建成，任志明任厂长，后李纶继任。用水印机代替土机器印制年号为"中华民国二十九年"的红色伍元券北海币。此券种印好后仅发行了20万元，即因国共货币政策问题而叫停。之后陆续印制了年号为"民国三十年"的伍角、壹元、伍元券北海币。

春季，清河印钞厂扩大为铅印厂和石印厂两个厂。

4月1日，北海银行总行发布推行新钞宣传大纲及三个附件，在山东抗日根据地推行使用北海币。

4月28日，山东省战工会主持的全省文教、财经大会在莒南县板泉崖西岭泉村开幕。与会代表 80 余人，各机关团体来宾 200 余人。代表们一致通过省战工会主任委员黎玉，副主任委员李澄之，副主任委员陈明，财经处长艾楚南，教育处长杨希文，副处长李如，财经副处长耿光波，委员冯平，委员孙淘林，委员辛葭舟等 17 人为大会主席团。大会主要议题是总结过去工作，确定今后方针。此次大会一直持续到 7 月 18 日。

6 月，国民政府财政部制定了《禁止根据地货币办法》七条。

7 月 2 日，胶东行政联合办事处召开牟、海、栖、福地方金融调剂委员会大会，会后东海专员公署印发了牟平、海阳、文登、荣城和福山县地方流通券，计有贰角、伍角两种面额。

7 月 7 日，上述财经文教大会确定了全省统一建立北海银行，战工会的北海银行设为总行，各大区北海银行设为分行。大会之后，总行从财政处分离出来，归战工会直接领导，下设发行科、会计科、营业科及印钞厂。行址设在沂南县艾于湖村。印钞厂则设在大梨峪村，李纶任印钞厂厂长。

本月，北海银行冀鲁边分行及印钞厂在山东乐陵县大桑树村建立，张耀曾任分行行长，印制发行加盖"冀鲁边"区名的北海币壹角、伍角券。

8 月初，北海银行滨海办事处在莒南县洙边区东书院村建立。初期仅四名工作人员，滨海专员公署财政科科长王子芹兼任主任，业务员谢华堂、会计孙良臣、出纳牟遂。其主要业务是协调政府取缔土杂钞，推行北海币，筹建印钞所。

19 日，胶东北海银行被正式改名为北海银行胶东分行，从此开始印发盖有胶东区名的北海币。

20 日，省战工会公布《山东省金库暂行条例》，共二十四条。

10 月 18 日，北海银行总行发行天坛伍元券。

11 月，北海银行胶东分行接受蓬莱、黄县、栖霞、福山县民主政府印刷所依靠其领导和技术骨干，在栖霞县成立东海印钞厂，厂长李友琴。

12 月 8 日，太平洋战争爆发，侵华日军货币政策遂从利用法币转向排挤法币，法币币值狂跌。

冬季，日军对沂蒙进行五万人大"扫荡"，总行及印钞厂转移到沂南县辛庄村，大部分人员疏散到泰山和泰南区。

## 1942 年（民国三十一年）

1 月 5 日，中共中央财政经济部发出《关于法币贬值各根据地应采取的对策》，决定华北各根据地应完全不用法币，在经济上实行必要的反封锁，并允许发行地方流通券，以减少法币贬值的损失。

1 月 11 日，鉴于山东省民生银行被日伪接收，省战工会通令禁止民生银行纸币在根据地流通。

1 月 16 日，国民政府改变禁止法币内流的政策，转而以法币抢购沦陷区和根据地物资。

2 月，北海银行滨海办事处以滨海时报社一部分人员和设备为基础，加上从总行抽出的一部分人员和器材，在洙边区孙家沟村建立了北海银行滨海印钞所，所长李维恭。初期仅有四部小石印机，二十余名职工。后来小石印机增加到十余部，脚踏机近十部。

春节前，总行及印钞厂进驻沂南县万粮庄村（今万良庄）。印钞厂设在万粮庄山西村（当时属东辛庄）地主于学修家的学屋（相当于私立学校）里。

4 月 1 日，国民政府开始大量发行关金券，以配合法币向非国统区抢购物资。

5 月 15 日，省战工会公布施行《山东省借贷暂行条例》，共八条。

5 月，《山东省金库暂行条例》正式施行，省战工会责成各级北海银行经理金库业务。

5 月 29 日，山东分局财委会发出《关于法币问题的指示》，提出在山东抗日根据地排除法币、建立独立自主的北海币市场的要求和措施。

7 月 13 日，山东省战工会财经处召开扩大金融会议。会议提出，北海银行今后的中心任务是：以北海纸币为山东各抗日根据地的唯一本位币。

7 月 19 日，《大众日报》发表了题为《对敌展开货币战》的社论。

本月，山东抗日根据地以北海币为本位币，开展排除法币的斗争。

本月，滨海专员公署发布告规定：自 8 月 1 日起，滨海地区以北海银行钞票为本位币。自8月15日起，法币一律五折使用。

本月，冀鲁边区印钞厂迁至盐山县城东小山一带。

秋季，北海银行鲁南办事处在平邑成立，鲁南专员公署经建科长耿荆山兼主任。主要任务是发行北海币，整理土杂钞。不久，北海银行鲁南办事处升格为北海银行鲁南支行，隶属于北海银行滨海分行，耿荆山任行长，下辖边联、双山、滕县、峄县等5个银行办事处。职责是：①代理鲁南专员公署财政金库和各县的财政金库；②办理生产贷款扶助农业及手工业生产；③开展货币斗争，规定北海币与法币等价流通，并使北海币逐步占领鲁南市场。

9月4日，《大众日报》发表了题为《对敌货币斗争的初步检讨》的社论。

9月19日，胶东区行政公署发布《关于停止法币流通的布告》，进行"排法"斗争，并获得成功。

9月，滨海办事处升格为分行，王子芹任经理，分行驻峤山区何家店子村（今属莒南县相邸乡），共有员工10余人，下设业务股、会计股、出纳股、发行股、印钞所；谢华堂任业务股长、辛毅任秘书兼会计股长、牟逵任出纳股长、张汉卿任发行股长。分行管辖莒南、莒中、日照、赣榆、海陵、临沭、沭水及鲁南8个办事处。主要职责是印刷钞票用于军费和地方党政开支，发放农业、渔业、手工业、商业贷款，打击伪币、排挤法币，让北海币占领市场，办理金库业务。同时滨海专员公署所属各县金库划归银行，并以原金库人员为主，成立各县银行办事处。

12月11日，山东省战工会发出《关于查禁伪造北海本币的指示》，29日对外公布《查禁伪造北币办法》。该办法第四条规定由北海银行即日公告停止使用1941年春天发行的红色伍元券及胶东版蓝色带"繁"字的伍元券。

本月27日，《大众日报》载，蒙阴敌寇近以300万元向我根据地收买粮食、棉花，其中100万元即是近日发现的伪造蓝色伍元北海币。

本月，鲁中发现大批民国三十年天坛伍元假北海币。

本月，滨海区城头、十字路、筵宾等集市分别查获伪造的民国三十年天坛伍元假北海币数起。25 日，滨海专员公署布告全区查禁伪造伍元北海币，并指出，该假票是青口一带敌人所为。

## 1943 年（民国三十二年）

1 月，莒南市面发现伪造的北海币伍元券。1 月 18 日、19 日，在十字路查获三人带入伪造的北海币 10 万余元。将犯人移交司法机关依法处置。

本月，鉴于假币泛滥，胶东区开始实行北海币限区流通。

3 月，北海银行滨海印钞所迁驻峻山区北杨家圈（今属莒南县相邸镇）。

本月，北海银行总行由鲁中迁到滨海，驻莒南县峻山区何家店子村，滨海分行撤销，人员及业务并入总行，总行兼理滨海区的银行业务。此时总行的经理仍由省战工会财政处处长艾楚南兼任，副经理洒海秋兼秘书主任，主持北海银行日常工作。总行内部下设营业科、会计科、发行科，分别由王寅东、王子芹、王志成任科长。科以下设股，有营业股、会计股、发行股、汇兑股、收支股、鉴定股、稽核股、金库股、庶务股。整个机关共 50 余人，另有一个警卫连保卫机关和印钞厂。

本月，总行印钞厂由沂南县万粮庄村迁到莒南县峻山区北杨家圈村，滨海分行印钞所并入总行印钞厂。厂长任子敏，副厂长李维恭，指导员许杰，有印钞机 20 余部，职工 50 多人，借用闲置民房 5 间作为厂房。

本月，北海银行鲁南支行升格为分行，行址设在费南县王崮山，行长耿荆山，下设业务股、会计股、出纳股和印钞厂，耿振华、刘洪儒、牟逵分别任股长。

5 月底，留在沂南县万粮庄村的总行人员成立了北海银行鲁中分行，贾洪为主任，任志明任副主任，下设秘书股、营业股、会计股、发行股、出纳股、总务股及印钞厂，后增设鉴定股。印钞厂仍设在万粮庄，主要印钞设备为石印机。当时平均每小时 740 印。分行在各专员公署设支行，各县设办事处，下辖泰山、泰南、沂蒙 3 个支行。泰山支行辖莱芜、莱东、淄川、章丘、益临、淄博 6 个办事处。泰南支行辖泰宁、新蒙、泰南、新南 4 个办事处。沂蒙支行辖沂水、沂北、沂南、费县 4 个办事处。全行干部约七八十人。当时分行的主要业务是货币印发、发放农贷、代理金库和停用法币等工作。

夏季，冀鲁边区印钞厂迁至沾化。

6月12日　山东省战工会发布《北海银行组织章程》，健全了北海银行制度。

6月20日，滨海专员公署布告，从7月21日起，根据地内停止使用法币。

7月9日，中共山东分局下达《关于停用法币的指示》，规定了停止使用法币的具体办法，在山东抗日根据地展开第二次"排法"斗争。

本月，滨海专员公署发布告。决定从7月21日起，停用法币。

秋季，山东战时工作推行委员会决定以鲁中、滨海、鲁南名义发行北海币，三区北海币开始分区发行分区流通。

8月30日，山东省战时工作推行委员会改名为山东省行政委员会，黎玉任主任。

9月25日，北海银行总行决定北海币在山东抗日根据地分区发行分区流通。

11月，鲁南工商管理总局成立，耿荆山任副局长兼行长，之后支行由专员公署财政科划出，与工商局合署办公。

12月，总行由莒南县何家店子村迁驻李家宅子村。除中间因日军"扫荡"，短暂移驻过小山前、吴家庄子外，截至1945年6月总行迁出滨海前，基本一直驻扎此村。

本年，北海银行胶东分行发行壹佰元、伍佰元和壹仟元3种面额的北海银行本票，共155.7万元。

## 1944年（民国三十三年）

1月10日，中共山东分局决定将清河区与冀鲁边区合并为渤海区，北海银行清河分行与冀鲁边分行合并为北海银行渤海分行，原清河分行行长王有山任行长，印发盖有渤海区名的北海币。

本月，北海银行清河分行发行壹佰元、贰拾伍元面额的北海银行本票。

本月，山东抗日根据地"排法"斗争获得胜利，北海币成为根据地唯一流通的本位币。

4月，刁如心厂长带领十余名工人前往平邑县天宝区筹建北海银行鲁南印钞厂，其中有4名技术工人，其余为一般操作员，厂址设在朝阳洞内，洞门设有警卫1名。1944年冬季，印钞厂建成，开始印制北海币。设备为石印机3台，脚蹬子1部。石印机印票面，脚蹬子打号码，裁切用手刀。均印单色票。环境好的时候，将机器暂时移到洞外左侧的小圣堂印票子。三区统一发行北海币前，只印壹元券及伍角券。钞版、纸张及其他原材料均由总行提供。

5月1日，北海银行胶东分行制版厂在牟平县成立，对外代号"中兴东"，杨杰任厂长。

夏季，鲁中联办副主任马馥塘兼任北海银行鲁中分行行长，贾洪任副行长。年底，因战事需要，精简银行机构，支行及办事处撤销，多数干部转到财政部门及工商局工作。原支行及办事处的业务分别合并到相应级别的财政及工商局。分行的一部分业务如工商信贷及外汇管理划归工商局。分行仅剩十余名干部（不包括印钞厂），主要业务就是发行北海币。

8月，滨海、鲁中、鲁南根据地实现北海币统一发行、自由流通。

本月，渤海分行印钞厂迁至利津县城。

秋季，日军大规模"扫荡"滨海根据地，总行印钞厂被迫一分为二，分别迁驻小沈家扁山和石泉湖村（二村今均属莒南县十字路镇）。驻扎石泉湖的印钞厂设在村西北的李义红家的三间堂屋里，厂长田杰，指导员徐杰，共有二十几名员工。

本季，渤海分行发行北海银行本票壹佰元券。

10月2日，莒南李家宅子村书记李森，为了查看北海银行为躲避"扫荡"而埋藏的北海币，在返回途中，不幸被日军击中而牺牲。

12月6日，中共山东分局下达《关于货币政策的决定》，进一步部署了胶东、渤海两区的货币统一工作。

本月，滨海专员公署决定，铜元可作辅币使用。

冬季，总行驻扎石泉湖的印钞厂发生一起重大盗窃北海币事件，全村28 户人家被排查，后查明是内部员工作案，作案者被处决。

本季，王子芹任渤海分行行长，印钞厂厂长李聘周。

本年度，因北海币缺乏，经政府批准，滨海同泰商店发行壹佰元、贰佰元、伍佰元三种临时期票，流通于滨海各地。翌年 5 月开始回收，1946年 9 月底回收结束。

## 1945 年（民国三十四年）

1 月 5 日，滨海专员公署对外公告，启用早已停止流通的旧有铜元作为北海币的辅币参与流通。规定十文铜元一枚作本币壹角，自元旦开始，市场交易、公私款项准一律使用。

本月，因辅币短缺，滨北工商管理局发行临时流通券壹元、贰元券流通于滨北地区。

春季，总行印钞厂又迁回北杨家圈村。

本季，因辅币短缺，莒沭商店发行莒沭商店流通票壹元券流通于滨海区泰石公路以南的地区。

本季，鲁中分行与鲁中联办财政处合并，贾洪任副行长兼财政处会计科长。此时分行干部仅十余人，银行只负责货币发行工作。

5 月 25 日，渤海行署发布告，特定以铜元作辅币使用，规定当十文的铜元暂作本币壹角，当二十文铜元作本币贰角。

本月，日军"扫荡"十字路、朱家洼子、演马庄、大店等村镇，总行设在北杨家圈的印钞厂厂房和部分半成品钞票被日军焚毁，另有大量半成品北海币被抛撒在大街上，村民捡拾者众多。"扫荡"过后，八路军逐户征集并登记半成品北海币。

6 月 30 日，山东分局财委会发出《关于今后对敌经济斗争的指示》，提出配合军事、政治上的胜利，实行经济上主动进攻的总方针，即继续压缩伪钞，扩大北海币流通范围，与敌争夺物资，准备反攻需要，完成全省货币的统一。

6 月，总行及印钞厂迁往鲁中，进驻沂南县西柳沟。

本月，鲁南印钞厂、鲁中印钞厂并入总行印钞厂。

6—9 月，渤海分行发行了北海银行本票伍佰元券 1 945 万元、壹仟元券 1 080 万元。

8 月 1 日，山东省战时行政委员会发布《统一本币流通令》：全省各地区发行的北海币，不分地区统一流通；全省各地区过去发行的地方流通券等，应立即停止在市面流通，并限期由各发行机关负责兑回。

8 月 13 日，山东战时行政委员会改称山东省政府，黎玉任主席。15 日，日本宣布无条件投降。

8 月 29 日，山东省政府布告："为全面调剂物资，流通金融，特决定全省各地区（滨海、鲁中、鲁南、胶东、渤海）过去所发行之北海银行本币，今后不分地区统一流通。"北海币在全省实现了统一。

本月，北海银行总行将北海印钞厂、东海印钞厂及胶东制版厂合并，在乳山县崖子钟家村组建成北海银行胶东印钞厂；将北海银行鲁南印钞厂、滨海印钞厂并入鲁中印钞厂（又称北海银行印钞总厂），开始统一印制山东版北海币。

本月，鲁南分行迁驻滕县县城，行长任志明。分行辖枣庄办事处，在滕县、平邑建立两个中心办事处。

本月，鲁中分行与鲁中联办财政处分开，并入总行。

本月，北海银行临沂办事处在河东成立，主任李赛文。

9 月 2 日，日本签订投降书，抗日战争胜利。

9 月 11 日，临沂城解放，北海银行临沂办事处迁驻临沂城，并成立伪币兑换所，两天时间兑换 400 余万元。

9 月 16 日，北海银行胶东分行发布启事："本行过去所发行之壹佰元、伍佰元、壹仟元三种本票，现定于十一月三十日以前陆续收回。"

本月，总行在莒南县大店重建滨海办事处，于国屏任主任。下设营业、会计、出纳三个股。分别由袁明秀、许洪三、黄守义任主管，共有十余名员工。

11 月，在博山重建鲁中分行，刘涤生任行长，设营业、会计、发行、出纳四个股，辖青州办事处。主要经营城市存放款业务。

本年，鲁中区工商管理总局发行了壹佰、伍佰、壹仟元三种面值的流通券。

## 1946 年（民国三十五年）

1月，总行召开了大鲁南地区银行分行、办事处会议，制定了定期存款、短期存款、定期放款、短期放款、核算、汇兑等项营业章程，对放款政策、原则和利率作了统一规定。

本月，任志明任鲁南分行行长。

2月，总行随山东省政府迁驻临沂城。地址在前地区供销社（老专员公署）。发行科和印钞厂设在临沂城北曲沂、大朱厦村（现均已为城市社区）。

本月，为了占领沿海经济重地，总行决定撤销滨海办事处，将原班人马迁往日照石臼所，改称北海银行石臼所办事处。

3月，鲁南印钞厂迁往滕县。

4月19日，王志成任总行发行科科长，兼总行印钞总厂厂长。

7月15日，《大众日报》载郯城码头镇刘锦华、冯保顶、吴玉贤、张志、杨起峰等人伪造北海币26万元一案。

秋季，国军进攻鲁南，鲁南分行转移到农村，机关干部撤出，银行同工商、粮食、财政等部门合并为财粮局。此前分行辖三个中心办事处：枣庄中心办事处，主任牟逵，辖赵镈、苍山、邳县、兰陵、枣庄等县业务；滕县中心办事处，主任晋洪西，辖滕县、凫山、临城等县业务；平邑中心办事处，主任龙维寅，辖平邑、费县、泗水、邹县、曲阜等县业务。

9月，山东省政府颁布《修正处理伪造及行使伪造北海币的暂行办法》。

10月7日，北海银行滨海直属支行在莒南洙边区东书院村成立，行长李文灏，副行长陈子未，下设业务股、秘书股、会计股、出纳股，袁明秀、谷树屏先后任业务股股长，许洪三、赵萍先后任会计股股长，出纳股股长先由陈子未兼任，后为孙晋灼。之后，滨海直属支行先后移驻莒南寺后、朱梅、桃花林、山底等村。

本月，鲁中分行接管农贷业务，撤销青州办事处。增设莱芜、新泰、沂南、沂北4个中心办事处，次年增设临朐中心办事处，谢华堂、金波、寇丰田、钱文林、彭怀正分任中心办事处主任。莱芜办事处辖泰安、历城、章丘、莱芜4个县；新泰办事处辖沂源、蒙阴、新泰、太宁4县；沂南办事处辖沂东、沂水、蒙山、沂南4县；临朐办事处辖益都、临朐、昌乐3县。各区设农贷所。全行干部约150人。

11月24日，《山东省北海银行总行查缉伪造及行使伪造北海本币奖励暂行办法》发布。

12月4日，孙撰接替陈文其任胶东分行行长。

### 1947年（民国三十六年）

1月，山东省政府发出《关于贷款问题的决定》，确定农业贷款主要由北海银行负责，政府实业部门配合。

2月15日，驻临沂城党政军撤出，总行撤到沂水。北海银行临沂办事处撤到临沂东部洪瑞、板泉一带，与临沂县金库合并。

4月1日，华中银行总行迁移山东与北海银行总行合并，两行组织机构调整后合署办公；华中银行发行局与北海银行发行科合并为北海银行发行局，杨秉超任发行局长；华中银行印钞厂与北海银行印钞总厂合并组建成北海银行印钞一厂、印钞二厂和印钞三厂。之后，一厂、三厂向胶东撤退。

夏季，国民党军队进攻山东，滨海直属支行由山底村迁往竹庭县（今赣榆县）照半庄。

本季，因国民党军队进攻沂蒙山区，鲁中分行撤到渤海区，年底返回鲁中。

8月16日，因艾楚南奉命南调，山东省政府免去财政厅长艾楚南兼任北海银行总行行长职务，任命陈穆为总行行长。

9月，北海银行大鲁南分行行长联席会议决定：从1947年起，所有农业、副业、渔业贷款等由政府移交银行直接经营。

本月，杨秉超、张瀛带领北海印钞二厂职工，随华东教导大队武装冲过敌人封锁线,重返鲁中地区,10 月初在莒南十字路镇恢复生产。

本月,国民党大举进攻胶东,形势危急,北海银行及印钞厂的部分人员奉命撤离胶东渡海到东北。

同月,孙更舵、石楚玉等带领原华中三厂大部分职工,从胶东海阳下海,返回苏北建立印钞厂。

12 月,华东局财委召开大鲁南财经会议,通过了银行工作决议,确定以发放农贷、代理金库为中心工作。

本年冬季,北海银行印钞厂一行 180 多名职工,用 18 辆马车将印钞设备运抵莒县桑园镇柏庄,机器安装在胡明成前院。

本年,渤海分行印钞厂并入总行印钞厂,李纶任厂长。

## 1948 年 (民国三十七年)

1 月,鲁中、鲁南普设银行机构,专区设支行,县设办事处,区设农贷员。

本月,鲁南形势好转,鲁南分行再次分设,并成立了平邑、费县、麓水、白彦 4 个银行办事处,龙维寅、刘惠厚、郭玉樟、戴伯起分任主任。

本月,鲁中分行成立一、二、三支行和博山支行。一支行辖泰安、莱芜、章丘、历城等办事处;二支行辖新泰、太宁、蒙山、沂南、沂东、沂源、蒙阴、沂水等办事处;三支行辖沂北、莒沂、安丘、淮安、昌乐、临朐、益都等办事处;博山支行辖淄川、博山两个办事处。全行干部 580 名,除经营农贷外,代理金库。

2 月 8 日,北海银行发放本年度第一期农贷 13 亿元,其中鲁南、滨海各 4 亿元,鲁中 5 亿元。

2 月 17 日,山东省政府、华东财办指示:将各级政府之金库全部归并北海银行,并规定北海银行代理山东省各级金库,各级政府原有之金库人员,应随金库并入银行。

2 月 21 日,山东省政府发布布告,规定一切生金银、元宝、银元等不准在市场上当作货币流通,或私自买卖,应由各地北海银行统一收买。

本月,鲁南分行成立一、二、三支行。一支行由平邑办事处主任代理，辖平邑、邹县办事处；二支行行长王安邦，辖白彦、麓水办事处；三支行副行长牟逯，辖费县、赵镈、苍山、兰陵、邳县等办事处。至合并前，鲁南分行共辖15个县办事处，全体职工280余人。

春季，北海银行胶东印钞厂转移到临朐县，合并了原华中印钞三厂留下的设备和人员，在辛寨附近的孔村建厂，改称北海银行印钞三厂，荣世维任厂长，主要印制壹仟元券和贰仟元券。

4月，北海银行总行自五莲县移驻益都。

5月8日，潍县战役胜利，胶东、渤海、鲁中南三大战略区连成一片。

13日，在解放区华北金融贸易会议上，山东解放区与华北解放区就两区接壤地带建立货币混合流通区及汇兑和兑换等问题草拟了《华北与山东两区货币工作的协定》。

本月，北海印钞一厂职工奉命从东北回到山东临朐朱位庄重新建厂复工。

7月26日，总行在益都召开行处会议。会议总结工作经验，明确政策原则，制定业务章程，通过了《修正处理制造及行使假北海币奖惩暂行办法》，在各解放区展开群众性的反假币斗争。同时决定北海银行鲁中分行、鲁南分行和滨海支行合并为北海银行鲁中南分行。滨北直属支行划归胶东分行领导。要求鲁中、鲁南两分行账务根据7月底报表移交鲁中南分行接收。滨海支行账务由鲁中南分行根据7月底报表接收；滨北支行账务由胶东分行根据7月底报表接收。

本月，北海银行滨海直属支行改称北海银行鲁中南分行第六支行。

8月，北海银行鲁中分行、鲁南分行和滨海支行正式合并为北海银行鲁中南分行，行长任志明。成立之初驻沂水城北的农村，不久即迁往临沂城。分行辖一、二、三、四、五、六、七个支行及淄博、济宁、徐州、新海连4个城市银行。由封培乾、王金甲、王矛、于国屏、牟逯、王安邦、耿振华、王有成、黄玉明、晋洪西分任行长。

9月23日，华北、华东货币统一联席会议（德州）决定：自10月1日起，华北解放区和山东解放区货币固定比价（冀南、北海币为1:1，冀南北海币与晋察冀边币为1:10）在两区境内自由流通。

9月24日，省城济南解放，行长陈穆率领工作组参加中国人民解放军济南市军事管制委员会金融部，随军进驻济南，接管官僚资本银行，组建北海银行济南分行。

10月5日，山东省人民政府和华北人民政府分别发出两区货币统一的布告："从本年十月五日开始，冀南银行、晋察冀边区银行所发行之钞票，与北海银行所发行之钞票，在华北与山东两区准许互相流通。"

10月13日，山东、华中两解放区决定在华中五、六、七分区建立华中币、北海币混合流通市场。

本月，山东北海银行印制的北海币不再盖印"山东"字头，计有伍佰元券、壹仟元券和贰仟元券。

11月13日，山东省政府与华中行政办事处共同决定：自11月16日起，北海币与华中币按1:1（北海币1元等于华中币1元）固定比价互相流通。

11月20日，北海银行颁布《北海银行发行本票暂行办法》，并在济南、潍坊、徐州、德州、济宁、新海连、周村、博山、益都、烟台、石岛等新解放的城市发行定额本票拾万元券，计490 000万元。

12月1日，北海银行与华北银行、西北农民银行合并为中国人民银行，并发行中国人民银行券（人民币），定为华北、华东、西北三区的本位货币，统一流通。

12月16日，中国人民银行总行指令"北海银行总行即改为中国人民银行华东区行"。

## 1949 年（民国三十八年）

1月，北海银行发行局奉命改组为中国人民银行第三印刷局，局长王志成，以加强对人民币印制工作的统一领导。

1月27日，山东省政府布告，自2月1日起以人民币为本位币。

1月31日，山东北海银行总行通函各分支行按人民币1元比北海币100元的固定比价，收回200元以下面额的北海币。

2月，北海币停止印发，10余年共印发北海币7 892多亿元。

本月，北海银行和印钞厂部分干部职工组成南下工作队，由张瀛带领，参加中共华东局领导的青州纵队南下；杨秉超率领数十辆满载人民币的大卡车准备随解放大军渡过长江，进占南京、上海。

3月31日，北海银行总行通函，行长陈穆，副行长洒海秋已奉调南下，省府决定，陈文其任北海银行总行行长。

4月，北海银行进驻济南。

5月21日，北海银行开始回收面额500元的北海币。

6月2日，青岛解放，中国人民解放军青岛市军管会金融部授权北海银行胶东分行接管国民党金融机构，限期收兑金元券和青岛银元辅币券。

上半年，北海银行在济南建印钞厂。

7月1日，北海银行总行正式成立中国人民银行山东发行库，负责掌管人民币的发行、票样管理、旧币的收回处理及反假币等项工作。

7月2日，山东北海银行总行决定回收面额1 000元和2 000元的北海币。

同日，北海银行开始对流通山东的晋察冀边币、鲁西币、冀南币通过营业解交款方式逐步收回。

7月18日，北海银行开始将山东城市流通的西北农民币和带冀热辽字的边币收回处理。

本月，北海银行第一、第二、第三印钞厂从鲁中迁至济南，印钞一厂、二厂合并为济南第一印刷厂（凹版厂），厂长张瀛；印钞三厂、四厂合并为济南第二印刷厂（胶版厂），厂长冯锦璋；造纸厂厂长陶厚卿，统一印制人民币。

9月20日，北海银行总行指示将1948年12月以来发行的北海币定额本票（票面10万元）由各签发银行全部收回。

10月13日，高磐九任济南分行行长。

11月1日，山东北海银行奉命改称中国人民银行山东省行，北海银行各分支机构也同时更名，改辖于中国人民银行山东省行。

11月6日，中国人民银行山东省行对外公开宣布收回北海币，到月底，人民币在市场货币流通量中已占98.66%，北海币完成历史使命。

# 第二章　北海银行总行在鲁中的
# 创建与发展

在中国共产党领导的抗日战争和解放战争中，山东革命根据地具有极其重要的战略地位。它是连接华北与华中的纽带，又是控制南北运输主要干线的津浦铁路和近海交通的要地，构成了战略上的重要支点。1940 年 7 月，中国共产党领导的山东省临时参议会和山东省战时工作推行委员会的成立，标志着统一的山东抗日根据地的正式形成。最初建立的是鲁西、清河、鲁南、鲁中、湖西、胶东、冀鲁边、滨海 8 个战略区；1941 年 7 月以后，大体上稳定在津浦铁路以东的滨海、胶东、冀鲁边、清河、鲁中、鲁南 6 个战略区；1943 年秋合并成为滨海、胶东、渤海、鲁中、鲁南 5 个战略区。

## 第一节　沂蒙根据地筹建银行

### 一、沂蒙革命根据地的创建及历史地位

沂蒙革命根据地，是中国共产党在抗日战争初期开辟、创建的全国著名的几大革命根据地之一。这里所说的沂蒙地区，是一个区别于行政区划的广义上的地理内涵，其范围是指以沂蒙山区为中心，以今临沂地区为主体的山东东南部地区。一般认为，这一区域大体上包括今临沂地区、莱芜市和枣庄市的全部，泰安市的东南部和淄博、潍坊、青岛三市的南部、济宁市的东部以及江苏徐海地区的北部。按照国务院办公厅《关于山东沂蒙革命老区参照执行中部地区有关政策的通知》（国办函〔2011〕100 号）中的提法，沂蒙革命老区共包括 18 个县市区，分别是：临沂市的费县、沂

水县、沂南县、郯城县、平邑县、蒙阴县、临沭县、莒南县、苍山县、罗庄区、河东区、兰山区，淄博市的沂源县，潍坊市的临朐县，济宁市的泗水县、泰安市的新泰市，日照市的五莲县、莒县。

抗日战争爆发后，中共山东省委和八路军四支队根据毛泽东主席创建山东抗日根据地的指示，几度分兵，南北转战，最后在蒙山沂水间扎下了营盘，创建以沂蒙山区为中心的鲁中抗日根据地，实现了党中央的战略部署，层峦叠嶂、绚丽多彩的沂蒙山成为山东抗战的大本营。

1939 年 7 月至翌年 5 月，沂蒙根据地是中共山东第一区（一般称大鲁南区）党委所辖区域的主体部分。1940 年春夏，随着省、行政区、专区、县四级抗日民主政权的先后建立，山东第一区分为鲁中、鲁南和滨海三大行政区（战略区），且山东省党、政、军领导机关和鲁中、鲁南、滨海三大战略区的党、政、军领导机关及其所辖的五六个专区的地委、专员公署、军分区等均长期驻在这一地区。解放战争时期，这里是鲁中南行政区的构成主体，华东、山东和鲁中南行政区的党、政、军首脑机关均驻扎于此，使临沂成为山东乃至华东解放区的首府。

十余年间，根据地建党、建政、建军和经济、文化等各个领域的诸多经验和重要举措，都是在沂蒙山区先行试点，待取得成功后，再向全省其他地方加以推广。虽然受战争环境的影响和革命斗争的需要，行政区划和隶属关系几经变动，但"沂蒙"一词作为山东中心根据地和解放区的代称，却是一个公认的客观事实。

### 二、筹建北海银行总行的背景

为顺利开展山东的抗日斗争，统一指挥除冀鲁边及鲁西北地区以外的山东各地起义武装力量，经中共中央批准，1938 年 12 月 27 日，八路军山东纵队（以下简称山纵）在沂水县王庄成立。张经武任指挥，黎玉任政治委员，王彬任参谋长，江华任政治部主任。山东纵队成立后，将山东党组织领导的各抗日起义武装基干部队统编为 10 个支队又 1 个团，共 3.45 万人，其所属基干部队活动在沂蒙山区的有第二、第四、第五、第九、第十二、挺进支队共 6 个支队及特务团、独立团、直辖第四团。

黎玉在山东纵队干部会议上作报告

　　八路军山东纵队的成立，标志着山东人民抗日起义武装已由若干分散的游击队，成为在战略上统一指挥的游击兵团。此后，山东纵队与相继入鲁的八路军第一一五师主力一起，肩负起开辟山东抗日根据地的重任，对山东抗日根据地的发展和巩固发挥了重要作用。

　　1939 年 5 月 4 日，中共中央北方局、八路军总部根据中央书记处的决定，组建八路军第一纵队（以下简称一纵），统一指挥山东与冀鲁边及苏北地区的八路军、一一五师、新四军游击支队等武装，任命徐向前为司令员，朱瑞为政治委员。

　　徐向前和朱瑞接到命令后，分别带上一个小分队和从八路军总部、抗大第一分校选调的干部赶赴山东。同年 8 月 1 日，一纵在山东沂蒙地区正式成立，徐向前、朱瑞以第一纵队司令员、政治委员名义通电就职。10 月中旬，山东纵队指挥张经武去延安开会，10 月 13 日，一纵机关和山纵机关合并，组成统一的指挥机关，但山纵番号仍然保留。

　　随着山纵、一纵的相继建立，山东庞大而又分散的抗日武装有了统一的指挥机关，这支武装力量是山东抗日根据地的主要力量。兵马未动，粮草先行，解决这支庞大抗日武装的给养及政府经费，便成了山东党政军领导的首要问题。

　　"七七事变"后，中央决定开辟敌后抗日根据地。当时红军改编成八路军三个师，国民党只发给军饷 60 万元，其他的一概不承认，更不发饷。

在这 60 万元中，留下 30 万元给中央，30 万元分给三个师。所以，对于敌后各抗日根据地，中央无法照顾，只有自力更生，吃的、用的都要靠部队自己想办法，要么由敌人那里夺取，要么依靠根据地去筹办。

### 三、艰难的筹建过程

为了解决军费和经费问题，1940 年初，八路军一纵供给部开始筹建银行及印发纸币，具体事宜由一纵供给部审计处负责。

一纵供给部是由山纵供给部合并而来的，在北海银行一些老同志回忆的史料中讲到是山纵供给部筹建银行，这是因为一纵供给存在的时间较短，不过一年时间，而山纵供给部直到成立山东军区后才撤销，一纵供给部与山纵合并后，大部分人员去了山纵，所以容易混淆了。当时一纵供给部部长是冯平，山纵供给部的部长是马馥塘。

一纵供给部时任部长冯平，政委艾楚南，审计处时任处长洒海秋，参与筹建的人员有洒海秋、王志成、贾洪、陈中、任志明等人。负责采购印钞材料的人员有单景春、李德良等，他们主要通过济南的地下关系，往根据地里搞材料。后来单景春叛变了，出卖了李德良，李被捕后光荣牺牲。

当时一纵供给部是中共山东分局财委会的最高设计及执行机关。鉴于胶东区北海银行办得比较成功，纸币发行深得人心，为便于开展银行工作，一纵供给部决定将拟成立的银行定名为北海银行总行。这样命名既考虑到借助胶东北海银行的影响，同时又为了与之区别。这样，银行的筹建者们就开始考虑建立自己的印钞厂，自行印制北海银行钞票。

（一）艾山印钞厂

由于庞大的军队急需给养，摆在筹建人员面前的首要任务就是印票子，以解决军费匮乏问题。

为此，受供给部委托，辛葭舟派人在沂水艾山（今属沂南）的山沟里用山里的石头盖了两间草房作为印钞厂，从报社搞了一台小石印刷机和一台打码机，购买了印钞所需材料，在印钞厂东南方约二三里的沂水夏庄村（今属沂南，1981 年 4 月更名为艾山东村），借用地主刘越厚的一间偏房，开了一家药店作为秘密联络地点，以便为山沟里的同志运送生活用品和印

艾山印钞厂遗址墙基

艾山东村药店原址位置

钞材料，同时把印好的票子转运出去。

辛葭舟（1898—1966 年），又名辛在湄，郝伊人，山东省章丘县辛寨村人。其父为开明人士、书法家、济南商会会长辛铸九。抗战前，辛任山东官钱局潍县分局局长。抗战爆发后，辛率全家参加八路军，历任八路军山东纵队财委会委员、贸易局局长，1940年当选为山东战时工作推行委员会委员。当时其子辛曙明为中共济南地下党负责人，曾帮助北海银行解决印制北海币的设备和技术等问题。解放战争时期，辛任山东省政府委员、山东支前委员会委员兼秘书长等职。新中国成立后曾任山东省财贸委员会委员、省交通厅厅长、民革山东省委员会副主任委员等职，1959年被推举为全国政协委员。

　　艾山海拔407米，面积3.5平方公里，位于沂南县西北方的岸堤镇东南部，南邻南山，西靠孟良崮山脉，北有北大山脉，汶河从艾山东边数里处穿流而过，可谓山清水秀。《大众日报》曾驻扎在艾山南部的南山山沟中。印钞厂位于艾山南面偏东部的山沟里，山沟于山脚顺山势蜿蜒朝西南方而出。站在山前，即使没有树木，也看不到印钞厂，当时选址之用心令人叹服。

**艾山远眺**

　　1940年2月8日是龙年的春节，春节过后，印钞的前期工作一切准备就绪。任志明带领李纶和王安云进驻印钞厂，开始印制中华民国二十九年火车轮船的北海银行贰角券。北海银行总行的第一种北海币从此诞生。由于当时印钞地点十分保密，所以没有设置警卫人员。印钞厂进出的所有物资都是通过马匹转运。

民国二十九年火车轮船图案北海银行贰角券（正、背）

任志明，陕西省米脂县人，1917 年生。1937 年 12 月加入中国共产党，1939 年 9 月奉调到山东工作。1940 年调北海银行总行，先为印钞厂负责人，后任发行科副科长。1941 年至 1945 年历任沂蒙支行代理主任、总行业务科副科长、鲁中分行发行科长、副行长等职。1946 年 1 月任鲁南分行行长，1948 年大鲁南三个区合并后，任鲁中南分行行长。新中国成立后历任中国人民银行山东省分行办公室主任、副行长、行长、山东省政协常委、省工商联党组书记。1964 年调任中国人民银行工商信贷局局长，1982 年离职休养。

据任志明回忆，王安云是日照人，当年十七八岁；印钞厂后来增加了一位叫蔡智的，他是由报社借来的，在济南学过印刷，当过学徒工；李纶是泰安人，后来任北海银行印钞厂厂长。

2013 年 8 月，当地人民银行组织有关金融史研究人员实地走访并考证，了解到当年八路军在艾山设立印钞厂的第一手资料。

当时整个艾山山沟，就在沟口住了一户农民，夫妻俩有一个二十来岁的姑娘。经走访查证：该农民叫刘树恭（1902 年 6 月 9 日至 1973 年 7 月 25 日），住两间堂屋和一间西屋，女儿叫刘荣基。

任志明

1947 年，全家搬到山下居住。印钞厂厂房在新中国成立前已经坍塌，目前遗迹尚存。

据艾山东村卫生室卫生员牛青顺介绍，他的父亲叫牛增祥，是原艾山乡武装部部长，已去世。牛增祥在世时讲过，当年一个姓郝的来到夏庄，是共产党员，租了地主刘耀厚的一间偏房作药店，以便收集情报。之后随军走了，不知下落。土改时刘耀厚的房子被分给了刘士正和刘树恭的二儿子刘洪吉。原房已经改建。刘耀厚后来当了教师，已经去世多年。

艾山东村村民刘成江也介绍了一些情况。刘成江是刘洪吉的儿子，刘树恭是他的爷爷。刘成江听老人们说过，开药店的叫郝丁臣，是章丘人，身材高大，有一米八左右，租了地主刘耀厚的三间西屋，后来参加了八路军。据考证，郝丁臣是辛葭舟当年在夏庄工作时的化名。

此处印钞活动持续到当年夏收后，由于缺乏材料而结束。一纵供给部在艾山印刷北海币期间，没有遇到日军"扫荡"，一直非常安全。

在艾山的印钞活动结束后，李纶去泰安购买材料，任志明和蔡智等人前往沂南南瓦庄协助加工由济南大中书局代印的北海币伍角券和壹角券。

艾山印的票子，由于纸质差、印刷水平较低，易于仿造，钞票发行后不久，市面上就出现了假票。据《北海银行总行推行新钞宣传大纲及三个附件》附件三最后一款介绍，真币贰角周围是网丝状，轮船小旗是黑色；假票贰角周围是点状，轮船小旗是白色。这个附件三算得上是北海银行总行的第一个反假文件，并由此拉开了总行反假币斗争的序幕。

（二）南瓦庄印钞厂

由于夏庄印钞厂的印钞能力十分有限，远远不能满足军队和地方的需求，就在任志明等人在艾山印制北海币的同时，第一纵队供给部通过地下组织，由负责敌占区采购任务的单景春，让莱芜商人李相增与济南大中印刷局的经理李化南联系，委托济南大中印刷局代印北海币。大中印刷局位于济南西门里，前后分数批印制了北海币壹角、贰角及伍角三个券种。

大中印刷局代印的北海币壹角券（正、背）

大中印刷局代印的北海币贰角券（正、背）

有资料表明，最早印制的是伍角券，其后是壹角券，最后才印制贰角券。钞版是大中印刷局制版技师赵克勤亲自设计制作的。后来，赵克勤投奔根据地，进入总行印钞厂工作。

大中印刷局代印的北海币纸质及印刷质量较第一纵队供给部的要好，主图均是农业生产图案，正面均加盖"鲁南"字样。"鲁南"泛指大鲁南区，其地域涵盖当时的鲁中区、鲁南区。

当时济南是敌占区，为安全起见，北海币在印刷时未印行名、图章和号码。印好的半成品经过伪装，由马车队运回根据地，补印行名、图章和号码。

票子运往根据地要经过数道敌人的关卡，为了对付岗哨盘查，押送人员将票子装在煤油桶里，装满后照原样焊好，外面捆上草绳，涂上一层臭

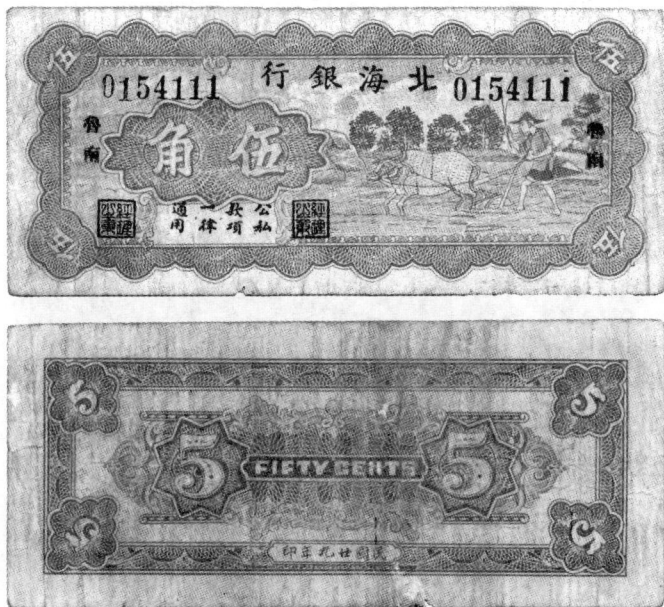

**大中印刷局代印的北海币伍角券（正、背）**

油，在地上一滚，又脏又黏。敌人嫌脏不敢摸，无法检查。押送人员再说点好话，送点烟酒礼品，就蒙混过关了。另外，搞运输的车马队与根据地经常来往，对沿途的道路关卡很熟悉，常会绕小路避开敌人的检查站，或是在夜间穿过敌人炮楼和关卡，越过封锁线，所以没有出过事。

为了加工济南大中印刷局代印的北海币，辛葭舟在沂南县南瓦庄村（当时属沂水）公家学屋建立了印刷厂，安装了一台打印机，主要为大中印刷局代印的北海币补印行名、印鉴和号码，同时将印好的大张裁切为单枚。同时，大中印刷局委派任子敏、李少言和李昆带了两台打印机前来根据地协助补印工作。1940年4月，李少言动身前往根据地，5月，任子敏和李昆在李相增等人的陪同下，从济南坐车到泰安，转到莱芜水北李相增的店铺，经人带领，到了莱芜代下村，见到了单景春。

一行人在代下村住了一些日子后，单景春将他们送往后方，沿途有部队护送，最后达到一纵供给部，受到了政委艾楚南和部长冯平的接见。时值日军"扫荡"，他们便随供给部转移。"扫荡"结束后，一行人来到南瓦

南瓦庄村印钞厂房屋墙基

当年印钞厂附近的水井

庄村，此时已是6月末7月初了。加上原先的工作人员，参与打印工作的此时有四个人，由任志明领导。

南瓦庄村隶属于孙祖镇，在沂南县城西偏北方向，位于艾山东南十余公里处。四面环山，汶河支流从附近流过。经实地走访当地村民，了解到当时印钞厂在南瓦庄的一些情况。

南瓦庄村

　　南瓦庄村村民李常春，1932年出生，身材瘦小，但颇有精神。据李常春介绍说，当年北海银行印钞厂紧邻他家东墙，他时常到印钞厂门口玩耍。

　　学屋共有三间堂屋和三间东屋，有院墙和门楼，机器安在东屋里，人员在堂屋办公，大门外有军人持枪站岗。依其描述，警卫人员大约有一个班，全厂有二三十人。工作人员大都穿便服，领导人是辛葭舟，辛葭舟个子魁梧高大，皮肤不白，穿着朴素，和蔼可亲。南瓦庄村村民大都知道辛葭舟出身于大城市的资本家家庭，但感觉他不像是资本家出身。印好的票子装在大布包里用马驮走。

　　据李常春回忆，印钞厂大约是春天来的，待了一年多走的。临走时将印钞时裁下的纸绺子全部烧毁。当地农民方言把印刷裁下的纸张边角料叫纸绺子。印钞厂撤走一年以后，日军"扫荡"时，把房子焚毁。国共合作时，那些房屋卖给了村民刘乃恒。

　　李逊娟，女，南瓦庄村村民，已经80多岁了，但讲话思路清晰，记忆力好。据李逊娟介绍，她家当年离印钞厂也不远，当年印好的票子都是装成箱，由识字班抬出来，这些识字班都身着军装。识字班是抗日战争时期兴起的扫盲运动时的教育组织，在沂蒙山革命根据地，因参加识字班的多为年轻妇女，后来识字班就演化为沂蒙地区对年轻妇女，尤其是未婚少女的代称。印票子剩下的纸绺子被人拿去烧火。由此来看，当年印钞厂也不是十分保密的，基本上是半公开化状态。

沂蒙山区的识字班

但是，绝大多数南瓦庄村民不知道北海银行印钞厂曾经在村里驻扎过，只知道曾经有个贸易局，局长是辛葭舟。当年辛葭舟是以贸易局的名义筹办北海银行印钞加工厂的。

南瓦庄的印钞厂开始是加工济南代印的北海币，当年七八月间，李纶由济南带来七八个印刷工人，开始直接印制济南制版的北海币。这时候印制的北海币，是行名、流水编码一起印上。主要是印制壹角、贰角券。

1940 年冬，因材料中断，停止印刷，之后将印钞设备转到了沂南县大梨峪村。印钞厂在南瓦庄期间，没有遇到日军"扫荡"，一直非常安全。

## 第二节　北海银行总行在鲁中成立

### 一、鲁中沂蒙革命根据地

鲁中地处山东腹地，区域范围东起沂河，西至津浦铁路，南起临沂、兖州公路，北至胶济铁路。鲁中为纯山区，主要有泰山、蒙山、沂山、鲁山等山脉，沂河、汶河纵贯其间。沂蒙山区由其境内蒙山、沂河而得名，一般指沂山、蒙山、鲁山等山脉及周围地带和沂河中上游地区。这里历来以民风淳厚、人民勤劳勇敢而闻名全国。

1937年7月7日，抗日战争全面爆发，党中央向全国发表了抗战宣言，呼吁"实行全民族抗战"。中共山东省委遵照中共中央指示，一面恢复、发展党组织，一面开展抗日民族统一战线工作，部署分区发动抗日武装起义。当时山东的省委书记是黎玉，张霖之任组织部长，林浩任宣传部长，景晓村任秘书长。

1938年5月初，中共中央派陕甘宁边区党委书记郭洪涛率干部约50人到山东工作，由郭洪涛任山东省委书记。1938年9月下旬，边区省委在沂南县岸堤召开会议。郭洪涛在会上作了题为《目前战争形势及我们的当前任务》的报告。会议研究了如何开辟沂蒙山区抗日根据地的问题。岸堤会议进一步坚定了边区省委在沂蒙山区创建抗日根据地的决心。

在创建沂蒙根据地的初期，省委机关和山东纵队指挥部的活动地点是以沂水县的王庄、沂南县的青驼寺、岸堤为中心。当时八路军部队的主要力量，是徂徕山起义的四支队。1938年12月上旬，山东纵队调集在鲁东组建的七支队、八支队两支队伍南下，进驻沂水、临朐一带。

到1938年底，鲁中区先后建立健全了蒙阴、沂水、费县、新泰、莱芜、博山、淄川、临费、泗水、安丘、临朐等县党的组织，所辖地区的区委、村支部以及农救会、青救会、妇救会、自卫团、儿童团等群众抗日团体也相继建立。这表明，鲁中抗日根据地已具雏形。

1939年4月底，党中央派徐向前来山东工作。徐向前与朱瑞于6月到达鲁中地区，成立了八路军第一纵队，统一指挥山东部队。6月21日，中央军委及十八集团军总部又电令八路军一一五师部、六八六团及肖华一部进驻鲁南，稳定了沂蒙山区抗日的局面，使创建沂蒙山根据地有了可靠的依托。

1940年10月，中共鲁中区党委成立。次年2月，建立了沂蒙地委、沂蒙专员公署，辖沂水、蒙阴、沂南、沂临边、费东5个县，沂蒙行政区划正式确立。随着沂蒙山根据地的建立、巩固与扩大，部队有了较为稳定的整理训练补充的机会，可以大批培养抗日干部，也可以储备粮草，制造弹药，沂蒙根据地成为在敌后坚持游击战争的生命线，成为指挥山东各抗日根据地战斗的基地。

1942年春刘少奇来山东指导工作后，沂蒙根据地开展了"减租减息"运动；实行了精兵简政；进行了巩固党的工作，培养发展了近万名党员；进行了整风学习，提高了干部的马克思主义水平。从而粉碎了敌人的"清剿"、"蚕食"，巩固了抗日根据地。到1942年下半年，沂蒙地区又先后建立了沂北、沂东等县委或工委。

刘居英、李竹如、陈光、朱瑞、艾楚南、陈明在沂蒙根据地合影

1943年春，沂蒙地区实行了党的"一元化"领导，认真贯彻中共中央关于抗日根据地的"十大政策"，全面开展了大生产运动，使根据地逐渐恢复并获得新的发展。1944年1月，沂蒙抗日根据地继续开展了"减租减息"和大生产运动。

1945年1月，沂蒙各县认真贯彻鲁中区党委《关于开展拥军参军运动的指示》。开展大规模的群众性拥军参军运动，各县加入主力部队和地方武装的青年达8 000多人；3月9日，蒙阴城解放，使泰山、泰南、沂蒙根据地连成一片。7月13日，鲁中行署成立，辖泰山、沂蒙、泰南、沂山、鲁山5个专员公署。沂蒙专员公署辖沂南、沂东、沂临、费东、蒙阴、沂中6个县。7月17日，鲁中部队发起临（沂）费（县）边战役，攻克诸满、上冶敌伪据点。8月7日，解放费县城。8月6日至13日，沂蒙军分区部队攻克白沙埠据点，为解放临沂城扫除了障碍。

1945年8月17日，山东军区抽调滨海军区主力部队、山东军区特务团、沂蒙军分区十一团等向临沂城守敌伪军发动进攻，经26天激战，于9月11日攻克临沂，使鲁中、鲁南、滨海3个战略区连成一片。

根据形势发展的需要，沂蒙抗日根据地的行政区划和领导机关进行了调整。泰南、鲁山地委和专员公署撤销，原分属上述地区的新泰、泰宁和沂源县划归沂蒙；原沂蒙的费东与泰南的费北两县合并，成立蒙山县，划归沂蒙地区；沂临边县撤销，辖区分别划归沂南、沂东、临沂县。沂蒙专员公署辖沂源、沂中、沂南、沂东、蒙阴、蒙山、新泰、泰宁8个县。

1949年7月，沂东县撤销，辖区划归沂中、沂南县。8月，沂北县和莒沂县合并为莒沂县，沂中县改称沂水县，新泰、泰宁两县划归泰山区。此时，鲁中南区二地委辖沂水、沂南、沂源、蒙阴、蒙山、莒沂6个县。沂蒙人民克服重重困难，以无私奉献的革命精神，为新中国的诞生，作出了重大贡献。

山东省联合大会现场

### 二、山东省战时工作推行委员会的成立

1940 年 7 月 26 日至 8 月 26 日，山东省各界人民代表联合大会先后在沂南县青驼寺镇和孙祖镇举行。这次大会包括山东国大代表复选大会、山东省总动员委员会、山东省临时参议会、山东省工农青妇文各救会代表联合大会。出席这次大会的有 300 名代表，有鲁西、胶东、鲁南、鲁北、清河、鲁中的国大初选代表，有工农青妇文化界以及动委会等救亡团体的各级领袖；有进步的国民党员，有共产党员，有八路军代表，有各种抗日部队的代表；有清朝的举人、禀生、秀才，有当代的博士、硕士、学士，有法官、律师、医生；有抗战前的专员，有新创建民主政权的分署主任、专员、县长；有德高望重的士绅名流，有工人农民；有须发斑白的抗战老人，有活泼天真的青年男女。他们肩负着全省人民的重托，冲破了敌人无数封锁线，经过了千百里的跋涉，来到沂蒙山抗日根据地，共商抗战大计，为坚持山东团结抗战，奠定了坚实的基础。

会上，选举成立了全省统一的权力机关——山东省战时工作推行委员会（以下简称战工会）。战工会和各级民主政权的建立，标志着山东抗日根据地正式形成。

大会制定了《山东省战时工作推行委员会组织大纲》，选举产生了山东省临时参议会和山东省战时工作推行委员会（简称省战工会），分别作为全省统一的民意机关和行政权力机关。会议选举黎玉等23人为省战工会委员，黎玉任省战工会首席组长。山东省战工会设置政治、军事、财政、经济、教育、民众动员 5 个组，各组设正副组长。

1940 年 8 月 1 日，省战工会正式成立。根据《山东省战时工作推行委员会组织大纲》的规定，其职权是：

（1）领导与推动全省各级抗日民主政权的行政工作。（2）计划指导与推动全省地方武装与群众武装的动员、组织、训练等工作。（3）指导与推动全省各级抗日政府的一切财政、经济、建设等工作。（4）指导与推动全省国民教育的一切工作。（5）指导与推动全省群众战时动员工作。

省战工会以战时政治组组长为首席组长，1941 年 3 月，首席组长改称

主任委员，副组长改称副主任委员，对外作为该会的代表，对内可根据委员会决议指导督促各组工作，调整各组关系及处理临时紧急事项。艾楚南任战工会委员兼财政组（后改为处）组长。

省战工会举行委员会时，由各组长轮流主持，各组专门委员遇有必要时可列席委员会议。省战工会采取集体领导、各组分工制度。对各项工作的推行，由主管组分别计划，拟定办法，提交该会委员会议通过执行。1940年8月24日，为加强和健全省战工会工作，中共山东分局决定，山东所有民政、财政、经济、地方性武装、国民教育、公安、司法等工作统归省战工会管辖。省战工会组织常务委员会，负责处理省战工会经常事务。

这次会议，在全省组织了一切抗日力量，与国民党顽固派的投降阴谋活动展开了针锋相对的斗争。沂蒙抗日根据地，犹如泰山一样坚韧不拔，更加巩固与发展。有了这样一个坚实的抗日战略基地，又有了联合大会以后的工作基础，在中国共产党山东分局的领导下，以沂蒙抗日根据地为策源地，在全山东各抗日根据地开展了十项建设运动，使根据地的各项工作跨入了一个崭新阶段。

### 三、北海银行总行在鲁中区沂南成立

省战工会成立后，原北海银行总行筹建机构及印钞机构归战工会财政处领导。经过一段时间的准备，北海银行总行于1940年10月在鲁中的沂南正式成立。

新成立的总行仍归战工会财政处领导，两机关合署办公，艾楚南任处长兼行长，洒海秋任副行长。北海银行总行在沂蒙期间，艾楚南一直兼任总行行长，但不过问具体事务，由洒海秋主持日常工作。

艾楚南（1900—1987年），陕西省米脂县人。1925年在榆林中学读书时即在榆林开办药铺做地下党联络点，1927年加入中国共产党。土地革命后期和抗日战争前期，在陕北革命根据地主要负责财政工作，历任陕北省苏维埃政府财政部长、陕甘宁边区政府财政厅副厅长等职。1939年被派往山东工作，任山东纵队司令部供给部政委、山东省民主政府委员、秘书

长、财政厅长、山东分局秘书长等职。新中国成立后调往中央财政部，身兼行政财务司、文教社会财务司和国防财务司三个业务司的司长，不久又任财政部部长助理。1958 年被调往哈尔滨市任市委书记、副市长，主管财经工作。1971 年离休回陕西任政协陕西省委员会常委、副主席。

艾楚南

洒海秋（1904—1971 年），山东省泰安县（今泰山区）许家埠人。青年时代就读于山东省立商业专门学校，1938 年 2 月参加徂徕山抗日起义部队，同年 5 月加入中国共产党。历任四支队泰安第三大队副大队长、独立营长、独立团参谋长，率部转战泰山周围地区打击日伪，屡立战功。1939 年调任山东分局财委会会计训练班主任、八路军山东一纵供给部会计科长、后方办事处副主任。1940 年参加北海银行总行的创建工作，后长期担任总行副行长。1949 年随军南下，接管上海中国银行总管理处，任军事代表，后任交通银行总管理处总经理。新中国成立后历任公安部劳改局副局长、云南省计划委员会副主任、商业部财会局副局长等职。

洒海秋

新成立的北海银行总行下设营业科、会计科、发行科，后又增设了出纳科。营业科长原是洒海秋兼任，后由陈中、贾洪兼任，会计科长陈中，发行科长王志成、副科长任志明，出纳科长贾洪。一般干部有会计王一，营业薛文林，发行有彭怀正、张延庆、王金甲，出纳有金波、辛毅、宋希英等。发行科王志成负责印刷材料和发行工作，任志明负责印钞工作。

这时全省财政尚未统一，除总行下设印钞厂外，各专员公署、县还没有银行机构，只在财政科有人管银行发行工作。银行的主要任务还是印发北海币，为军队提供给养，为机关提供经费。

1941年4月28日，山东省战工会主持的全省财经文教大会在莒南县板泉崖隆重开幕。本次大会1月就开始筹备，2月初代表们开始动身，经长途跋涉，4月底陆续到达。大会一直持续到7月18日才胜利闭幕。除鲁西区、冀鲁边区代表因交通隔阻未能到会外，与会代表80余人，各机关团体代表200余人。清河、鲁中、鲁南和滨海各战略区的财政负责人，以及专员公署、部分县的财政科科长都到会。

会上，代表们一致通过省战工会主任委员黎玉、副主任委员李澄之、副主任委员陈明、财经处长艾楚南、教育处长杨希文、副处长李如、财经副处长耿光波、委员冯平、孙淘林、辛葭舟等17人为大会主席团。大会主要议题是总结过去工作，确定今后方针。

大会财经方面的议题主要是统一全省的财粮工作，建立统一的预决算、财粮、税收、供给标准和收支制度。1941年7月具体讨论了银行的工作，确定了全省统一建立北海银行，战工会的北海银行设为总行，各大区北海银行设为分行。决定加强北海银行工作，扩大北海币的发行，在根据地推行北海票，加强货币斗争，扩充银行机构。

会议期间，中共山东分局发出了关于开展根据地十项建设运动的号召，要求"建立独立的银行业务，使银行成为调剂金融，巩固法币，投资生产的经济命脉的中心系统"。

随即，山东省战时工作推行委员会也作出了《响应中共山东分局建设山东抗日根据地十项建设运动号召的决定》，并提出了具体要求：立刻建立独立的北海银行组织系统，直接受战工会财政处的领导。印发一定数量的北海银行票，作为本位币，维持市面流通，保存法币，防阻法币外流，并将印发纸币全部投资生产建设事业。保存一定基金，发展银行业务，办理储蓄、汇兑、借贷、投资等工作。并在各地建立北海银行分行、办事处与银行网，便利于金融流通。

大会之后，北海银行总行从财政处分离出来，归战工会直接领导，下设营业科、会计科、发行科及印钞厂。1941 年 7 月，北海银行冀鲁边分行及印钞厂在山东乐陵县大桑树建立，张耀曾任分行行长，印制发行加盖"冀鲁边"区名的北海币壹角、伍角券。8 月 19 日，胶东的北海银行被正式改名为北海银行胶东分行，从此开始印发盖有胶东区名的北海币。

北海银行总行初期与各分行是彼此独立的关系。关于北海银行总行名称的由来，在钱币收藏界曾有过多种说法，其中有"北海银行总行是由胶东北海银行发展而来"的说法，通过史料可以看出，这个说法是明显错误的。

山东省战工会是全省抗日民主政权的领导机关，以战工会财政处下属的货币发行机构为基础成立了北海银行总行。之所以采用"北海银行"这个名称，是因为此前胶东区已经开办的北海银行，在群众中有了一定的认知度。总行为了顺利开展工作，仅是借用了"北海银行"这个名字。总行不是在胶东区的北海银行或是清河区的北海银行基础上成立的。总行成立前胶东区的北海银行和后来的北海银行总行没有任何传承关系，它不是总行的前身。总行的机构设置、人员配置及印钞设施也与此前的胶东区北海银行没有任何关系。当时鲁中和胶东的北海银行，应该是两家银行，仅仅是取名相同，实质根本不同。

从战工会财政处独立出来的北海银行总行，其行址设在沂南县的艾于湖村。印钞厂则设在沂南县的大梨峪村（原名大涝峪，也称大崂峪、大劳峪），李纶任印钞厂厂长。

艾于湖村属于双堠镇，位于沂南县城西南 20 多公里处，在青驼镇和双堠镇交界地带。大梨峪村属于依汶镇，位于沂南县城西偏北约 20 公里处，在马牧池乡和依汶镇交界地带。

黄嘉和，原籍沂南县辛庄村，1925 年出生，个子较高，为人豪爽。1943 年参加北海银行印钞厂工作，1949 年随北海银行印钞厂进入济南，不久调入银行机关，当年又调入人民银行总行，1953 年调哈尔滨，后到农业银行。已离休多年。当黄嘉和先生得知当地人民银行在组织纪念北海银行的活动时，主动捐出他早年获得的奖状和奖章。

已近 90 岁高龄的黄嘉和先生，身体健康，比较健谈。据他介绍，大梨

艾于湖村

**黄嘉和兴致勃勃地讲述工作史**

峪村之所以被称为大涝峪，还有一段故事。大涝峪之名起于明代，当年此处的和尚们霸占妇女做尽了坏事，官府将他们缉拿归案后，碍于离沂水县城较远，就地设了两个监狱，即大劳狱、二劳狱，抑或可写作大牢狱，地名由此而起。后来住户多了起来形成村庄。后人因"牢狱"字眼不吉祥，且处于山谷之中，写作崂峪，民国时已更名为大梨峪村。因习惯，民间口

黄嘉和（中）与王强、李银合影

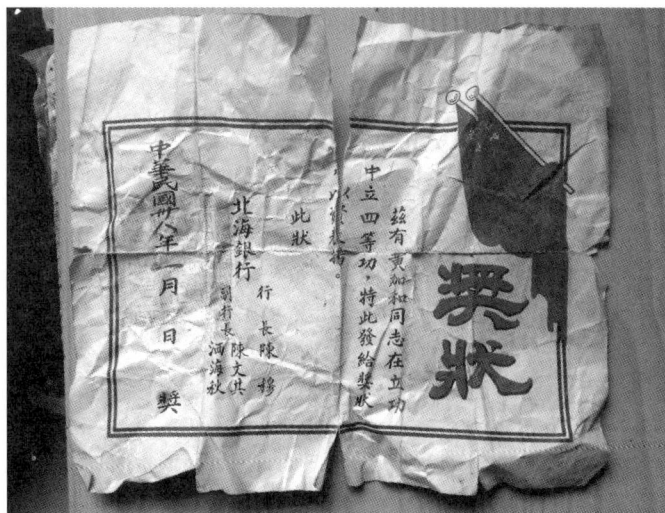

北海银行立功奖状

头一直沿用大涝峪的叫法。

　　1941年冬天，日军大"扫荡"时，北海银行总行迁往辛庄村，后来又转移到了万粮庄村（今万良庄村）。

　　辛庄村和万粮庄村都属于沂南县马牧池乡，位于县城西北方，两村相距数里路，汶河在辛庄村附近拐了一道大弯，由南至北将两村隔开。辛庄

北海银行一等功奖章

辛庄社区

村与艾山东村也是隔河而望，艾山东村在辛庄村的南偏西数里的地方，万粮庄村又在辛庄村的北偏东二三里的地方，万粮庄的南边紧靠小南山。

万粮庄村为行政村，前面有河流、有沙滩，背面靠山，既便于印钞工作，也便于埋藏设备和人员躲藏，是战争年代相当理想的印钞地方。

据万粮庄村的老人们讲，他们都知道有一个银行的酒主任住过这里，

**银行当年在辛庄村的住址位置**

当时洒海秋称秘书主任，叫行长的不多。老人们还说知道有个印钞厂和鉴定科住在村里。印钞厂有部队保护，据说是一个班的兵力，警卫班长叫高路宽，部队指导员姓徐，鉴定科长姓王。

**万粮庄村总行洒海秋住处原址正门**

1941 年冬天，北海银行总行在沂蒙地区设立了银行办事处，后改为支行。1942 年又开始有了泰山支行、泰南支行。到 1943 年才在县里设立办事处。

这一时期，虽有了胶东、清河、滨海等分行，但北海银行总行与各分行的关系还是各管各的，总行的账目，不反映各分行情况。票子也是分区发行，不统一，票子上各印有本区字头，互相之间不能流通使用。直到 1943 年，银行的规章制度比较健全了，颁发了一套报表，由各分行报送，总行才开始汇总。

## 第三节　总行印钞厂在鲁中的建立与发展

筹建银行的第一要务就是建立印钞厂。由于敌人的层层封锁，日寇不断进行残酷"扫荡"，当时的印刷条件极其落后，印刷物资十分短缺，印钞厂在艰难中生存和发展。战争年代，沂蒙山区的北海银行总行印钞厂及各分行的印钞厂都是极其隐蔽的，不断变换厂址，不仅机器设备十分简陋，而且印钞活动也是时断时续，随时应对战斗需要准备转移。因此，今天保留下来的印钞厂旧址在沂蒙山区已难寻踪迹，只有在大山深处的残垣断壁和人迹罕至的山洞，还依稀可以看到当年北海银行印钞厂战斗工作的印迹。

### 一、筹建总行印钞厂

北海银行总行在沂蒙山区成立以后，当时的印钞条件极其简陋。筹建银行时在沂南艾山印刷过少量北海币，但质量较差。那时的印钞纸张、油墨是采购到什么就用什么，纸的规格、油墨的颜色、质量很不一致。后来在南瓦庄村加工从济南代印的北海币，但也不是长久之计，只是对钞票进行后期加盖行名、图章、号码的一个加工厂，不能算是严格意义上的印钞厂。

北海银行总行地处沂蒙地区，不可能总是去济南印刷钞票，必须建立自己的印钞厂。可没有设备怎么办？

当时负责采购任务的任子敏回忆说，大概是 1940 年 8 月，战工会开始着手购买大中印刷局全套印钞设备。供给部领导找任子敏商谈相关事宜。到了供给部，艾楚南政委接见了他，并对他说："领导决定要在根据地建立自己的印钞厂，你看需要什么机器、材料，开个单子，算算需要多少钱，准备派你去济南采购，并动员一批印刷工人到根据地来印钞票。"任子敏知道此行困难会很多，并有一定危险，但表示一定要完成这一重要任务。

经过一番准备，任子敏便随单景春一起出发到济南。任子敏回到大中印刷局，单景春由中德西药行给他在十一马路租了一间房子住下。任子敏利用曾在大中印刷局工作的身份，秘密找到大中印刷局的经理李化南，和他谈了要买机器和印刷材料的事，李化南表示愿意把大中的设备卖给他们，经过认真商量，最后达成协议，北海银行出价1万元伪币将大中全部设备买下，用黄金折付了价款。这样，买机器的任务便基本完成，只待向根据地陆续发运。

任子敏等人在济南购买的所有器材，包括打印机、小石印机、印刷石、票版、号码机及印刷材料等，在济南大中印刷局的配合下陆续顺利转运到根据地。最后只剩下一部很笨重的大型双滚筒印刷机，不能用骡马驮着走山路，必须用车运载走平路。只有通过火车先运到泰安，再想办法转移。他们先用了一个假字号找济南善成运输公司办了托运。货运到泰安，引起了日本宪兵队怀疑，要追查货主和运主。宪兵队逮捕了大中印刷局经理李化南，并四处设岗安卡，在路口、饭店、娱乐场所到处秘密搜捕任子敏等人。

事情暴露后，任子敏和单景春险遭捕捉。单景春找到济南地下工作的领导人辛树声汇报，辛树声感到事态严重，就指示他们立即转移。辛树声是辛葭舟的儿子，又叫辛曙明，辛葭舟的父亲辛铸九是济南巨商，战前曾任济南商会会长，在济南颇有影响。在中共济南地下党组织的配合下，两人乔装打扮，几经周折，最终虎口脱险，顺利到达莱芜代下村根据地。

在沂蒙山建立印钞厂，不仅有缺少设备的问题，更重要的是缺少人员和技术。那么，印钞厂的印刷工人到哪里去找呢？

当时主要是三个来源：一是从党政军中物色懂金融、会管理的同志来银行或印钞厂工作；二是在采购设备时就动员外地印刷厂的工人来根据地担任印刷工作；三是从当地招工人，对他们进行培训。但主要的技术人员还是从外地印刷厂里往根据地动员的多。

任子敏去济南采购设备时，领导就要求他要尽可能地动员一批印刷工友到根据地印制钞票。所以，他们一到济南，就对印刷厂的工友们进行宣传解释，进行发动。经过个别串联，秘密联络，一些工友也深明大义，因此争取了包括制版、印刷、裁切、打号各个工种的人员到根据地工作。

当时从济南到沂蒙根据地的人员有：制版技师赵克勤，着色技师张书梓，印刷工李维恭、田杰、刁如心、张杰、李培廉、王平、王尧，打印工谢允生、王文青、任培训、顾玉发、张子杰，晾晒工张福兴、张立秋，裁切工杨天玉，还有李慧、周玉、小谢等人，共计20多人。

当年这些从济南投奔沂蒙革命根据地印刷工人，为北海银行总行印钞厂的建立起到了至关重要的作用，他们中的不少人后来成为北海银行的领导骨干，也有的英年早逝，但他们永远是真正的新中国货币印钞事业的奠基人。任子敏在北海银行50周年纪念时的回忆录《悼念赵克勤、张杰两同志》中，对当时的情况有细致的描述。

赵克勤，原名赵学诗，河北省人，幼年即在印刷业当学徒，有较高的制版技术，在济南印刷界颇有名望，被大中印刷局聘任为制版技师。当时大中印刷局专为私人企业和钱庄印制证券，是济南一家有名的印刷工厂。鲁中地区在大中印刷局秘密印制的第一批北海银行钞票，票版就是赵克勤亲自设计制作的。在完成秘密印钞任务之后，组织决定在根据地创建北海银行印钞厂，要在济南购买机器原料和发动工人，赵克勤就是首批到根据地参加革命工作的。在当时去根据地的工人当中，他的年龄相对较大，身体也不太好，并且在大中印刷局工薪是最高的，家中有妻子、女儿，生活比较优越。但他革命意志坚定，认为只有共产党、八路军才能解放工人阶级，决心放弃高薪，抛下妻女，不为名，不为利，不怕牺牲，不怕吃苦，毅然决然到根据地参加革命。在他的影响之下，许多工人投奔到革命队伍中来。他们的到来，为北海银行印钞厂奠定了技术基础。在济南发运的大印钞机被敌人扣留时，又是赵克勤首先提出：没有大机器就用小机器，小机器更适应游击环境。赵克勤被任命为北海银行印钞厂制版室主任，对建厂有很大贡献，并成为北海银行总行印钞厂早期的共产党员。不幸在1943年大"扫荡"期间身患重病，虽经中共山东分局特派专护医生到厂守候医治和多方抢救，终因敌人封锁，环境艰苦，药品缺乏，在滨海区莒县李家宅子村病逝，年仅37岁。他的去世，是印钞厂的一大损失。赵克勤病逝后，由济南来的贾兆民负责北海币的制版。

张杰，原名张绍明，山东省大汶口人。早年丧父，孤儿寡母相依为生。17岁时到济南大中印刷局当学徒，次年结婚，妻子在家同母亲生活。张杰思想进步，当北海银行总行印钞厂在大中印刷局购买机器、发动工人时，积极报名到根据地参加革命。当时大中印刷局离日本宪兵队很近，在敌人眼皮底下往根据地运送机器是很危险的，张杰积极承担了这项危险任务，并在完成运输任务之后，扔掉衣物行李，抛妻离母，离开舒适的环境，偷偷跟随到根据地，到沂蒙革命根据地参加工作。他在印钞厂内工作积极，肯吃苦，爱学习，是一名极活跃的青年积极分子，很短时间内即被吸收为中共党员。1943年总行迁滨海时，仍留鲁中分厂工作。1944年因病逝世，时年22岁。直到张杰病逝，他家中仍不知其去向，寡母、妻子还在昼夜思念。

1940年冬，这些印钞工人由地下交通站分批护送到莱芜代下村，转赴北海银行总行所在地。他们的到来，使根据地的印钞工作每一道工序都由熟练的工人来掌握，一般不再需要依靠济南方面的技术帮助了。

### 二、在鲁中建立总行印钞厂

总行成立后继续筹建印钞厂的工作，由副行长洒海秋负责。筹建印钞厂除了购买设备引进人员外，另一个任务就是选择厂址。

任子敏等人回到鲁中根据地后，省战工会已经成立，北海银行总行归战工会财政处领导，正在筹建印钞厂。洒海秋带着他们察看地形，选择建厂地址，看了好多地方，才选定了一个厂址。

当时选定的厂址是大梨峪村。因这个村比较隐蔽，又紧靠汶河，鬼子"扫荡"时可以将印刷器材用油纸包起来，埋在沙滩里，这样河水一冲，不留痕迹。实践证明，这个办法很好，以后的几次转移设厂，也都选在靠近沙河的地方，比如之后的万粮庄、杨家圈、响水崖等，也都靠近沙河。在沙滩里埋藏的机器，从未发生过损失。

大梨峪村

当年总行常驻地沂南县万粮庄村旧址

印钞厂一般是设在根据地的后方，选在最安全的地方。但遇到鬼子"扫荡"，情况紧急时，也要躲避，把机器埋起来，然后上山打游击。最苦的是冬天把机器埋在河里，等敌人走了又往外挖。一般是在夜里，迎着刺骨的寒风，用铁锤砸开冰，站在冰水里挖，经常划破腿，冻坏了脚，还要行军，战士的伤口溃烂了，血水不断流。当时的条件很差，但大家咬紧牙关，熬过了艰苦岁月。

时任总行印钞厂负责人的任志明在回忆录中介绍说：

比如厂址的选择，我们有这样一条经验，就是尽量选在偏僻地带，住家少的村庄，最好靠近沙河，把东西保管在山沟里的独户人家。印钞厂住的时间最长的万粮庄，就在山沟里，这里靠近沙河，河岸是一片大沙滩，遇有紧急情况，可以利用沙滩掩埋机器，就是钞票也可以装在水缸里掩埋，把沙滩一平，根本找不到痕迹。有时还在行人很多、脚印杂乱的地方埋藏，谁也不会想到机器就在脚下。怕湿的机器，有时也埋在走路的青石板下，埋好后把新土扫起来带走，不留一点痕迹。总之，专找敌人意想不到的地方。

**万粮庄村外的沙滩**

埋藏机器，一般是先选好地点，在夜间进行，由骨干参加，连夜干完，然后集中起来打游击，以防意外。以埋藏地点周围的树木或石头作标记，量好位置，以便敌人走后，根据测定的方位把机器挖出来。记得有一次河水暴涨，我们按照原来测定的方位在河滩上找，没有挖到。又顺着下游找，也没挖到。后来分析，是不是河水冲走了泥沙，机器反而移向上游？果然，顺着上游挖出了机器。

**汶河边的沙滩可以埋藏北海币**

厂房建起来了，机器安装完毕，1941 年春节（1 月 27 日是春节）过后，任志明带领济南来的技术工人由城子村进驻大梨峪村印钞厂，开始了印钞工作。印钞厂先是由任志明负责，后来李纶任厂长。李维恭、任子敏都参与印钞工作。先是用水印机代替土机器印制年号为"中华民国二十九年"的红色山东伍元券北海币。之后于当年陆续印制了年号为"中华民国三十年"的伍角、壹元、伍元三种券别的北海币。

印钞厂建厂投入生产后，北海币在根据地加速印制。这时工人、材料、印机等基本齐了。当时用小机子代替大机子印，虽然产量受影响，但小机子轻便，很适应游击战环境。因此，领导上决定再设法购几部小印刷机和材料。任子敏在这里工作不久，就又派他去济南购买。

据任子敏回忆，1941 年春，他和单景春来到泰山区，在莱芜南站子村设立了收购站，由王诚负责，在杏林峪设的转运站，由徐华负责。1941 年5 月，任子敏又回到济南。工作了一段时间，觉得联络、采购等都不方便。经组织研究决定，在济南设立一个商店，这样既可以购买印刷用品，又可以做好掩护。随即找来经五路一个教会中学对面的几间房子，由地下党组织介绍了几个人，组成了"联友商行"，由单景春当经理，任子敏、刘永昌（济南商人），老张（店员，地下党组织成员）、小张（他哥是地下党员）5 人组成。任子敏购买的东西多是通过地下组织介绍的。单景春除了帮助任子敏完成任务外，还购买了一些军需物资。当时有个叫李德良的，和单景春接过头，他也是供给部派来的。但他的任务及住址等都是保密的。有了这个商店，虽然所购物品要经过一道道封锁线，但等于北海票的印制有了后勤保障。商行开到 10 月，采购任务差不多完成了，钱也花得差不多了，组织上就指示把商行关闭了。

1941 年日寇冬季大"扫荡"前，总行的印钞厂设在沂南大梨峪，整个印钞工作一直持续到日寇冬季大"扫荡"前。"扫荡"期间因为环境恶劣，总行印钞厂未印票子。

1942 年春季，印钞厂随总行迁往沂南万粮庄村，印钞厂设在山西村，山西村为自然村，属于万粮庄村。印制北海币的工作随即恢复。此后印钞厂一直驻扎在沂南万粮庄，直至次年的春天迁往滨海区。驻万粮庄期间，印钞厂在村南的小南山上挖了个洞和地下室，以备鬼子"扫荡"时隐蔽。1943 年，印钞厂随总行迁往滨海。

据黄嘉和回忆，总行印钞厂当年设在东辛庄（经考证是万粮庄山西村）地主于学修家的学屋（相当于私立学校）里。学屋有两间堂屋，三间

印钞机

西屋，一间东屋，印钞机约四五台，安在三间西屋里，打码机两台，安在东屋里。日本投降后，又盖了四间南屋。新盖的四间屋用来晾晒刚印好的北海币。黄嘉和参加工作当年遇到鬼子"扫荡"，因为年龄小，组织上就让他外出躲避，第二年，鬼子"扫荡"时，组织上发给他两颗手榴弹，后来再遇鬼子"扫荡"，就发了一杆长枪。可见这一时期，银行既是工作队又是战斗队，遇到敌人"扫荡"，银行职工还要拿起枪参加保卫银行的战斗。黄嘉和还介绍说，总行迁到滨海后，鲁中分行印钞厂仍在这里，1944年春天，印钞厂曾一度迁到王家庵子，秋天又返回。

高守懋，1927年出生，万粮庄人，1942年2月进入北海银行印钞厂，1943年因参军离开。在印钞厂初期干拧工，因年龄小，体力不支，后调整为给印好的北海币抹滑石粉。月工资二三元北海币。这是印钞的一道工序，印好的北海币要抹上滑石粉才能拿去晾干。

据高守懋说，当年印钞厂设在地主于学修（沂南县东辛庄人）在山西村（属万粮庄）的学屋里，印钞机共三台，安放在三间西屋里，贴着西屋南边有两间屋作伙房，一位五六十岁济南来的老汉和一个年轻的，在东边一间屋里制版，打码机二台，安在两间堂屋里。北海币两面印完后，拿到堂屋里裁切，一百张一摞夹在一起；然后打码，打码和加盖印鉴是同一程序进行的。打完码，一百张一摞用纸条扎起来，送到鉴定股查看暗记有没有少，号码印得是否正确。

印钞厂的工作是两班倒，都是在白天工作。两个人操作一台印钞机，打码机由一人操作。指导员姓徐。所有人员都穿便服。一个警卫班保护印钞厂，警卫人员也穿便服。整个鉴定股加上其他干部约有二三十口人。全银行，算上打杂的，有五六十人。

洒（海秋）主任住高怀先家，王科长住高续先家，鉴定股住高希铭家。在高守惠和高洪凤家各挖了个地下室做钱窖子。钱窖子有一间屋大小。

当年附近据点的鬼子一年至少出来"扫荡"三四次。通常春耕时过来破坏春耕，麦季时节过来抢麦，过年时也来"扫荡"。有时还从外面调部队过来"扫荡"。为了通报鬼子"扫荡"，那时在村东边建了一个圆屋子，村里人称作团瓢屋，鬼子朝这个方向来，过了河，就在屋顶上点着火

如今的万粮庄村（万良庄村）

报警。票纸和油墨就埋在这个小房子地下。那时候，军民关系很好，听说鬼子要来，就把机器拆了，群众帮着抬到西河（汶河）边，埋在沙滩里。第二天早上，赶着羊群在上面来回走几趟，鬼子就看不出来了。人员则疏散到南边山区里。他听说，印钞厂曾在和尚峪以及辛庄的小河南边待过。还听说，他当兵以后，这个印钞厂曾经移驻过阜口，因为携带的北海币被人发现了，待了不到十天就回来了。另外贸易局和报社也在这村待过。

　　时任北海银行总行印钞厂负责人的任志明对当年驻扎在大梨峪村和万粮庄村时的情况印象颇深，他在回忆录《战斗在沂蒙山区的总行印钞厂》一文中指出，紧紧地依靠群众是印钞厂生存的基础。

　　当地的老乡们介绍说，过去印钞厂在村上，虽然鬼子汉奸多次"扫荡"，但每次都是一无所获，乡亲们替工厂保存的东西，连一张纸也没有丢过。

　　任志明回忆说：我们就是紧紧依靠人民群众进行工作和战斗的。当时我们就住在老百姓家里，厂房就是老百姓腾出的几间草屋。房东经常热情地为印钞厂的同志们烧水做饭，站岗放哨。敌人"扫荡"时，我们连夜把机器设备埋藏好，把不便埋藏的纸张、票子和黄金托付给可靠的老乡（有

万粮庄村前的小南山

的是党员）保存收藏起来。

在当时那样残酷的环境下，确实没发生过出卖给敌人的事情，东西也从来没有丢失过。印钞厂在村上工作时间长了，群众也多少知道一些内情，但没有一人向敌人告过密。

鬼子"扫荡"进村，从闻到油味猜到村里有工厂，就逼老百姓说出工厂是干什么的，机器埋在哪里，但除了一般情况外，什么也没有得到。

只有一次，我们住的村上有一个群众，不知怎么把我们丢的几张纸拿出来了。我们回来后，他感到非常内疚，觉得对不起政府，就用刀子往自己身上戳了几刀，后来被救过来了。其实，他拿出的几张纸，也不是什么重要的东西。

在艰苦的环境下，没有人民群众的支持，干任何一项工作都是困难的。例如，印钞需要的纸张油墨，最初要通过敌工部门，或派人到济南等地采购，这种办法目标大，加上敌人加紧封锁，困难很大，一旦被敌查获，损失就很严重。后来我们发动小商贩到敌占区采购，这样多头行动，就减少了危险和损失。同时在界湖（沂南县城驻地）等地设立灰色商店，通过与敌占区换货，取得了所需材料。

任志明还回忆说：在恶劣的游击环境下我们每做一件事情都要经过精心组织，反复考虑，否则就会造成不可挽回的损失和流血牺牲。抗日战争时期，根据地经常处于敌人的"扫荡"袭击中，印钞厂虽不是作战部队，却比作战部队更紧张，不但要保护好机器设备，还要随时进行游击战、麻雀战。敌人来了，立即藏好机器，上山打游击。开始我们是跟着省级机关活动，看似比较安全，但因单位小，情报来得慢，反而不灵活。如1941年冬，日寇对我根据地进行5万人的大规模"扫荡"，我们就都被围在蒙山里了。一天夜里，通讯员突然叫醒我们，说敌人正向这里包围过来。话没说完，就听到枪炮声响了起来。同志们赶快往山上跑，跑上山后，天色已渐渐亮了，往山下一看，四周都是穿黄军装的日本兵，枪炮打成一片。敌人四面包围我们，已经从两侧翻上来，战斗打得十分艰苦，我与其他同志经过浴血奋战，终于从半山腰敌人的空隙突围出去。我们近30人的队伍，跟我一起突围出去的仅有三四位同志。后来我们就自己搞情报，独立活动，这样就机动灵活多了，有好几次都化险为夷。

### 三、总行成立初期发行的北海币

八路军一纵供给部发行北海币的机关算是北海银行总行的前身，从一纵供给部开始发行北海币，到北海银行总行成立，再到总行迁往滨海区之前，历时三年，这一时期可以划归为总行成立初期。

这一时期总行及其印钞厂的活动区域主要集中在鲁中区的沂水和沂南两地。总行成立初期发行的北海币可分为两大类：总行成立前一纵供给部发行的北海币，以及总行成立后发行的北海币。

（一）总行成立前一纵供给部发行的北海币

一纵供给部发行的北海币又可以分为供给部自己印制的北海币和济南大中印刷局代印的北海币两种。

一纵供给部自己印制的北海币。1940年春，任志明带领二人在艾山山沟里用一台小石印机和一台打码机开始印制北海银行民国二十九年贰角券。该券正面为蓝黑色，票幅97mm×60mm，轮船火车图案（见彩页图一）。票面主图基本上是采用交通银行民国十六年贰角券的图案。面额下方有"零角不兑每拾角兑大洋一圆"及"中华民国二十九年"字样。背面深紫色，楼阁图案。纸质及印刷水平较差。

据《北海银行总行推行新钞宣传大纲及三个附件》（1941年4月1日）附件三最后一款，"本币贰角周围是网丝状，轮船小旗是黑色；假票贰角周围是点状，轮船小旗是白色……"，可以辨别纸币真伪。

当时没有固定的印钞厂，没有专业的钞版设计人员，机器随军活动，印钞条件极其简陋。此券既是一纵供给部最早发行的券种，也是供给部唯一自己印制的券种。由于原材料的短缺，上述北海币于同年6月上旬停印。因为发行量少，目前此券种存世量极少。

济南大中印刷局代印的北海币。大约在1940年初，一纵供给部通过地下组织，由负责敌占区采购任务的单景春，让莱芜商人李相增与济南大中印刷局的经理李化南联系，委托济南大中印刷局代印北海币。济南大中印刷局前后分数批印制了北海币壹角、贰角及伍角三个券种。有资料表明，最早印制的是伍角券，其后是壹角券，最后才开始印制贰角券。当时济南是敌占区，为安全起见，北海币在印刷时未印行名、图章和号码。印好的半成品经过伪装，由马车队运回根据地，然后在沂南县南瓦庄村补印行名、图章和号码。同年六七月，济南大中印刷局派了3名员工带着两台打印机前来根据地协助补印工作。此时供给部的印钞地点也迁至沂南县南瓦庄村。战工会购买大中印刷局全套印钞设备后，上述券种停印。

大中印刷局代印的北海币主图均是农活图案，纸质及印刷质量较一纵供给部的要好。分别介绍如下：

民国二十九年壹角券，票幅98mm×55mm，棕灰色，主图是农夫锄地，左边加盖"鲁南"字样。

民国二十九年贰角券，墨绿色，票幅99mm×57mm，主图是农夫锄地，左边加盖"鲁南"字样。

民国二十九年伍角券，橘色，票幅126mm×54mm，主图是牛耕地，左右两边加盖"鲁南"，面额下方是"公私款项一律通用"。行名、号码、图章及"鲁南"两字均是蓝色，系印好图案后加盖的。"中华民国二十九年"在票背面下方。

大中印刷局代印的北海币正面均加盖有"鲁南"字样。"鲁南"泛指大鲁南区，其地域涵盖当时的鲁中区、滨海区以及鲁南区。

截至总行成立前，一纵供给部仅发行过上述四种北海币，且均为辅币券，发行总额约为15万元（参见1940年11月的《山东工作报告》）。当时没有固定的印钞厂，没有正式的银行机构，所有的北海币都是通过部队机关作为财政开支发出的。这一时期，山东根据地流通的主币是国民党政府的法币，北海币仅是作为法币的辅币券参与流通。

《大众日报》（1940年5月13日）及《山东省财委会关于发行北海银行辅币的通知》（1940年11月22日）均称发行的北海银行辅币有壹角、贰角、伍角三种，计有民国二十七年及二十九年者。个别老同志在回忆录中也谈到供给部曾经发行过民国二十七年辅币券，说是印票子时，有意把发行时间提前的。虽说银行发行货币时，货币上载明的时间与实际印发时间有差异是常有的事。但是，供给部是否发行过民国二十七年辅币券值得商榷。理由有二：

首先，供给部及济南大中印刷局印制北海币的时间都不长。在较短的时间内、在那艰难的环境下，同时印制两种年号的北海币不合情理，也无必要。

其次，时至今日也没有发现相关的实物资料。因此，前述报道所以称有民国二十七年者，最大的可能是把胶东发行的民国二十七年壹角、贰角及伍角北海币统计在内了。

（二）总行正式成立后发行的北海币

北海银行总行正式成立后，购买了济南大中印刷局全套印钞设备，动员了大中印刷局制版、印刷、着色、裁切及打号等工种20多名技工前来根据地。

大约在1941年初春，总行正式建立了自己的印钞厂。印钞材料主要是通过地下组织到济南、石臼所以及潍县购买。在总行迁往滨海区前，总行印钞厂已经发展到拥有四五十人，七八台小石印机和四台铅印打号机的规模。

1941年冬季日寇大"扫荡"，印钞厂转移到沂南辛庄村，次年初迁往万粮庄村。总行在万粮庄驻扎了一年多的时间，在这里先后发行了"中华民国三十一年"山东版伍分、贰角、壹元、贰元、拾元券北海币，以及

"中华民国三十二年"山东版贰角伍分、拾元券北海币。其中伍分和贰角伍分券目前已很难见到。

民国二十九年山东红色庄园图案伍元券（正、背）

根据《中共山东分局财委会对各财委会工作指示》（1942年4月5日）"决定1942年发行新钞总数一千万元，胶东五百万元总行五百万元。"可知，上述券种的计划发行量是五百万元。根据实物资料分析，仅民国三十一年拾元券的发行量就近一千万元，实际总发行量应远大于一千万元，超过计划量甚多。当然，不排除部分民国三十一年券是民国三十二年以后印发。虽说工作指示中要求发行数额壹元以下辅币占三分之一，壹元以上主币占三分之二，拾元券尽量少印。但是，实际上拾元券的发行量最大。

这期间，北海币印发的种类及大致相关情况如下：

民国二十九年伍元券，正面暗红色，票幅146mm×76mm，左边是庄园图景，右边印有"山东"两字，面额下方是"凭票即付国币伍元"，背面棕色。此券系总行成立后自己设计并印制的第一种北海币。此券仅发行了 20 万元，就因国共货币政策问题而叫停，余票宣布作废，因此该种券目前存世量很少。其印制的时间大约在 1941 年初春。

1941 年春节过后，总行恢复印钞工作，开始印制民国三十年壹元券，之后又陆续印制了民国三十年伍元券以及伍角券：

民国三十年伍角券，正面蓝黑，票幅 126mm×55mm，右边是工厂图案，两边印有"山东"字样，面额下方是"公私款项一律通用"，背面浅棕色。

**民国三十年山东蓝黑工厂图案伍角券（正、背）**

民国三十年壹元券，正面蓝黑，票幅 143mm×73mm，左边是火车图案，右边"山东"，背面深棕色。

民国三十年伍元券，正面蓝黑，票幅 143mm×73mm，底纹为淡黄色篆字"伍"（此系总行印钞厂首次在钞票上使用加印底纹技术），右边是天坛图案，左边"山东"字样，背面深绿色。

1941 年日寇冬季大"扫荡"前，总行的印钞厂设在沂南大梨峪村，上

民国三十年山东蓝黑火车图案壹元券

述三种民国三十年的北海币就是在这个地方印制的。整个印钞工作一直持续到日寇冬季大"扫荡"前。大"扫荡"期间因为环境恶劣，总行印钞厂未印票子。

1942年春季，印钞厂随总行迁往沂南万粮庄村，印制北海币的工作随即恢复。此后印钞厂一直驻扎在沂南万粮庄村，直至次年的春天迁往滨海区。下列北海币是在沂南万粮庄村印制的：

民国三十一年伍分券，正面紫红色，票幅87mm×47mm，中间是山景图案，两边印有"山东"字样，背面浅黄色（见彩页图二）。

民国三十一年贰角券，正面蓝黑色，票幅116mm×57mm，左边是城门图案，两边印有"山东"字样，背面浅棕色（见彩页图三）。

民国三十一年壹元券，正面枣红色，票幅145mm×70mm，中间是火车图案，两边印有"山东"字样，背面橘色（见彩页图四）。

民国三十年山东蓝黑天坛图案伍元券

民国三十一年贰元券，绿色，票幅132mm×61mm，右边是耕地图案，左边印有"山东"字样（见彩页图五）。

民国三十一年拾元券，正面绿色，票幅145mm×73mm，山水图案，下方两边印有"山东"字样，背面蓝色（见彩页图六）。（注：此券有不带"山东"字样的版别。）

1943年三四月，总行及其印钞厂迁往滨海区。据一些老同志回忆，下述两个券种北海币也是总行印钞厂迁往滨海区前在沂南万粮庄村印制的：

民国三十二年贰角伍分券，正面枣红色，票幅85mm×50mm，右边是农夫挑担图案，左边印有"山东"字样，背面棕色（见彩页图七）。

民国三十二年拾元券，正面红色，票幅141mm×72mm，右边是前门图案，两边印有"山东"字样，背面咖啡色（见彩页图八）。

总行从正式成立到迁往滨海区前，仅发行过上述11种北海币。这一时期北海币已经开始作为主币使用。所印的北海币均带有"山东"字样。发行量较前期大为提高。

综上所述，总行成立初期在鲁中区共发行了 15 种北海币。其中 4 种是总行成立前一纵供给部发行的，11 种是总行成立后发行的（见表 2 - 1）。

**表 2 - 1          北海银行总行成立初期发行北海币种类统计表**

| 年份 ＼ 面额 | 伍分 | 壹角 | 贰角 | 贰角伍分 | 伍角 | 壹元 | 贰元 | 伍元 | 拾元 | 合计 | 总行成立前一纵发行（伍元除外） |
|---|---|---|---|---|---|---|---|---|---|---|---|
| 民国二十九年 | | 1 | 2 | | 1 | | | 1 | | 5 | |
| 民国三十年 | | | | | | 1 | 1 | | 1 | 3 | 总行成立后发行，均带"山东"地名 |
| 民国三十一年 | 1 | | 1 | | | 1 | 1 | | 1 | 5 | |
| 民国三十二年 | | | | 1 | | | | | 1 | 2 | |
| 合　计 | 1 | 1 | 3 | 1 | 2 | 2 | 1 | 2 | 2 | 15 | |

以上 15 种北海币都是用小石印机印刷的。那个时期环境艰苦，印钞规模小，发行的北海币数量都不是很多，尤其是一纵供给部自行印制的贰角券及民国二十九年伍元券发行量最少，目前存世量极少；其次是民国二十九年壹角券（加盖"鲁南"）、伍角券（加盖"鲁南"）；最后是民国三十二年贰角伍分券，民国三十一年伍分券，民国二十九年贰角券（加盖"鲁南"），民国三十年伍角券、壹元券及伍元券。

1941 年发行的北海币多数是通过军队和政府财政开支发行的，只有很少一部分是通过贷款或直接投资发行。从 1942 年起，北海银行开始增加贷款及直接投资的占比。所发出的北海币，最后通过税收、收贷等途径收回，从而完成一个周期的货币流转。

## 第四节　沂蒙根据地的货币斗争

在长达 11 年的抗日战争与解放战争过程中，北海银行出色地发挥了新民主主义银行的作用。北海银行建立之后的主要任务是：发行本位币，打击假票及日伪货币的入侵；取缔各种土杂钞；与引起通货膨胀的法币作斗争，并最终将法币排除，建立起独立自主的、统一的北海币市场。

　　根据地货币斗争的对手，先后有土杂钞、各地方省钞、各种敌伪钞和法币等。其中同法币、伪币的斗争时间最长，斗争的格局，有时是联合友币，一致对敌，有时是伪币、法币、本币呈三角斗争关系。斗争的内容主要是阵地斗争（流通范围）和比价斗争（外汇管理）。斗争的目的主要是争夺物资，稳定物价。

　　在 1942 年之前，由于北海币还处于辅助法币流通的地位，市场货币流通量并不完全取决于北海币的发行数量，很大程度上要受法币流入的影响。为了摆脱法币贬值的影响，山东根据地从 1942 年起开始停用法币，首先在胶东获得成功，以后在滨海、鲁中、渤海、鲁南相继成功。到 1944 年春，在根据地内全面确立北海币的本位币地位，形成了完全独立自主的货币市场，从而使货币态势发生了根本变化。解放战争时期，在国民党统治区的物价暴涨、法币最终成为废纸的情况下，山东解放区的物价相对来说还是保持了基本稳定。

### 一、抗战初期至 1942 年以前的货币斗争

　　日寇在华实行的政策是"以华制华的政治进攻"与"以战养战的经济侵略"同时进行，其中货币政策是其"以战养战"政策的组成部分。为了粉碎敌人"以战养战"的经济策略，保证敌后抗战的胜利，革命根据地采取的主要措施是：根据地内严禁日伪货币侵入流通行使，严禁与法币的兑换；由于当时在政治上已与国民党建立了联合统一战线，对法币采取"保护政策"，认定法币为法定货币，巩固法币信用，保证其正常行使；对法币的流出流入则予以限制，同时采取控制物资流出、流入的办法；发行地方币，主要是辅币，防止生金银及银币、铜币等硬币的外流，调剂金融流通。

　　由于这些措施是消极防御式的，因而只能起到部分阻挡的作用，未能从根本上摆脱掉法币的危害和敌人用以操纵的阴谋，资财流失的现象和由法币引起的通货膨胀、物价剧烈波动状况仍难以制止。

　　省战工会主任委员黎玉在 1943 年 8 月省临时参议会第二次大会上所作的施政报告中，讲到货币金融斗争的主要任务时指出：

1. 打击伪钞。敌人自 1939 年起在华北发行大量伪准备银行券，首先在各大城市及交通沿线流通，并逐渐向我根据地推行。我们严予查禁，并动员群众不得使用，使伪币流通范围日益缩小，不但根据地不能流通，游击区一般也不使用。1941 年冬，山东省平市官钱局及民生银行被敌收买变为伪币，我们也明令禁止，除个别游击区外已不流通。

2. 取缔土杂钞。抗战后因秩序紊乱，金融滞涩，各地商民大量发行土杂钞，特别是友顽区更多。为统一币制，用登记、交押金、限期收回，或代为兑换等办法肃清了土杂钞。

3. 反假票斗争。敌人为破坏我金融，1940 年在鲁中即发现两种伪造北海票，1942 年内敌又有计划有组织地在各地区伪造北海票多种，利用奸人向我根据地行使。在我们宣传查禁、建立识别所等办法的打击下，也均先后绝迹。在胶东曾破获大伪造假票犯 5 起，滨海、鲁中亦查获数起。

## 二、1942 年以后的货币斗争

### （一）艰难的"排法"斗争

何为法币？法币是在中国 1935 年起由国民政府发行的法定货币。法币的发行，结束了中国使用接近 500 年的银本位币制。在抗日战争和解放战争期间，国民党政府采取通货膨胀政策，法币急剧贬值。1937 年抗战前夕，法币发行总额不过 14 亿余元，到日本投降前夕，法币发行额已达5 000 亿元。到 1947 年 4 月，发行额又增至 16 万亿元以上。1948 年，法币发行额竟达到 660 万亿元以上，等于抗日战争前的 47 万倍，物价上涨3 492 万倍，法币彻底崩溃。当时曾经有造纸厂以低面额的法币作为造纸的原料而获利。

何为伪币？这里提到的伪币不是我们现在常说的假币，而是特指抗日战争期间日伪政权在中国发行的货币。全面抗战爆发后，日本在中国先后设立了四个大型伪银行，发行伪币，并以这些伪币抢占中国沦陷区的货币阵地，以达其控制沦陷区经济、抢夺中国物资的目的。日本通过发行伪满州中央银行币、军用票、伪中储券、联银券等各式伪币，或收兑国民政府发行的法币，或强行购买物资，不断冲击法币的地位，使国民政府在货币战中节节败退、疲于防守。

1938 年 10 月以后，抗日战争进入到相持阶段，叫嚣三个月灭亡中国的日本开始明白不可能取得速胜，转而在军事进攻以外以经济手段打击中国军民的抗战意志。日本人的目的一方面是为了通过贬低法币信用，打垮中国经济；另一方面则通过套购法币、甚至伪造法币来兑换外汇，购买战争急需的军用物资。

中国国民政府和日伪政权在金融战场上展开了全方位的争夺，这场没有硝烟的金融战争一直持续到军事斗争的结束，才以中国的胜利而告终。在这场金融战中，斗争最激烈的是货币间的竞争。中日双方都力争以自己发行的货币占领流通市场，驱逐对方货币。

在革命根据地，广大军民一方面要和日寇作艰苦卓绝的军事斗争，另一方面还要与国民党、与日军作残酷的经济斗争，特别是金融货币战线上的斗争。

相对于国民政府在货币战中的节节败退，共产党领导下的根据地货币却在斗争中取得了非凡的战绩。

由于根据地各自为战，经济十分落后，反而比牵一发而动全身的法币易于管理。尽管日伪当局对根据地货币采取了残酷惩治的政策。据记载，日军在山东规定，凡是发现携带根据地北海银行纸币超过五元者一律枪毙。但根据地军民在斗争中表现出巨大的智慧，因陋就简，采取了一些令日伪意想不到的方式进行斗争。

敌人通常的做法是，一方面把法币自敌占城市排出，另一方面又利用这些被排出的法币进行其对根据地金融经济的大破坏，这种大破坏对根据地的影响比几次"扫荡"甚至还要严重。如他们在江南上海、南京等地禁绝使用法币，然后将这些无价值的法币，大量向我根据地倾销，特别是利用那些汉奸、特务与奸商运载大批法币输入我根据地，以扰乱我金融市场，换取物资，企图借此使法币在我根据地造成恶性循环，通货膨胀，物价高涨，物资枯竭，民生痛苦，不战而败。如滨海地区是生产花生油最丰富之地，但自敌人实行恶性通货膨胀倾销法币，盗取生产品之后，油价飞涨高达 16 元一斤。敌寇有计划地输送法币，一方面又限制出口，使我根据地的物资一天天减少，加上我根据地经济建设不能自给自足，给根据地军民的生产、生活，甚至斗争带来了极大的困难。

敌人利用货币为手段，对我们的经济斗争进攻，不仅是扰乱我们的金融，而且是要毁灭我们的根据地，其险恶用心，我根据地军民是十分清楚的。怎么办？让法币折价，直至停止使用。为此，根据地很快研究出了对策。一是实行法币折价，驱逐法币，坚守阵地，与敌人作经济斗争。二是以北海币为本位币，禁用伪币和土钞。因为北海币带有地方性，敌人不容易利用。三是最好停止使用法币，打破敌我在经济交往上以法币造成的桥梁，才能免除货物不等量的交换损失。

为此，中共山东分局财委 1942 年 5 月 29 日作出了《关于法币问题的指示》，共六条：

第一，各个根据地已建立贸易机构，应立即实行贸易统一管理制，严格实行对外以货易货制度，以阻止法币内流及物资低价外流现象。这是最基本的最有效的办法。

第二，各地税收机关及财政上的一切收入，党政军民之公营事业，均应只收我北钞，其余法币等概不收受。如有的地区因我钞流通量少非征收法币不可时，则必须折价征收。至于折价多少，由各地区视我钞流通量而自行决定。此办法一方面在于提高北票，另一方面也可拒止法币流入。

第三，各级政府应立即严禁粮食、耕牛、棉花、毛皮等重要产品出口，与商人合力共筹。一般土产剩余品应由贸易局统一运出。商人也可自行运出，但须经贸易局检查登记，并保证换同样价格或一定比例的我之必需品，否则不发出口证。因此贸易局及税务局缉私工作必须加强，并加强对根据地商人的联系和组织工作。只有这样，才能阻止法币大量流入。但在我不巩固地区内，统制限制是不可能的，一般应劝告商人运货换货，并减少资敌原料之输出。

第四，宣布以北海票为我山东各地之本位币。自 7 月 1 日起，所有军政民间之来往账目、借约契据，一律以北币计算。北币与法币则应以北海银行规定比价折合使用。如能真正做到以货易货时，则我还可能将北票的价值提高到伪币的高度，以完全停止法币的流通。并以我钞吸收一部分伪币，储存一部分金银以作基金，以便将来更困难时购买我之军需用品。

第五，在经济上应以发展农村经济建设为主。各地贷款应遵照分局财委4月的指示，以百分之五十用于农业发展，逐渐达到自给自足。利用代用品发展土货土业，减用外货，以致不用外货，以减少入口。在政治上宣传法币跌价之必然性与必要性。

第六，健全各级银行组织，有计划地发行、管理北钞，提高信用，扩大我钞流通范围，逐渐达到取消法币。凡党政军民所办公营合作事业，应保证我钞之信用，反对暗中折价的行为；并用所得之法币速向敌占区购回我之必需品，不得存留或用于我境内。

根据中共山东分局的这些指示精神，省战工会于1942年7月中旬召开金融扩大会议，决定实施以北海币为根据地的本位币。参加会议的有北海银行税务局、沂蒙区贸易局、滨海区贸易局，以及战工会各常委。艾楚南主持了会议。会上，各单位先后报告了工作情况，大家认真讨论，分析情况，最后，艾楚南作了总结。他着重就三个方面提出来要求。

首先，对北海银行的要求是，一是实行以北海币为山东各抗日根据地的唯一的本位币，预先要做好废除法币的准备工作。二是建立各个根据地内外的汇兑。三是加强银行的业务，和群众的利益联系起来。

其次，对生产贸易工作的要求是，一要建立生产贸易管理局，统一生产，统一贸易。二要加强出入口货物的统制，普遍组织合作社。三要平抑物价，争取出超。四要禁止奢侈品入口，保证税收。

最后，对税务工作的要求是，一要加强边沿区缉私工作，号召群众团体或下级政府帮助缉私，并以30%或40%的资金奖励群众。二要彻底根绝税收人员贪污腐化现象，在领导方面要提到法治精神的高度深入实际检查，严格各种制度，发动群众检举不法的税收人员；另外，还要积极提高税收人员的政治素质，提高其地位，奖励模范的税收人员。三要开发盐田，增加税收。

由于中共山东分局及战工会下发了一系列文件，并召开会议，研究对策，山东的排挤法币斗争总体上是好的，取得了初步胜利。特别是在胶东、东海取得了胜利。但在沂蒙抗日根据地却初战失利，情况不容乐观。

　　滨海专员公署虽然于 1942 年 8 月 1 日也发布了布告，宣布北海币为本位币，然而实施以来，不过两周，竟然谣言四起，弊端百出。有人说："鬼子打击法币，八路也打击法币，这难道不是帮着鬼子做事吗？"也有人说："这是八路的阴谋，八路军准备走，所以大量收买法币。"甚至有人说："这是土匪行为，等于抢老百姓的钱。"同时，土匪、汉奸、特务也推波助澜，乘机假借政府检查法币之名，行其掠夺人民财产、破坏政府威信之实。有些商贩停止营业，静观变化，甚至不惜破坏政府法令，从事投机生意。致使民心与商业顿失正常状态。很显然，这是群众认识不够的表现，也是奸人造谣生事的结果。

　　而事实又是怎样的呢？据当时的记者在莒南、沟头、良店等区集市上与民间所见，法币仍一元按一元、一角按一角畅通无阻。群众如此，根据地的地方党政军民各界亦复如此，恶果影响，造成物价剧烈波动。小麦从 18 元飞涨到 28 元，现又渐降为 22 元。在三集前由白布匹 470 元，今日已飞涨到 600 多元，每集上下悬殊由数元到数拾元不等，影响民生甚巨。韩天祥说，他在费县的白彦（今属平邑县）集上看到，法币 8 折使用部分地实行了，这是因为收税的已这样使用，但在市面上绝大多数仍是元顶元的使用，而使物价飞涨。

　　在沂蒙地区一些物资的价格飞涨得令人吃惊。在沂蒙东部的中心市场界湖（属沂南县），斗争的情形也不能乐观。市场上法币很少。可仍是元顶元、角顶角地用。在和老百姓的交谈中得知，老百姓都愿意用北海票，他们说："现在，北海票吃香啦，别的都不行。"可是他们也仅仅知道这些，而不知道为什么应该用北海票。而商人则反映："我们感到的困难就是法币没处兑换。"因此，商人不得不在游击区，甚至在根据地内倒 8 折兑换法币，拿来再去买货。

　　以上两个集市都是抗日根据地的中心市场。那么敌人统治下的集市又是怎么样的呢？就以当时的敌占区平邑来说，那里使用的货币，第一种是法币（不是主要的），第二种是伪造的中、交票当法币使用，第三种是伪联合准备银行的联银券，它的价格最高，是敌占区货币流通单位。敌人除了强迫使用伪币、禁用法币外，还在集市上用了种种方法来提高伪币的价格。如挂出三种或两种规定的伪币价格的牌子，设立有武装保护的"准备银行兑换所"，使赶集的人拿着法币去换伪币来买卖，另外又派出奸商携带大批的法币在市场上高价收买物品，再加上他们反宣传的作用，以致法币价格大跌，北海票也随之跌价，物价飞涨，敌占区与游击区的老百姓对货币的使用都按照敌人规定的价格，给人民的生活带来了极大的困难。

面对这些问题，根据地对开展"排法"斗争以来的工作进行了深入分析，认真查找了原因。主要原因是：第一，事前没有进行广泛深入的宣传动员，事后又没有注意杜绝谣言，防止奸人的险恶用心，结果有些老百姓好长时间还不了解为什么要贬低法币价格。第二，事前没有进行充分的准备工作，帮助人民解决货币兑换上的困难。第三，配合不好，执行法令不够严格。第四，具体做法上没有做到细致到位。

为了切实开展好对敌货币斗争，巩固我金融市场，保障战时经济，改善人民生计，根据地针对存在的问题，采取了一系列对策，主要有对内和对敌两个方面。

对内方面，主要是对经济建设上采取了一系列措施。加强了根据地的生产建设，掀起群众生产高潮，做到自给自足。在经济政策上更是采取了一些具体做法。

一是扩大本位币的使用范围。只要流通范围扩大，本币的价格即能提高。推动各市集商贾、部队机关均使用本币，爱护本币，并有计划地在群众基础好的敌占区进行贷款，推广使用范围。

二是出入兑换。银行负责存储法币，有计划地在边沿地区成立兑换所，便利商人出入境兑换。

三是盐业方面。各县盐类交易所必须保证严格使用本位币，如商人带有法币时按价折合使用，为了避免商人作弊，盐商必须向盐署或交易所领取运盐证方准购买。

四是布匹方面。竭力提高土布生产，争取不再用外布，达到自给自足的目的。为了解决目前布匹缺乏问题，贸易局有计划地准备一些花生米或花生油出口，但必须保证换回一部分布匹，适当地掌握本币价格。到各集市发卖，并以北海票作价，以调剂根据地内当前布匹缺乏的困难，提高本币威信与流通范围。

五是食粮方面。各县政府应该酌量地拨出一部分优救粮，如无优救灾粮就暂由公粮适当地借出一部分作资本，于各集市成立粮店，按本币价格出售（甚至可能低于市价）。

对敌方面，主要有三个方面。

一是针对敌人的毒计，专员公署首先是严格执行法币贬值使用的法令，并逐渐做到完全停用法币。因为敌人现在已在苏淮区禁用法币，无疑这种由南而北发展的结果，山东将首当其冲，法币会大量流入山东根据地。因此在根据地既反对没收乱罚的现象，也反对漠视政府法令的现象，特别是某些后方根据地机关和生产贸易人员，必须成为执行政府法令的模范。同时在边沿区大集镇设立兑换所，用一切办法提高北海币的信用，使敌人将法币大量倾入根据地的企图破产。

二是针对敌人对我资源的掠夺，根据地实行统制出入口贸易。但统制贸易并不是垄断贸易，与民争利，而是在繁荣根据地的条件下，与商人取得合作，对粮食以及资敌的军用品，绝对禁止出口。对我根据地可以出口的土产，主要采取"以货易货"的办法。以广大群众为基础设立的合作社，以统制运销。

三是针对敌人利用奸商和特务活动，对我粮食土产的高价收买，我们建立封锁带，加强边沿区的封锁和缉私工作，是完全必要的。为了堵住这一漏洞，不仅贸易人员加强了防范，而且除了主力和地方武装的配合外，主要还依靠广大民兵自卫团游击小组，取得了很好的效果。

同时要求，为了认真执行法币贬值法令，贯彻根据地货币政策，以巩固抗战经济阵地，党政军民都要把这一工作当成共同任务，去负责保证执行。商救会应动员说服商人以全体利益为重，不要追逐小利而破坏金融，部队机关切实教育自己的工作人员保证起模范作用，群众团体对群众进行教育，纠正游击小组乱罚乱没收的不良现象。只有大家正确认识这一法令的重要，并去推动以上工作，才能做到稳定金融而安抗战经济。

总之，解决问题的基本办法，就是要在经济政策上做长期打算的办法，还在于加强根据地的生产建设，掀起群众性的生产热潮，做到自给自足。这虽然不是简单的工作，但只要认真地做，是一定做得出成绩来的。因为在1942年减租减息的群众运动中，已打下了这样的基础。目前正是冬学运动开展的时候，各地应抓紧这一时机，进行生产建设的教育，广泛开展打油、纺织合作社等事业，在生产战线上开辟出一条大道。

由于采取了这些措施，根据地的"排法"斗争取得了胜利。根据地人民开始喜欢北海银行的钞票，愿意使用北海币，做到主动自觉排斥法币。

（二）反假币斗争

从八路军一纵供给部发行北海币开始，到北海银行正式发行的北海币，作为山东抗日根据地军民所共同使用的货币，北海币以其稳定的币值和良好的信誉，赢得了广大民众的信任。但是，日伪敌顽方面出于破坏北海币的信誉，扰乱根据地金融秩序的目的，不断制造假北海币，投放到根据地市场。

有关北海币的造假活动自北海币发行就随之而生，并伴随北海银行纸币发行的始终。抗战前期，假币的种类和数量较少，对根据地经济和北海币的信誉影响不大。

初期，北海币是用一般的石印机和铅印机印制出来的，很容易被敌人伪造，因此发现了不少假票。为了便于识别，北海银行在印票子时除了作暗记外，就是充分发挥工人的智慧和技术，力求印出质量最好的票子。这样，在同等技术设备条件下印出的票子，赶不上北海银行印得好，就可以看出是假造的。而用胶版机等比北海银行好的设备，印制得比北海银行好的票子，也可以明显地看出不是真币。

尽管如此，还是有很多假北海币流向根据地市场，让不少百姓上当受骗，蒙受损失。一段时间甚至造假十分猖獗。

1941年春，鲁中地区发现了伪造一纵供给部印制的北海币贰角券的假币，其印刷花纹模糊，纸质柔薄低劣，且号码重复，易于识别。为此，北海银行总行于1941年4月1日发布了第一个关于反假货币斗争的文件——《对付假造本币的办法》（《北海银行总行推行新钞宣传大纲及三个附件》中的附件三）。办法共分为对群众的宣传教育、揭破伪造本币者的阴谋、假票之处理及奖惩办法、识别假票办法四个部分。特别是要求各地普遍设立纸币识别所，帮助群众识别本币和伪币；对确系故意携带假票在五元以上企图使用获利者，查实后以私造伪钞扰乱抗战金融论罪；对查获假票或捕获使用假票犯者，给予奖励；同时，办法还明确了假票的识别机关和识别方法。

随后不久，鲁中地区北沂水一带又发现了北海币"北"字壹元券假钞。"北"字壹元券北海币是胶东北海银行以其第一套北海币铜版用道林纸印制的，质量较好，在鲁中根据地流通。而假票的纸质较差，采用石印，正反面的颜色比真钞要淡，且花纹模糊，红白颜色不分明。为此，山东省战工会于1941年5月5日发出了《关于查禁北海银行假钞问题的通知》，要求各地严厉查禁假票。

1942年5月29日，中共山东分局财委会发出《关于法币问题的指示》，要求在山东抗日根据地全面排除法币，建立独立自主的北海币市场。此后，日伪有组织、有计划地大肆伪造北海币，由济南、青岛、烟台、威海等地运送到靠近根据地的据点内，再利用特务、汉奸潜入根据地抛出。当时假北海币流入根据地的方式主要有以下几种：

一是利用奸商在根据地边缘地带高价收购粮食等物资，每千元中混有三四百元假票。

二是利用汉奸的亲朋好友等人，到根据地内集市上用假票购买粮食、布料等，因为农民特别是农村妇女喜欢新票，不认识假票。

三是奸商持假票到乡村购买汇票，既能一次放出大量的假票，又因不在集市上而不易被人发觉。

四是利用奸细冒充根据地工作人员，在根据地边缘地区的集市上专查真北海币，推行假北海币。

此外，日军在根据地大"扫荡"时，给抓去做劳役的民工发放假北海币，诡称"皇军不白用人"。

当时，山东各地发现的假北海币四五十种，北海银行几乎每发行一版北海币，随即就会出现该版别的假钞，且数目很大。当时根据地的报纸经常报道有关假币的消息。

1942年10月30日《大众报》载：自我停用法币，敌伪在经济上受到很大打击，北海币的信仰与价值大大提高。敌伪奸徒为了进一步扰乱我金融，破坏北钞，现在各地发现许多假北海票。（1）现在发现拾元的假北海票多是我们"村"字的一种。（2）伪造伍元的北海票多为蓝色"繁"字的一种。（3）单元假票多是以前北海银行所印"掖县县政府"那种花纹和"南海"字的。

1942 年 12 月 23 日《大众日报》载：鲁中近发现大批假造之伍元北海票，其与真票区别如下：（略）。此显系敌奸为扰乱我金融，破坏我根据地经济建设所伪造。现我各线党政军民及税收机关，正严格追查并一律禁用云。

1942 年 12 月 25 日《大众日报》载：近日滨海区城头、十字路、筵宾等集市，继鲁中之后分别查获伪造之伍元北海币数起，足证敌寇是有计划有组织地破坏我金融市场。滨海专员公署顷特发出布告，着全区商民密切注意免受欺骗，并指出此种假票系敌人在青口一带所伪造，其与真票之显著不同有四：（略）。嗣后在根据地内携带假票者，不论其行使与否，一律查明其来源，以便破获奸犯，从严惩处之。

1942 年 12 月 27 日《大众日报》载：蒙阴敌寇近以三百万元向我根据地收买粮食、棉花。其中一百万元即系近日发现之伪造蓝色伍元北币，其破坏我金融之毒辣阴谋可以想见。

1943 年 1 月，莒南市面发现伪造的北海币伍元券。1 月 18 日、19 日，在十字路查获三人带入伪造的北海币 10 万余元。将犯人移交司法机关依法处置。

1943 年 2 月 8 日《群众报》载：滨海各地连日发现大批敌人伪造之北海银行纸币，混入我根据地，企图扰乱我金融。据悉，此系敌寇财阀巨头三井、三菱策划下之阴谋，其伪造票已达两千万元之多。山东省战工会已于日前通令各地，紧急动员，展开群众性反假票斗争。北海银行总行并同时公布真假北币识别办法，张贴大小集市。在我党政军民紧急动员下，群众性反假票斗争已广泛展开，各地现已查获散布假票之奸商多起。滨海区莒南民兵捕获奸商数名，俱承认不讳，已送政府法办。泰南区×地集上，目前已查获奸商三名，搜出假票一万三千余元。现滨海各地连日纷纷召开村民大会，深入传达真假票识别办法，动员群众协助政府缉私。

综上可以发现，这一阶段反假斗争的特点是，假票出现的频次较高，涉及范围较广，且数额极大。

按照《北海银行总行推行新钞宣传大纲及三个附件》附件三《对付假造本币的办法》规定："如确系故意携带假票在五元以上企图使用变利者，经县府调查属实后呈报上级机关核办，以私造伪钞扰乱抗战金融论罪，定予严厉处分。"此款罪在当时是死罪。故意使用五元以上假北海币的，就按私造伪钞扰乱抗战金融论罪论处，上述案例中被抓获的嫌疑人，成千上万的使用假北海币，因此，不论是出于什么原因，都会被处以极刑。

当时制假者主要是两大类：一是集团制假，主要是日伪政府和敌对势力；二是团伙和个人制假，包括奸商和一些市侩。尤以集团制假的危害最大。因为集团制假，不仅造假手段高、数额巨大，且散布区域广，影响面大。

集团制作的假票（正、背）

集团制假，主要为了扰乱根据地金融秩序，破坏北海币信誉和套购物资，从而达到破坏根据地经济建设的目的。团伙和个人制假就是为了谋利。不管制假是出于什么目的，但是，假币的流入，实实在在地破坏了根据地的金融秩序，降低了北海币的信誉，损害了群众利益，影响了人民的生活，危害极大。因此，反假币斗争成为根据地一项重要的工作，它关系到抗日民主政权的存亡和抗日战争的胜利。

根据地政权历来对反假斗争都十分重视，对制假贩假采取严格防范、严厉打击的措施，这些措施主要有以下几条。

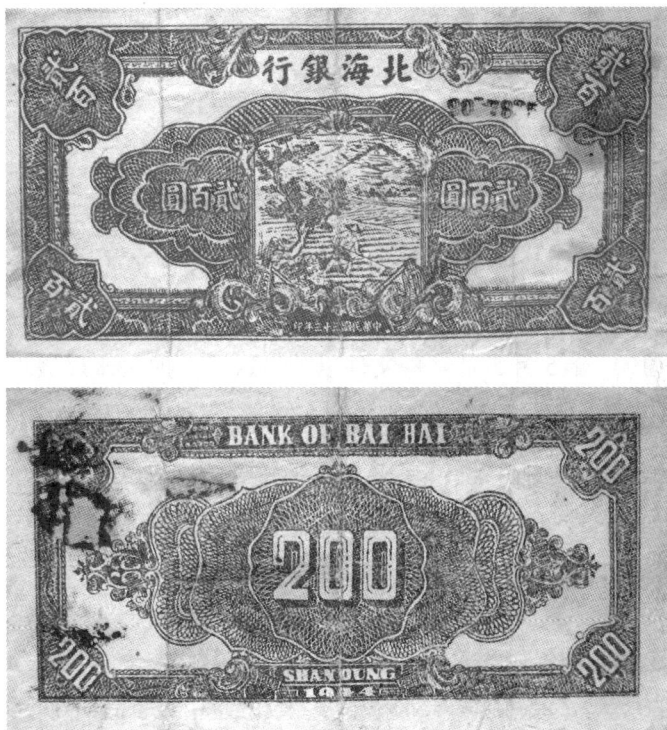

**团伙或个人制作的假票（正、背）**

一是广泛对外宣传假币的危害性及识别假币的办法，发动群众反假；二是通过银行和代办所帮助识假；三是建立奖励机制，对举报揭发者给予重大奖励；四是对制假贩假者实行严厉的惩处办法。这些措施行之有效，经过广泛宣传，严厉打击后，制假贩假活动有所收敛。

有一个特例，就是将已经印好但是因特殊情况未能发行、却流到市面的北海币列为假币。1942年12月29日的《大众日报》刊载了《省战工会规定查禁伪造北币办法》，其中第4条指出，由北海银行即日公告停止使用红色伍元票，以后再由银行公告定期全部收回，其兑换基金可暂由各地政府收入项下暂借，由银行拨款偿还。此外特别指明，如红色崭新面码号超过040000号以上的伍元北海币，即系伪造，因此票系去年春天一次发行二十万元，总数四万张，号码止至040000号，以后即未续发。根据现有实物研究和对比，可以肯定，号码过040000的也有真票。出现这种情况，可能是内部工作人员将停发但未销毁的票子拿到市面上用出。按理说，这种钞票使用的时间很短，出现假票的可能应该很小。

北海银行总行成立后，省战工会和总行出台了一系列关于反假币的文件指示和法令，有力地维护了北海币流通秩序，保护了群众的利益不受侵害，促进了根据地金融稳定。

除了前文提到的《北海银行总行推行新钞宣传大纲及三个附件》（1941年4月1日）、《山东省战时工作推行委员会关于查禁北海银行假钞的通知》（1941年5月5日）等文件以外，这一时期关于反假货币斗争的重要文件还有《山东省战时工作推行委员会关于查禁伪造北海本币的指示》（1942年12月11日）、《省战工会规定查禁伪造北币办法》（1942年12月29日）、《省战工会处理伪造及行使伪造北海本币案件暂行办法》（1943年8月）等。

1942年12月11日，由山东省战时工作推行委员会主任黎玉、北海银行总行行长艾楚南、中共山东分局财委会主任冯平联名签发的《关于查禁伪造北海本币的指示》，是山东抗日根据地开展反假货币斗争的纲领性文件。

文件首先分析了当前北海币反假斗争面临的形势，并指出了敌人伪造北海币的阴谋：

"最近在鲁中沂蒙泰山等地发现奸人伪造北海伍元本币，计有红色的、第一次发行套版蓝色的及胶东版蓝色正面盖有'繁'字的三种。伪币来源就现有端倪观察，似自泰安、章丘、新浦等县临敌区偷运入境，此外是否尚有其他来源，尚待继续调查。除此三种伍元的伪造北海本币之外，是否尚有他种伪币出现，或尚有他种伪造北海本币已经暗中流通未被发觉，亦堪注视。为了巩固抗日根据地的经济阵地，保证金融的流通，对此种伪造北海本币自应予以严密查禁。

首先我们应该从政治上认识此三种伪造北海本币，是敌寇有组织有计划破坏我根据地的整套阴谋表现之一种形式，他们的目的是在以假乱真，降低北海本币的信用，提高根据地的物价，从金融问题上来破坏我根据地的经济壁垒，以配合其政治上军事上摧毁我根据地的阴谋。"

文件为根据地的反假货币斗争提出并制定了各项政策和措施：

"第一，通过党政军民各种组织自上而下地深入动员，先使每个组织内的成员对于这个问题有正确的认识，能够识别真钞、伪币，这样才能从各方面向广大人民深入宣传。

第二，由政府布告人民，指出真钞与伪币区别之点，使群众自己能够识别。

第三，由县政府以区为单位召集村长联席会议，研讨识别方法及如何查禁问题，会后各村分别召开村民大会深入动员，确定识别和查禁办法。

第四，由贸易局、北海银行召开各地商人座谈会，说明敌寇阴谋和对北海本币爱护的必要，从商人本人的识别做起达到禁绝伪币的目的。

第五，利用各种报纸书刊及冬学等教育机关，揭露敌寇扰乱我金融的阴谋，指出维护北海本币，查禁伪造假票是全体抗日人民的严重政治任务，告诉群众识别伪币的方法与发现使用大批伪币的奸人对策，造成查禁伪币的群众运动。

第六，对于伪币来源，应由各地公安局负责严密侦察，必要时可以利用与我关系好的商人到敌区去找线索，做到正本清源。

第七，查获大批使用伪造北海本币，确与敌寇勾结，计在破坏我根据地金融之奸人，应即处以极刑，以资镇压。但执有伪币之安善良民，因昧于识别方法致被愚弄者，应耐心解释说服，除将其执有之伪币作废外，不能苛责。

第八，北海银行总行，各地分行及办事处，应会同各地政府机关，设立识别所，替人民辨别真伪。其组织为：

（1）有集市的村镇，其村镇长兼任识别所负责人。

（2）区公所兼识别所责任。

（3）各地贸易、税收机关兼任识别所。

（4）各级银行机构兼任识别所（无银行办事处之县份由县府财政科兼任识别所）。

在宣传时亦可利用集市，用彩色布幅粘贴各种真钞伪币，号召群众自己鉴别。"

文件同时强调指出了反假币斗争的意义，以及各级政府和部门所担负的责任：

"这一工作是巩固根据地的基本环节，必须党政军民全体动员有机配合，才能达到预期的目的。因此我们要求各地政府应负主要责任来组织查禁伪造北海本币的各种工作，北海银行为自己业务把关，贸易、税务各局与金融有密切联系，均应主动与政府配合进行这一工作，各地公安局为查缉违反根据地的利益的各种罪犯的主要机关，查禁伪币亦是其应尽的天职。这里我们并且要求各地党与群众团体动员其组织内的成员，对于这一工作予以确切的保证。

但望各地区继续调查研究，以期继续发现其他种类之伪币，达到杜绝伪造假票，安定根据地金融。本会为防止伪造假票之继续暗中扩大流通额，现决定由北海银行即日公告停止使用红色的及胶东版蓝色带"繁"字的两种伍元票，以后再由银行公告定期全部收回。其兑换基金可暂由各地政府收入项下垫借，由银行拨款偿还。

最后要使根据地益臻巩固，金融币制不为敌寇所扰乱，必须把维护本币信用，查禁伪造假票与平抑物价，统制货物出入口等工作密切联系起来。因此我们号召各级政府切实研讨制发购物证与卖物证，以粉碎敌寇破坏与掠夺我根据地物质资源的阴谋，尖锐地展开对敌经济斗争。

这一指示所提查禁伪造北海本币的办法，只是原则的规定，具体灵活运用是各地政权机关的责任。只要我们认清楚这一工作的政治意义，掌握住对敌斗争的钥匙，北海本币信用的继续提高，伪造假票的根绝，是可以办到的。"

根据山东省战工会的这一指示,一场群众性的反假币斗争在山东各个根据地如火如荼地开展起来。

1942 年 12 月 29 日,《大众日报》刊载了《省战工会规定查禁伪造北币办法》,办法共四条,要求:各地政府应负主要责任,组织查禁伪造北币的工作。北海银行、贸易、税务各局须主动与政府配合。并要求各地党政与群众团体动员其组织内的成员,予以确切保证。对确与敌寇勾结,大批使用伪造北币,企图破坏根据地金融之奸人,应即处极刑,以资镇压,但对执有伪造北币之安善良民,因昧于识别方法,致被愚弄者,应耐心解释说服,除将其执有之伪币作废外,不能苛责。各地北海银行应会同当地政府设立识别所,帮助商民识别真假。最后还规定了北海银行公告停止使用的两种伍元券的处理办法。

附

# 省战工会处理伪造及行使伪造
# 北海本币案件暂行办法

## (1943 年 8 月)

第一条　伪造北海本币,意图行使者处死刑。

第二条　查获行使伪造北海本币之人犯,经证明确系勾结日寇,扰乱金融,或意图营利者,按下列各款治罪:

(1) 行使数量达五百元以上者处死刑。

(2) 行使数量不满五百元者处十年以上有期徒刑,并科以行使数量一至五倍之罚金。

第三条　查获行使伪造北海本币之人犯,经证明确系良民,因不能识别,致受欺骗而行使者,按下列各款处理:

(1) 行使数量在五十元以下者,将其行使假钞每张剪留四分之一,并将持票人姓名、住址登记后，即予开释。

（2）行使数量超过五十元者，须送缴县级以上政权机关处理，如持票人经证明确系良民，除剪所持假票每张四分之一，并登记持票人姓名、住址外，须取确实保结，始能释放，但不得无故久押。持票人如系商贩除按上项规定外，须经贸易局或商会证明其确系忠实商人始得释放。

第四条　查获行使伪造北海本币之奖励办法如下：

（1）各机关之工作人员，查获假票著有成绩者，一般由其主管机关在会议上或报纸上予以褒扬，如能根究假票来源，因而破获重要人犯者，由政权机关函请北海银行，予以物质上之慰劳。

（2）群众团体，地方武装，民兵自卫团，主动配合政府银行，查获行使假钞数量在百元以上者，得由政府函请银行，酌情奖励之，但严禁乱查乱罚，以维市场秩序。

第五条　关于行使假票案件，其情节较重，应科罚金或徒刑者，须由县以上政权机关处理，违者应受处分。

第六条　行使假票案件，情节重大应处死刑者，须经主署及战略区专员公署批准始得执行。

第七条　各县政府每月应将查获假票人犯姓名、住址、罚金总额、判刑种类及办理情形，连同剪留与没收之假票，呈报专员公署或主署，转送银行存查，以资考绩。

第八条　本办法有未尽事宜，得随时修正之。

第九条　本办法自山东省战时工作推行委员会公布之日施行。

# 第五节　北海银行总行在鲁中的业务活动

北海银行在发行北海币、同敌伪进行金融斗争的同时，逐步扩大业务范围，开展存款、汇兑、借贷、投资等工作，既便利了根据地群众生活，又扶持了根据地工农业生产及商业贸易的发展。随着业务活动的发展，银行内部积极进行建章立制，完善各项管理措施，为北海银行的进一步发展奠定了基础。

### 一、建立健全规章制度

北海银行总行成立后，总行下设的发行科、会计科、营业科，以及后来设立的出纳科，立即着手制定相关规章制度。在战争年代开办银行，对于根据地的筹建者们来说是一项史无前例的工作，没有现成的经验和制度可以参考，银行业务发展的每一步，都需要银行工作者们在实践中去思考、探索，北海银行的规章制度是随着业务的发展在实践中不断加以完善的。

贾洪在《回忆抗战时期的北海银行总行和鲁中分行》一文中记述：银行成立后，首先碰到的问题就是银行的一套业务没人懂，那时物色这方面的人才是很难的。洒海秋同志是济南山东商专毕业，学过银行方面知识，因此调他筹备银行。

1940年底，战工会财政处调来一位年近六旬的老同志，当时大家都叫他刘老，名字已记不得了。刘老原是上海麦加利银行负责记账的雇员，到战工会后因年纪太大，随部队行动不便，不久就疏散回地方去了。刘老对银行的账表格式提供了一些资料，但那时银行业务还未开展，也没有用上。

1941年初，陈中同志来总行任会计科长，据说他干过银行，学过会计。他在总行设计了一套会计制度，从原始凭证、传票到各种账表、会计科目，其中有的在当时并不完全适用，但确为总行的会计工作打下了基础。在这个基础上，以后逐步作了些修改和补充，才应用起来。

贾洪、薛文林等人的回忆录《总行和鲁中分行的若干历史情况》介绍说：初期北海银行的各项规章制还未建立起来，总行的会计制度，开始是陈中按旧银行的一套搞的，后来又参照冀南银行的制度，结合自身的情况，制定了北海银行的会计、营业制度。1943年1月，在刘家城子开过一次行长会议。以后，北海银行的制度就比较健全了。

在有关北海银行的史料和回忆录中，经常可以看到陈中的名字，但是有关他的文字记录并不多。根据有限的资料可以得知，陈中原来在东北军工作，后来到了山东根据地，是八路军一纵供给部参与筹建银行的骨干成员之一，担任北海银行总行会计科负责人，后正式担任总行第一任会计科长，兼任过营业科长，主持制定总行会计制度。北海银行总行在鲁中期间，陈中一直是总行的业务骨干，是北海银行制度建设的关键人员之一。

刘惠英在回忆录《北海银行哺育我成长》一文中说，她于1941年冬天参加北海银行工作，"刚到北海银行时，虽然经过了半年多的会计专业学习，却仍然连传票也不会做，账也不会记，是由当时的会计科长陈中把着手教会的。后来听说陈中被当作'托派'逮捕了，但我至今相信他是好人，那是'左'的肃反路线造成的悲剧。"

有资料记载，陈中离开北海银行调到财经学校当教员，后以"托派"嫌疑被逮捕，逮捕后因证据不足，被逐出了解放区。陈中后来在四川省成都市退休，1988年时仍健在。

1942年春，在洒海秋亲自主持下，由王一、薛文林、李赛文和贾洪等人参加，总结了北海银行成立以来的业务实践，并参考晋冀鲁豫抗日根据地冀南银行的资料，研究制定了一套营业章程、条例、办事细则和全行统一的会计制度。这是北海银行总行第一次比较全面系统的业务建设，对当时各地分支行办事处的业务指导和干部培训起了很大作用。

附

# 北海银行总行关于组织会计出纳、营业、发行等问题的决定

（1942年7月22日）

1. 组织方面

总行之下设分行，分行之下设支行，支行之下设县办事处，县办事处之下设代办所。分行、支行、县办事处之设立暂不按行政系统设立，可斟酌情形变更，暂且规定如下图：

```
                  ┌ 一分行（胶东区）  ┌ 胶东支行（分行兼）——县办事处
                  │                 ┤ 清河支行——县办事处
                  │                 └ 冀鲁边支行——县办事处
       总行 ┤ 二分行（滨海区）  ┌ 滨海支行（分行兼）——县办事处
                  │                 └ 鲁南支行——县办事处
                  │                 ┌ 沂蒙支行（分行兼）——县办事处
                  └ 三分行（鲁中区总行兼）┤ 泰山支行——县办事处
                                    └ 泰南支行——县办事处
```

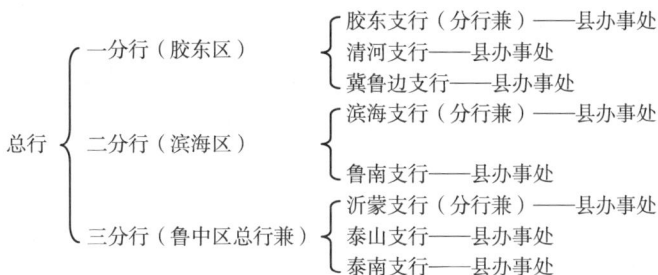

**北海银行组织机构图**

（编者按：此图与后来实际情况有出入。（1）总行之下未有一、二、三分行之组织；（2）胶东、清河、冀鲁边、滨海均为分行，受总行领导，鲁南支行受滨海分行领导；（3）总行兼鲁中区工作。）

2. 会计方面

（1）严格月报制度。各支行月报在下月十号前送到分行，分行汇总各支行月报，如可能时可汇总月计表送总行。

（2）统一经费开支。各分行建立预算制度，县办事处经常费、营业费一切支出暂由支行开支，各支行每月向分行报经常费预算。

（3）健全账簿组织，严格会计手续，抽调会计人员进行短期训练，使之会履行初步的会计手续。

3. 出纳方面

（1）彻底实行法币贬值，严格实行本位币制，一切收支都要进行折扣（折扣以主署区为单位自行规定）。

（2）停止换破法币，统制新法币，尽量向根据地外排挤，以调剂市场金融。

（3）收买生金银，尽量防止生金银外流，可由分行按市价统一收买，各支行可替分行代买，以有计划地调剂对外贸易。

（4）加强破本币兑换，提高本币流通信用，各分支行可委托合作社商店进行代兑。

4. 营业方面

（1）制发宣传品，进行营业宣传，提高群众对银行的认识，尽量吸收社会游资，发动群众及商人小额存款。

（2）发展农业生产，有计划地进行农村低利贷款，要注意与政权、群众团体的配合，要慎重地贷给贫苦农民，以达到救济贫困，增加生产的目的。

（3）扶持工商业发展，进行合作社小商人贷款，以达到活跃根据地金融，增加对外贸易之目的。

5. 发行方面

（1）统一发行（滨海只包括印刷所）：

A. 冀鲁边发行统计；

B. 清河发行统计；

C. 胶东发行统计；

D. 以上各区除将以往发行数统计报告总行外，还将每月发行数目以电报向总行报告。

（2）严格印刷所对本币规定手续：

A. 对本币号码经理章及花纹规矩等之各方面的检查。

B. 当天消废烧毁之检查。

（3）防止仿造本币，及推行本币。

（4）统一本币，取缔禁用法币及土杂钞。

（5）取消发行号码登记簿，严格收回本币烧毁手续（如有意见可提供总行商讨）。

A. 建立二联销烧证明书（一联做传票存根，归发行科存）。

B. 组织临时检查委员会（三至五人组成，主要负责人参加），其任务每次烧毁必由该委员会检查无差后方才允烧。

　　　　　　　　　　　　　　　　　　（录自北海银行总行档案第一卷）


**二、会计与营业工作**

战争年代，根据地建设所需要的经济金融人才奇缺。为解决根据地经济人才缺乏的困难，省战工会五次常委会议决定创办财政经济学校。

1941 年 6 月 7 日《大众日报》载：省战工会为培养大批财经干部，开展山东财政经济建设工作，坚持敌后抗战，前经于第五次常委会议决定，成立财经学校一处，并聘定八路军一一五师师长陈光同志为校长，战工会艾楚南、耿光波二处长为副校长，共分财政、经济建设、银行、税务四队，学习期限暂定为四个月，第一期定于八月一日开学。关于学员来源，兹决定鲁南专员公署保送五十名，代招三十名。清河专员公署保送四十名，代招三十名。沂蒙专员公署保送二十名，代招十名。泰山、滨海两专员公署各送二十名，代招十五名云。

结合北海银行老同志的回忆录和此篇报道，可以推测，总行会计科长陈中应该是在这个时候被调到财经学校做教员的。

尽管当时处于战争环境条件下，各方面都很困难，但当时银行的账簿和会计手续是十分健全和严格的。要求会计人员从最基本的制度入手，主要掌握以下几点：

一是原始凭证一定要符合规定和要求，以防止假冒。

二是从传票、记账到报表，严格建立层层复核制度，不设立专门稽核人员，实行换人复核制度，要个人签章，以保证基础工作的正确性。

三是坚持定期对账制度。规定日、旬、月、季按期核对：内外账目、现金账要按日、旬核对，对外往来账要按月或按季（联行往来）开出对账单，这样保证一般不会出错。比较麻烦的是未达账，有时要专门清理。因那时交通不便，邮寄件一般要十天半月甚至一两个月，这样两方账不易对起来。

贾洪在《回忆抗战时期的北海银行总行和鲁中分行》回忆录中介绍过北海银行的营业工作：抗战时期北海银行的营业工作，基本是属于农业信贷方面的。抗战胜利后城市相继解放，总行进驻临沂城后，又根据城市方面新的形势需要，研究了新的营业规章和会计制度。当时总行组织有关同志认真学习了各种业务书籍和资料，如潘序伦的银行会计、成本会计等，经过研究后，修改和制定出一套适合城市的业务章程。1946年冬华中银行与北海银行合并后，又参照华中银行的情况，更加完善了银行的业务章程，提高了业务水平。但是由于解放战争开始，国民党部队进攻山东，战争环境又使银行业务的开展短时间受到一定的影响。

北海银行自成立后，就集中央银行与商业银行的双重职能于一身，既发行货币，代理政府金库，管理钱庄等金融机构，也从事投资、存放款等商业经营活动。

### 三、存贷款业务

北海银行成立初期，存款业务很少，除机关部队和企事业单位的往来性存款外，基本没有其他存款业务，因为银行经常流动，存取不便，利息很低，那时无法吸收私人存款。

当时的贷款业务也很不正常，主要是通过各级政权和农会组织发放一些农民救济性贷款，且贷款多数未收回，其他就是政策性借款。

1941年北海银行总行机构建立健全后，各分支机构也相应建立起来，即由各分支机构直接进行农业贷款，用途主要分种子贷款（购买优良品种），农具贷款（如双铧犁），对互助组、变工队进行耕牛贷款，沿海地区还有渔业贷款，每笔贷款都按户立契约书，最初还写明抵押品，后来感到有些形式主义，就改为只写保证书，一般由基层政权和农会作保。

1942年就逐步开展工商业贷款，如纺织、造纸、酒店、油坊、肥皂、手工业和供销合作社等，在商业贷款方面主要是收购棉花、花生、烟叶（蒙阴坦埠烟有名），另外在农村配合兴修水利，举办打井贷款。当时农业贷款利息很低，工商贷款稍高一些，也不过六七厘（月息）。工商贷款一般都可按期收回，农业贷款有些就收不回来，过一时期进行清理，有些改为政府赈济性拨款，还有一部分长期挂在账上，最后银行作呆账处理。

1942年以后，农村贷款正式由北海银行统一办理，加强了贷款管理，贷款的数量增多，范围扩大。每年春天，山东地区多春旱，农村资金、粮食短缺，出现青黄不接的现象，有的农户没有肥料和种子，银行就发放春耕贷款，发展农业生产；秋天购置农具、肥料开支大，银行则发放秋耕贷款；有的地方发生自然灾害和遭到敌人洗劫，银行即发放临时贷款。

1942年2月，为了帮助各抗日根据地展开春耕运动，北海银行决定在鲁中、鲁南、胶东、清河各地区分别举办春耕贷款。据资料记载："其总数定为800万元。全年实发放贷款938万元。其中农贷483万元，占总数的51.5%；工贷441万元，占总数的47%。"

1943 年，北海银行又发放春耕贷款 580 万元，1944 年山东各根据地共发放农业贷款 2 390 余万元。北海银行当时的一份总结报告中指出：这些贷款充分体现了以农业为主的发展生产的方针，并以此消灭封建高利贷剥削及建立农村新式资本主义的借贷关系。因此，农贷不是只顾目前对农民的救济一时盲目而无发展前途的工作。

银行贷款的另一个方面就是扶持手工纺织业，实现布匹自给。例如，1942 年新棉上市后，泰山专员公署立即召开全区纺织会议，决定在各县划定实验区，由北海银行泰山办事处贷款 5 万元，帮助群众购买棉花，组织纺织小组。

1942 年 11 月底，鲁南、沂蒙两区相继成立纺织局，北海银行投资 10 万元，协助当地纺织业发展。胶东北海地区纺织贷款有两种方式：一种是合作社负责，由联社统一领导，发棉花，收土纱，支付工资，然后将纱制成土布，运到市场或贸易局销售，银行统一贷款给联合社；另一种是银行直接给纺织小组，由妇救会介绍并作保证，但因地区大，贷款少，许多群众仍是领棉花、卖土纱、支工资，和第一种方式差不多。1943 年第二季度共贷出 35 万余元。北海银行通过发放纺织贷款，使各地纺织业得到了迅速发展，不但解决了根据地军民衣服问题，改善了人民群众的生活，也提高了妇女的社会、经济地位。不仅如此，湖西建立的纺织厂，鲁南搞的集体养鸡、养鸭，胶东妇女组织的生产委员会，经费都是经过政府向银行借贷。

在 1942 年到 1943 年两年间，北海银行还在胶东、鲁中等地区进行过投资经营工作。有的是直接创办工厂、商店，有的投资于私人商业、工厂或进行合办，对于繁荣根据地经济起到了重要作用。

当然，初期北海银行资金使用分散，现金贷款因物价不稳定，农贷资金无从积累，而且没有普遍机构，农贷分散为政府部门放贷，这样既不能保证正确的贷款发放和积累经验，又无人收回，资金徒然消耗。

后来银行进行自身改善，将分散资金回笼重新集中用于农贷，并且改为以实物贷放为主，加强了银行自身职责。另外，北海银行还举办低息和免息的副业、渔业贷款，以银行的资本金为农村和城市的基本群众发展生产服务，为消灭高利贷发展经济服务，推动了生产运动的开展。

## 山东省改善雇工待遇暂行办法

（民国卅一年五月十五日战工会公布施行）

第一条 为提高劳动热忱，发展农业生产，改善[illegible]利益，及加强农村团结，特根据抗战建国纲领，及山东省战时施政纲领制定本办法。

第二条 凡雇农畜牧工人及家庭雇工，与雇主之关系，均适用本办法。

第三条 一般成年男工，除由雇主供给食宿及习惯上之一般待遇外，其年工工资最低标准，应按照各地生活状况，以能再供一个人之最低生活必需费用为标准，其具体数目由双方协议规定。但最低不得少于通用食粮（高粱或玉米）三百斤。

第四条 女工童工工资之增加，以成年男工之工资标准比例计算之。但成年女工最低工资不得低于成年男工二分之一，童工不得低于三分之一。

第五条 短工工资之有市价者，依其市价，无市价者，应由工会农会与雇工雇主协商讨规定之。

第六条 为保障雇工生活，工资之支付，均以粮食为标准。

第七条 工资之支付时间，除习惯及雇佣契约另有规定外，须依照下列之规定：

一、按年计工者，分上工，麦收，秋收三次，比例付清。

二、按季计工者，分上工下工两次支付。

三、按月计工者，分月初月终两次支付。

四、按日计工者，按日支付。

第八条 绝对禁止打骂虐待侮辱雇工，雇主不得因雇工之过失，私行惩处或扣除工资。

第九条 主雇双方发生争议时，得由工会农会，会同双方进行调解，如调解无效时，得呈请政府处理之。

第十条 雇工作息时间，依习惯行之。但须有足够恢复体力休息时间，其在工余时间受教育者，雇主不得阻止。

第十一条 雇工患有疾病，经医生证明需要休息，其病期在一月以内者，除工资照发外，并须由雇主补助其医药费，其病期逾一月者，医药费可停止补助，至于工资续发与否，得按当地习惯，由主雇双方，协议决定之。

第十二条 雇工因作工致伤，除工资照发外，其治疗费完全由雇主负担。

第十三条 女工童工之工作，须以不妨害其身体健康为原则。

第十四条 女工在分娩前后，应给以一月之休假，工资照发。

第十五条 雇佣契约之订定以主雇双方自愿为原则，期满后任何一方均有宣告解除契约之权。如中途因故解除契约时，须经双方同意，一方不同意而对方认为仍须解除契约时，得由工会或农会调解之，调解无效时，得呈请政府处理之。

第十六条 雇工有参加工会及其他抗日活动之权利，雇主不得借故干涉。其在工会农会担任工作者，因参加会议或受训需要请假者，雇主须允之，但在全年内不得超过半月，农忙时间一般不应请假。

第十七条 雇工有参加抗日军队之自由，雇主不得阻止，其在劳动契约有效期间内，因参加抗日军或行政工作必须退工时，工资即在离工之日停付，如已预支工资工人须负责偿还或找代工，其不能一次偿还者，得由双方协议，订立字据分期偿还之。

第十八条 雇主依本办法改善雇工生活后，雇工须积极工作，不得怠工，并应爱护劳动工具。

第十九条 本年工资应由主雇双方协议，提高至本办法规定之工资标准，其已支付之工资依支付时之[illegible]价折算，从协议订定之粮食工资总数中扣除之。

第二十条 本办法之解释权属于山东省临时参议会。

第二十一条 本办法自公布之日施行。

## 山东省借贷暂行条例

（民国三十一年五月十五日战工会公布施行）

第一条：为保证减租交息，清理旧债，流通金融，改善民生，发展生产事业增强抗战力量，特依据中国国民党抗战建国纲领、中国共产党关于抗日根据地土地政策的决定、中华民国民法债编及山东省战时施政纲领之基本精神，制定本条例。

第二条：凡抗战前成立之借贷关系，应以清理旧债为原则，并厉行分半减息（即年息减为一分五厘）按左列各款办理之：

第一款：贷款利率年利超过百分之十五者，减为百分之十五，不及百分之十五者，依其原约定。

第二款：债务人付息达原本一倍者，停利还本，付息达原本二倍以上者，债务消灭。

第三款：债务人按分半计息超过原本一倍，而尚付不足原本一倍者，交足一倍时停利还本，付息超过原本者，其超过之数作还本计，本金清偿后债务消灭。

第四款：凡按分半计息，或其原息不足分半，其付息总额尚不及原本者，债务人交足利息后，停利还本。

第五款：凡按上述二、三、四款之规定停息还本者，应即还本，一时无力还本时得分期或缓期一年清偿，届时仍不能清偿时，即按分半行息。

第六款：抗战前之贷款，不论其契约如何规定，均按本条清理，其因清理而分期或缓期偿还者，须换新约，至民国三十一年底未按本条清理者，旧约即作无效。

第七款：已经清理之贷款，债务人不得拒不清偿，其拒不清偿者，债权人得依法诉追之。

第三条：凡抗战后本条例公布前成立之借贷关系，以实行减息调处争议为原则，依[illegible]

第一款：已实行分半减息之贷款，债务人须按约交息还本。

第二款：未实行分半减息之贷款，双方无争议时依其原约定，政府不加干涉。

第三款：未实行分半减息之贷款，因利率过高而发生争议时，由政府调处，调处不成者，即自借贷之日起按分半计息判处，另换新约，债务人并须依约交息还本。

第四款：未实行减息之贷款，付息达原本一倍者，得因债务人之请求停息还本，付息达原本二倍以上者，债务消灭。

第五款：未实行减息之贷款，付息超过原本一倍以上而不足二倍者，得因债务人之请求停息还本，其超过之数作还本计。

第六款：停息还本之贷款，债务人一时无力还本时，得由政府或群众团体调处，分期或缓期还本，但缓期以一年为限，届期仍不能还本时，即按分半行息。

第四条：本条例颁布后成立之借贷关系，其利率应按当地习惯双方自由议定，以利金融流通为原则，依左列各款办理之：

第一款：政府银行及公营企业之贷款利率，年息不得超过百分之十二。

第二款：合作社之贷款利率，不得超过当地一般利率。

第三款：新成立之借贷关系，因利率过高而发生争议时，政府得依当地一般借贷利率仲裁之。

第四款：新成立之借贷关系，如有抵押品者，债务人至期不能付息还本时，债权人有依约处置抵押品之权，如有争议时由政府裁判处之。

第五款：同一抵押品担保数项借款者，债务人至期不能清偿时，政府得因债权人之请求处理其抵押品，按各债权契约成立之先后，依次并比例分配偿还之。

第六款：债务人因天灾人祸及其他不可抗力致无力履行债约时，得请求政府调处，酌量减息免息分期或缓期偿还。

第五条：本条例颁布前附有使用价值（土地房产等）之抵押品之贷款，债务人不[illegible]约交息还本，债权人依约使用其抵押品时，使用一年即作交息一年，并按第[illegible]二两条各款调整办法处理之。

第六条：本条例之解释修正权属于山东省临时参议会。

第七条：本条例经山东省临时参议会通过后公布施行之。

第八条：自本条例公布[illegible]

此文原报残缺

山东省借贷暂行条例

省战工会 1942 年 5 月 12 日发出《关于整理春耕贷款问题的训令》要求："查本年各地举办之春耕贷款，原系救济贫民，增加农业生产，巩固根据地的重要工作，因此在领导上，不但由各地北海银行负责，同时各政权机关、群众团体也应给以有力配合，在施行上更要切实严格保证贷款落于贫民之手，发挥其应有作用。"

省战工会于 1942 年 5 月 15 日公布实施《山东省借贷暂行条例》，共八条十九款，对抗战前后各种借贷关系的处理及利息计算作出了规定详细。6 月 14 日省战工会召开扩大常委会，通过若干重要提案，规定北海银行贷款最低利率为，农业贷款四至六厘，工业贷款六至八厘，合作贷款八厘至一分，商业贷款一分二厘。

附

# 山东省借贷暂行条例

(1942 年 5 月 15 日战工会公布施行)

第一条　为保证减租交息，清理旧债，流通金融，改善民生，发展生产事业增强抗战力量，特依据中国国民党抗战建国纲领、中国共产党关于抗日根据地土地政策的决定、中华民国民法债编及山东省战时施政纲领之基本精神，制定本条例。

第二条　凡抗战前成立之借贷关系，应以清理旧债为原则，并厉行分半减息（即年息减为一分五厘）按左列各款办理之。

第一款　贷款利率年利超过百分之十五者，减为百分之十五，不及百分之十五者，依其原约定。

第二款　债务人付息达原本一倍者，停利还本，付息达原本二倍以上者，债务消灭。

第三款　债务人按分半计息超过原本一倍，而实付不足原本一倍者，交足一倍时停利还本，付息超过原本者，其超之数作还本计，本金清偿后债务消灭。

第四款　凡按分半计息，或其原息不足分半，其利息总额尚不及原本者，债务人交足利息后，停利还本。

第五款　凡按上述二、三、四款之规定停息还本者，应即还本，一时无力还本时得分期或缓期一年清偿，届时仍不能清偿时，即按分半行息。

第六款　抗战前之贷款，不论其契约如何规定，均按本条清理，其因清理而分期或缓期偿还者，须换新约，至民国三十一年底未按本条清理者，旧约概作无效。

第七款　已经清理之贷款，债务人不得拒不清偿，其拒不清偿者，债权人得依法诉追之。

第三条　凡抗战后本条例颁布前成立之借贷关系，以实行减息调处争议为原则，依左列各款办理之。

第一款　已实行分半减息之贷款，债务人须按约交息还本。

第二款　未实行分半减息之贷款，双方无争议时依其原约定，政府不加干涉。

第三款　未实行分半减息之贷款，因利率过高而发生争议时，由政府调处，调处不成者，即自借贷之日起按分半计息判处，另换新约，债务人并须依约交息还本。

第四款　未实行减息之贷款，付息达原本一倍者，得因债务人之请求停息还本，付息达原本二倍以上者，债务消灭。

第五款　未实行减息之贷款，付息超过原本一倍以上而不足二倍者，得因债务人之请求停息还本，其超过之数作还本计。

第六款　停息还本之贷款，债务人一时无力还本时，得由政府或群众团体调处，分期或缓期还本，但缓期以一年为限，届期仍不能还本时，即按分半行息。

第四条　本条例颁布后成立之借贷关系，其利率应按当地习惯双方自由议定，以利金融流通为原则，依左列各款办理之。

第一款　政府银行及公营企业之贷款利率，年息不得超过百分之十二。

第二款　合作社之贷款利率，不得超过当地一般利率。

第三款　新成立之借贷关系，因利率过高而发生争议时，政府得依当地一般借贷利率仲裁之。

第四款　新成立之借贷关系，如有抵押品者，债务人至期不能付息还本时，债权人有依约处置抵押品之权，如有争议时由政府判处之。

第五款　同一抵押品而担保数项贷款者，债务人至期不能清偿时，政府得因债权人之请求处理其抵押品，按各债权契约成立之先后，依次并比例分配偿还之。

第六款　债务人因天灾人祸及其他不可抗力致无力履行债约时，得请求政府调处，酌量减息免息分期或缓期偿还。

第五条　本条例颁布前附有使用价值（土地房产等）之抵押品之贷款，债务人不依约交息还本，债权人依约使用其抵押品时，使用一年即作交息一年，并按第二、三两条各款调整办法处理之。

第六条　本条例之解释修正权属于山东省临时参议会。

第七条　本条例经山东省临时参议会通过后公布施行之。

第八条　自本条例公布后，民国二十九年十一月十一日公布之减租减息暂行条例即行废止。

（录自 1942 年 6 月 1 日《大众日报》第 4 版）

那么，北海银行在那个时期的农贷情况是怎样的呢？特别是在沂蒙抗日根据地的贷款又是怎样的呢？

1941 年的贷款情况。《大众日报》1941 年 4 月 7 日《关于鲁南成立贷款所发放贷款》的报道，贷款所：临沂两处，费县一处，边联五处，苍马一处。

该报在 5 月 10 日还报道了根据地的贷款情况：临沂贷款 2 495 元，对象多为贫苦抗属小工商难民。苍马贷款 1 550 元，对象为抗属 20 户，贫民 9 户，多用作生产建设事业。费县贷款 880 元，对象同上。边联贷款 4 600 元，对象多为贫苦盐贩。以上贷款利息甚低，三至五厘不等，民众受惠甚厚。

1942年的贷款情况。《群众报》1942年2月19日报道，为了帮助各抗日根据地展开春耕运动，山东北海银行决定在鲁中、鲁南、胶东、清河各地区，分别举办春耕贷款。其总数定为800万元，并由北海银行总行颁布贷款办法，即日实施云。

新华社山东分社电：今年北海银行在沂蒙区举办贷款10万元，救济沂蒙区的春荒和帮助推行春耕。

《大众日报》在4月25日的报道中说，北海银行今春的春耕贷款，受到广大职工群众的欢迎，在泰山区拨出的10万元中，仅在博莱灾区即贷出1万元之上，救济了那里的灾民；在沂蒙区除了拨出10万元春耕贷款之外，又决定拨出5万元，作为发展合作事业和帮助小商人经济发展的贷款。滨海区已贷出春耕和渔业等贷款10余万元，如在莒南×村贷出1 000元，予各地农业生产更多的帮助。这一年，沂中贷出11万元，沂南贷出29.4万元。

1943年的贷款情况。当时北海银行确定，1943年的农贷总额不得低于2 000万元，分到各区。其中农贷不得低于百分之五十，工业各贷款百分之三十，贸易贷款百分之二十。而分配到沂蒙抗日根据地的农贷是多少呢？

3月1日的《群众报》报道，鲁南区30万元，鲁中区50万元，滨海区150万元。这一年，沂南贷出18.3万元，沂中贷出10.1万元，蒙阴贷出14.5万元。

中共山东分局在《对1943年贷款工作的布置》中强调："大量贷款，方针是发展生产，协助农产，增加实力，开展经济建设。"

1944年11月，省行政工作会议对近年来银行的贷款情况进行了总结。指出："对银行的认识，资本主义国家和国民党的国家，银行是操在大资本家手里，他们用银行的资本来操纵市场，剥削人民，自己发财，而我们民主政府银行，在今天抗战时期，一方面使银行资本进行对敌经济斗争，一方面借贷群众，发展经济，改善人民生活，培植财源，所以银行没有一部分足够资本，不能进行这项工作。"

总结还指出了一些工作偏差：将银行贷款，认为是一种救济；有些行政干部，对贷款的政治意义认识不足，不了解贷款与生产结合的政治意义；有的对贷款任务方针不明确，不按实际情形确定，有些地区贷款数已确定，不按实际情形调查研究，就按县平均分配贷款，且不总结检查；有的在贷款发放时，由于手续不严，有些干部乘机贪污，短款现象严重，还有的群众干部，将款收起不经政府和银行允许，又自行贷出，等等。

通过总结，对存在的问题提出了解决办法，共三条。

一是关于村干部收款自用的，不管多少一律交还，并给予行政上的处分或批评。作了生产基金的，应由政府派人迅速将生产结束，交还银行，并予以教育；当经费开支的，由县政府负责审查，开支适当的，予以报销，否则政府负责处理。如系各救会的干部，应将一些事实和经过的材料，交给县以上各救会负责人，予以处理，并要将款退回。

二是对过去贷款的处理，因为币值变化，滨海区对贷款不收利息，并以七折收回，其他地区有按五折、六折收回的，并限期交还，过期不折，原则上可按此规定，不过对真正贫苦群众和抗属可收粮食，将粮价酌量提高，照顾其困难。

三是对鲁中、泰山、泰南区，在1942年以前贷款，找不到贷款人的，政府和银行共同进行整理，限于1945年4月整理完毕。

### 四、其他业务

1. 代理金库。1941年8月20日，山东省战工会制定《山东省金库暂行条例》，共二十四条。1942年5月，《山东省金库暂行条例》正式颁布实施，省战工会责成各级北海银行经理金库业务。

贾洪在《回忆抗战时期的北海银行总行和鲁中分行》一文中回忆了银行代理金库业务的情况：

"银行成立银行代理金库，这是北海银行总行成立后除发行钞票以外的第一项业务，因当时银行是归财政部门领导，有的是合署办公，行军也在一个单位，银行成立初期发行的钞票，实际上作了财政开支（数量较小，后来作了清理），同时财政的收入也可临时作银行的资金，财政的上

# 经济建设

## 怎样建立严格的金库制度

王子乎

第五期
战工会经财处主编

## 抗战条令

### 山东省金库暂行条例

山东省金库暂行条例

缴下拨都可通过银行办理，这样就很自然地形成银行代理金库的业务。

我记得1941年，艾楚南同志曾以山东分局财委会名义打电报给各地区，强调统一财政收支，严格建立金库制度，并要求充实机构，有银行机构的金库工作可由银行代理。

1943年下半年省战工会才改变银行代理金库制度，将各级金库划归政府。从此各地分支行办事处多数与金库分开了，但总行代理金库的时间较长一些。我记得华中银行与北海银行合并时金库与银行还在一起，总行出纳科科长胡荣佳也是财政厅的金库主任。"

北海银行一份1942年的金库工作报告介绍，银行全面代理金库后，在各种制度的执行和手续建立完善，以及人员配备等方面做了大量工作。那时的代理金库业务管理已较为完善和严密。

金库原为独立性质，上下级是领导与被领导关系，同级政府首先是监督指导关系，没有直接领导金库与支配款项的职责。各县金库工作上的问题都由财政科来决定，现在则由上级金库指示和决定。

关于各种制度的执行情况。建立并完善了收支、报告、解交和供给制度。

（1）收支制度。支库据各县解款书与联单收款。付款均凭上级金库支付通知书，否则概不支付。支库的收入概交支行，支款概由支行提出，不负责保管现款。县库在有银行办事处的地方与支库同，没有办事处者也很少有随便挪用的现象。

（2）报告制度。除文登能经常按期作报告外，都未很好执行。

（3）解交制度。1月至6月的收入，支库按实收数全部解分库。县库是按各县存款情形解交，如支库急需随时通知解交。

（4）供给制度。成立银行办事处者由银行办事处供给，没成立者由政府供给。

关于各种手续的建立和完善方面，也较以前有了很大的变化。

（1）收款手续。过去是各区各稽征所直接到县库交款，县库在核查解款书无误后，开给收款书。支库收县库与专员公署本身的款时，手续与县库同。银行代理后，改为县库一切收入都先交财政科，财政科再按地方收入、国家收入两种科目以送金簿交县库，县库查点无误后在送金簿上盖章，每晚开给三联单，一、二联作本库报告交支库，三联作收入存根。支库收到县库交来现款，先交银行查点，由银行开给支库收据，支库给支行出账，给县库存着。如有缉私提成或有支付书，概在金库账上清理，银行不负责任。

县库保管款项，有的来往都有收据，有的用送金簿，到金库送款则由金库盖章。

珍贵物品过去都由金库负责，自银行代理后，改由财政科直接处理，金库只收有用的货币。

（2）支款手续。支库接到上级金库通知书及提款人所持支票，将支付通知书之一、二联连同领款人之领款书汇齐保存，在支库账上按支付数减去在银行的存款，在没有银行办事处的县，金库给各科代管之款，凭取款条或提款簿（须由负责人盖章）支用。

（3）解款手续。县金库向支库解款过去是随征随解，按科目写解款书，填明币别、数额，支库查明相符后收账。反"扫荡"中又通知各县接到支库指示后再行解款。反"扫荡"后，对机构不健全的县是按月清交，或由上级了解库存数根据需要指示解交。

2. 汇兑业务。在根据地内汇兑业务开展较晚，鲁中是1942年下半年才开展的，这时各地支行、办事处基本上已建立起来，主要形式是信汇和汇票，服务对象是工商贸易部门和合作社，私人的很少。与敌区建立外汇关系稍早，但开始时基本上是以物易物形式。如根据地卖棉花、烟叶到敌区，把钱存到敌区商号，或直接拿金子存入敌区商号，北海银行开汇票到敌区商号取款，购买根据地必需的物品；反之，敌占区的工商业者也可开汇票到根据地，主要是通过贸易局联系，也有与银行建立秘密关系的。

1943年下半年后，随着敌我力量对比的变化，根据地日益巩固和扩大，敌人的经济势力日渐衰退，北海币的信用日益提高，敌占区的工商业者主动来根据地做生意的逐渐增多，除在边沿区与北海银行分支机构发生货币兑换外，北海银行还与敌占区的工商业者建立了直接的汇兑关系。鲁中分行与济南、潍县、益都建立了几个点，有的是商号，也有的是钱庄。此项业务在工商局成立后，于1944年下半年划归工商局办理。

北海银行鲁中南分行档案第一卷中的《鲁中北海银行一九四三年工作

报告》，记载了鲁中区 1943 年的汇兑情况。

表 2－2 1943 年度汇款统计

| 汇入 | | | 汇出 | | |
|---|---|---|---|---|---|
| 种类 | 起汇地点 | 金额（元） | 种类 | 汇往地点 | 金额（元） |
| 票汇 | 滨海 | 387 412 | 票汇 | 滨海 | 315 000 |
| 信汇 | 滨海 | 16 060 | 信汇 | 滨海 | 2 804 |
| 票汇 | 泰南 | 100 000 | 信汇 | 沂北 | 60 |
| 票汇 | 泰山 | 215 594 | 信汇 | 泰山 | 8 031 |
| 信汇 | 泰山 | 9 500 | 票汇 | 泰山 | 35 000 |
| 票汇 | 綦宁 | 13 765 | 票汇 | 胶东 | 26 600 |
| 票汇 | 清河 | 500 400 | 票汇 | 泰南 | 20 000 |
| | | | 票汇 | 鲁南 | 2 500 |
| | 合计 | 1 722 731 | | 合计 | 409 995 |

内汇：为解决商人携带货币之不便，及使本币扩展流通，今春规定了汇兑条例及通汇地点，普遍张贴布告，并在沂南马牧池、界湖两地召开商人座谈会，布置汇款各端，自此以后沂蒙与各地（滨海、胶东、泰南、泰山）已开始汇兑，汇款对象多是运销商及机关汇兑。后以各地本币价格不同，而一般商人多为渔利而汇兑，故在下半年即宣布停止，可是仍有个别地区不遵决议继续进行（如泰山、泰南）。

3. 收购金银业务。收购黄金、白银的业务，从北海银行一成立就发生了。鲁中沂南的铜井金矿，生产的黄金全部交到银行。开始是作为银行的准备金，后来至 1943 年下半年，才拿出来作为与敌占区的外汇基金。

北海银行鲁中分行 1943 年工作报告中记载了金银收购业务开展情况：买卖生金银。生金的购买，是为了解决敌区购买问题及备作基金，购买对象多为金矿局，在群众中购买者很少。银元以春荒所致，存户无力保存，当由政府责成银行收买，以解决民困。继则银价大涨，敌区商人借此输入银元，从中渔利，我又恐积压资金，故决定停止收买。

刘惠英在回忆录中讲述了北海银行出纳人员收购金银的情景："鲁中有个铜井金矿，就在沂南县。我们支持金矿生产，并包购其生产的全部黄金，同时也收购民间零散的金银首饰和银元等。

我们这些办理收购的同志，大都没有见过黄金，也未经过技术培训，只靠一副金牌子在一块试金石上划来确定成色，但还是把这项工作承担起来了，防止了根据地的金银外流，并用这一块块金条和零散金银作为外汇，到敌占区换来根据地军民急需的物资。

为了保护好这些贵金属，在机关转移时，要将沉重的金条缝在子弹带形状的带子里，由可靠的同志缠在腰里行军，保证人在黄金在。其所以不用马驮，是怕马受惊丢失。"

综上所述，植根于沂蒙革命根据地的北海银行总行，在中共中央关于"发展经济，保障供给"的财经工作总方针指导下，积极支持抗日民主政权的各项事业，开展了以发行货币，与敌进行货币斗争，发放生产贷款，调剂城乡金融为主要内容的金融货币工作。通过建立独立自主的货币制度，稳物价，促生产，保障了根据地所需的军政供给和人民生活的相对改善。北海银行开展金融货币工作的实践，为新中国成立前后金融建设积累了经验，也为我国社会主义金融事业的顺利发展作出了贡献。

# 第三章　北海银行在滨海、鲁中和鲁南

抗日战争和解放战争时期中共领导下的山东抗日民主政权为适应战时环境，将全省划分为若干个行政区，设立行政公署（以下简称行署），行署为行政区最高行政机关。此外，还设有省辖行政督察专员公署（以下简称直属专员公署）和省辖市政府。到1945年8月山东省政府成立时，山东省政府共有胶东、鲁中、渤海、鲁南、滨海5个行政区，军事上通常称这种行政区为战略区。

1940年10月，山东省战时工作推行委员会决定在鲁中地区成立北海银行总行。到1941年夏，战工会在滨海地区板泉崖（现属莒南县）召开了全省财经文教大会，这次大会研究了银行统一问题，决定加强北海银行工作，扩大北海币的发行，在根据地推行北海票，加强货币斗争，扩充银行机构。此后，随着形势的发展，山东革命根据地的北海银行分支机构不断发生

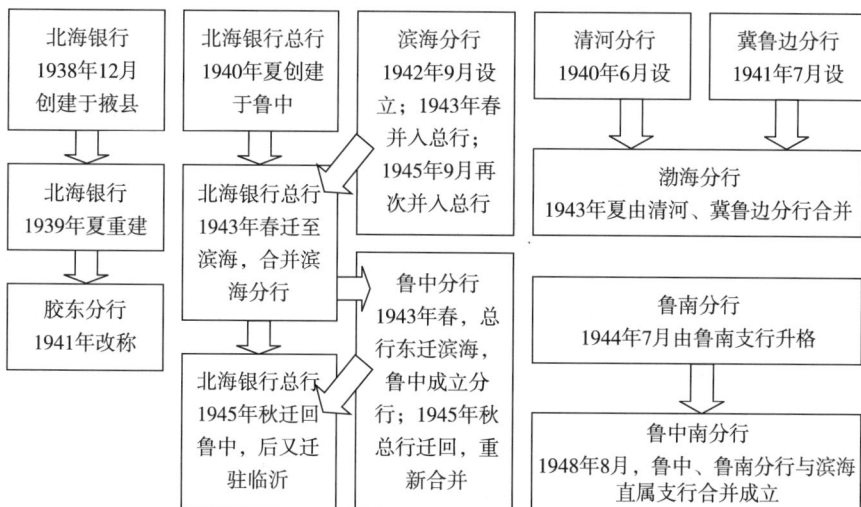

图 3-1　北海银行机构变迁概况图

变迁和发展，胶东的北海银行正式改名为胶东分行，清河分行与冀鲁边分行后来合并为渤海分行，在沂蒙根据地先后成立的北海银行分支机构有滨海分行、鲁南分行、鲁中分行以及鲁中南分行等，总行机构在鲁中区、滨海区也不断进行迁移、重组与扩展，与滨海分行、鲁中分行数次并入又分出，总行的内部机构在沂蒙根据地不断发展变化，北海银行在战火中发展壮大。

## 第一节　滨海分行的建立与发展

### 一、滨海区划及建置变迁

滨海区在抗日战争初期称鲁东南地区，其范围北起胶济铁路，南至陇海铁路，东邻黄海，西界沂河。南北分别以陇海和胶济铁路为界，因靠海，故名滨海。滨海行政区面积约 1.8 万平方公里，人口 500 万人左右。大体包括今临沂地区的日照、莒县、莒南、临沭、临沂、郯城，潍坊市的诸城、五莲、高密，青岛市的胶南、胶州，江苏的赣榆、新浦、海州、东海 16 个县、市、区。

抗战时期，这里是山东重要的革命根据地，是山东分局、山东省战时行政委员会、八路军 115 师、山东军区长期驻扎活动的地方，是全省政治、军事指挥中心。

1940 年 11 月，中共山东分局指示鲁中区党委五地委，立即成立滨海各县联合办事处，以统一领导各县政权工作。12 月 15 日，五地委政府工作部召集莒县、日照、临沂、赣榆及当地驻军代表在坪上（今属莒南）开会，决定成立四县联合办事处。次年 1 月，莒日临赣四县联合办事处成立，后改称滨海各县行政联合办事处）；8 月，设立滨海专区，其行政机关为滨海专员公署，仍属鲁中。专员公署先后辖日照、莒南、莒中、赣榆、沭水、临沭、海陵、郯城等县。

1942 年 4 月 1 日，中共滨海地委正式成立，辖日照、莒南、莒中、沭水、临沭、赣榆、海陵 7 个县委和莒北、日北、马陵 3 个工委。4 月 10 日刘少奇来到滨海区，检查指导山东工作。在刘少奇具体指导和中共山东分局领导下，滨海区首先放手发动群众，实行减租减息，使群众运动轰轰烈烈开展起来。据7月下旬统计，在两个月的时间里，滨海区有93个村庄、3 155户佃农、28 250亩土地实行"二五"减租，7 860多雇工增加了工资，1万多户农民加入农救会。继之，全区大部分地方都开始深入发动群众进行减租减息，广大群众的抗日、生产积极性空前高涨。

1943年4月，中共滨海地委撤销，成立滨海区党委，符竹庭任书记。政权机构仍称滨海专员公署，谢辉任专员。一一五师教二旅、教五旅、滨海军分区番号撤销，成立滨海军区，陈士榘任司令员，符竹庭兼政委。

1945年4月，滨海专区改称滨海行政区，滨海直属专员公署改称滨海行政公署，辖滨海行署一、二、三专员公署。1946年滨海行署撤销，滨海行署一专员公署改称滨北专员公署，划归胶东行署领导，滨南专区、滨中专区和新海办事处辖区合并为滨海专区，建滨海专员公署，由山东省政府直接领导。

1945年9月，诸城、日照、临沂相继解放。此后，各地深入开展了反奸诉苦、减租减息和发展生产运动，并对政权进行自下而上地改造，各项工作得到健康有序的发展。临沂城解放后，山东党、政、军领导机关遂由莒南农村迁驻临沂。不久，中共华东中央局在临沂成立。至此，临沂成为山东解放区的首府和华东地区党政军首脑机关的驻地。

1948年7月，鲁中南区成立，滨海地委改为鲁中南区第六地委。11月6日淮海战役开始后，滨海区先后出动民工57万多人，运送粮食3 480万斤，加工粮食3 700万斤，做军鞋60多万双，另有子弟兵团5 000多人在前线服务。截至11月8日，滨海区全境解放。此后，在做好生产救灾的同时，抽调大批干部南下，开辟中原、江浙、川黔等新解放区的工作。

1949年5月，中共鲁中南区第六地委改称为中共滨海地委，1950年4月改为中共临沂地委。

**二、北海银行滨海分行的建立及业务发展**

（一）银行的建立过程

1941年2月，北海银行滨海办事处开始在莒南洙边区东书院村筹建，

8 月正式成立。银行成立初期仅有 4 名工作人员，滨海专员公署财政科科长王子芹兼任主任，业务员谢华堂、会计孙良臣、出纳牟逑。其主要业务是协调政府取缔土杂钞，推行北海币，筹建印钞所。

东书院村

王子芹，山东省淄博市人。1915 年生，1938 年任八路军山东纵队三支队十团粮食科长，后去岸堤军政干校学习，同年 12 月加入中国共产党，毕业后任山东纵队供给部会计、后方指挥部会计科长。1940 年任鲁东南军政委员会财委会委员兼金库主任，1941 年滨海专员公署成立后任财政科长兼北海银行滨海办事处主任，滨海分行成立后改任分行行长，1943 年滨海分行与总行合并后，任总行会计科长，1944 年调任渤海分行行长，1949 年 7 月任北海银行总行副行长。新

王子芹

中国成立后历任越南国家银行顾问、中国人民银行检查司副司长、国外业务管理局副局长、信贷局长、中国银行副总经理等。

东书院村今属洙边镇，距莒南县城约十公里，相邻的村子分别是中书

院村、西书院村，洙溪河从村边蜿蜒而过，这里是全国小河流域治理的典范。从村中老人的口中得知，很久以前，东、中、西三个书院村本是一个村，村庄的名字叫"树叶"，不知何年，村里来了一位圣人，经过村西的小河时，不慎将书掉落到河里，圣人将书从河里捞起，在一块大石头上晒起书来，这块石头至今保存在邻村西书院村边，为后人所瞻仰，受圣人的感染，在众村民的一致要求下，村名由树叶村变更为书院村，并一直延续至今。自此以后，书院村人才辈出，卧虎藏龙，走出了不少有知识有文化的读书人。

据东书院村 85 岁的村民武洪喜说，当年银行有五、六个人，住村里王希臻家的三间堂屋里，当年村里的党支部书记叫王希村。

1942 年 2 月，以滨海时报社一部分为基础，加上从北海银行总行抽出来的一部分人员和器材，北海银行滨海办事处在洙边区孙家沟（今称孙家峪）建立了北海银行滨海印钞所，所长李维恭。初期仅有 4 部小石印机，20 余名职工。后来小石印机增加到 10 余部，脚踏机近 10 部。

孙家峪村

1942 年 9 月，滨海办事处升格为分行，王子芹任经理（行长）。北海银行滨海分行机关驻峧山区何家店子村（今属莒南县相邸镇），共有员工 10 余人，下设业务股、会计股、出纳股、发行股。谢华堂任业务股长、辛毅任秘书兼会计股长、牟逯任出纳股长、张汉卿任发行股长。

滨海分行管辖莒南、莒中、日照、赣榆、海陵、临沭、沭水及鲁南8个办事处。主要职责是印刷钞票用于军费和地方党政开支，发放农业、渔业、手工业、商业贷款，打击伪币、排挤法币，让北海币占领市场，办理金库业务。同时滨海专员公署所属各县金库划归银行，并以原金库人员为主，成立各县银行办事处。

1942年7月，滨海专员公署发布告规定：自8月1日起，滨海地区以北海银行钞票为本位币。自8月15日起，法币一律五折使用。9月建北海银行莒南办事处。主管谢华堂，会计于国屏，出纳田礼法。1942年5月，省战工会颁布《山东省金库暂行条例》，责成各级北海银行经理金库业务。当年9月，财政金库移交银行办理，谢华堂兼金库主任。

1943年1月，莒南市面发现伪造的北海币伍元券。1月18日、19日，在十字路查获三人带入伪造的北海币10万余元，将犯人移交司法机关依法处置。

1943年3月，北海银行滨海印钞所迁驻峤山区北杨家圈村（今属相邸镇）。此期间印制的北海币有壹角、贰角（民国二十九年与民国三十一年两种）、伍角、壹元、贰元、伍元、拾元等，共计8个券种。主要是印制北海银行总行发行的北海币。

孙家峪现在已并入东夹河村，今属洙边镇，位于莒南县城正南方，夹河于村南转弯而过，经询问当地老人，只知道当年这村住过八路，不知道北海银行的印钞厂在这里驻扎过，看来当年印钞厂保密性较强。

（二）投资和贷款业务

1. 支持纺织业发展

1942年，滨海发出五十万元贷款，设纺织工艺局推进局。1942年8月26日，滨海专员公署召开滨海区各县经建干部联席会议，会议作出重要决议。

一是关于增加农业生产方面，由政府发出五十万元的农业贷款；各级政府详细调查贫苦农民，迅速发出农业贷款；发展水利以凿井为中心；提倡施肥。

二是关于发展纺织工业方面，发展纺织工业的总目标，在于做到完全自给自足，但在发展的最初阶段，在于先解决明年夏季滨海区党、政、军和脱离生产的群众团体所需用的服装。为完成上述任务，应先建立以下各种组织。

（1）纺织工艺局；

（2）由各县经建科、贸易局、工救、妇救以及纺织布户的代表等共同组织纺织推进局；

（3）纺织生产合作社，共同购买原料，共同推销成品，并可利用小组或合作社的保证，直接向银行贷款。

要采取以下措施提高土线生产量：

（1）提高工资。纺织工资分为六元、七元、八元三种工资，成绩特别好的还可以得奖。

（2）奖励学纺。一切热心生产而缺乏技术的妇女，都可参加纺纱小组，向政府贷款，学习纺纱。

（3）以求完全用土线代替洋线。

（4）纺织生产应和各组织妇救会取得密切的配合。

关于布匹质量的规定：

（1）洋机所织的布必须宽一尺八寸，长七丈二，重量是二十到三十斤。

（2）土机所织的布必须宽九寸，长三丈左右，重量三斤。

用贷款而制成的成品，无论是棉纱或是布匹，均能自由在根据地市场上销售。如在市场上销售不了，政府保证能介绍按一定的价格收买。

三是关于贷款问题，贷款的种类目前以纺纱、织布、种子、凿井、肥料等为主要目标。要有群众团体的介绍和一人以上的保证，经过县经建科的审核并作决定。关于贷款数额的规定：

（1）土机每张可贷款五百至一千元；（2）洋机每张可贷款二千至四千元，纺车每架可贷款五至八十元；（3）每眼井连同水利工具在内，可贷款三百至七百元；（4）肥料每户可贷款一百至二百元。

要求贷款必须用于发展生产，重点用于纺织业。关于贷款非用于生产事业的，要严加追究，退回贷款。

1942 年 11 月 28 日《群众报》报道了北海银行投资纺织业的情况：

北海银行在今年滨海各地之纺织贷款已近二百万元。该区莒南县自获得纺织贷款十二万元，及棉花贷款一万五千元之后，市场颇为活跃，如×集上，常有洋机千余架上市，据老年人谈，此乃近年来未曾有过之现象。又因日寇近日故意抬高洋纱价格，该县纺织业联合会号召全县用棉线代替洋纱。据各区实验之结果，成本较洋纱实价低约三分之一。据该县纺织工会负责人谈，现在该会正在组织妇女大量纺织，以纺纱抵制洋纱。

**沂蒙根据地织袜厂**

1942 年 12 月 21 日《大众日报》以《滨海区生产成绩大，明年单衣不用洋布》为题介绍了滨海区银行支持纺织业的情况：

本区生产事业近三个月来（九、十、十一）飞速发展，现况如下。

（1）纺织事业：全区有纺线车 7 778 辆，织布机 796 架（内铁机 264架，木机 532 架），部分地区（莒南，莒中）造成了普遍的群众性生产热忱，现每月出产土布 3 000 余匹，明年全区党、政、军、民单衣可不用洋布。政府计贷款 27 000 元，贷棉 35 139 斤，被贷者织布户 275 家（赣榆不在内），纺线户 1630 家，纺织小组 73 个。人民生活得以部分改善，如莒南××庄因多数群众参加生产，现全村无一乞丐；敌占区（沂水十区）搬来的×××全家五口，来时只带高粱一斗，生活无法维持，自参加纺织小组积极生产后，现不仅每顿吃煎饼豆沫，且每人都穿上新棉衣一套。日照

20 余家抗属，因参加生产，生活逐渐宽裕，自动要求每人每日减少优待粮二两，半年后完全自谋生活，大山前某老大娘 70 多岁，旁的活都不能做，却贷了几斤棉花从事纺纱，两月来净赚 150 余元。

（2）合作事业：仅临沭一县即整顿合作社四个，发展社员 384 人，集股 71 811 元。

（3）油业：贷款 67 000 元（政府投资除外）。

（4）麦种贷款：已贷出 428 615 元（海陵除外），受贷者 14 046 户。

（5）生产肥皂一万余条，此外造纸事业也正在发展中，专员公署现正筹划明春之植树、凿井等工作，并准备向北海银行借用春耕贷款，以期更进一步发展农业，改善人民生活。

1943 年 3 月 7 日《群众报》报道滨海区在北海银行贷款帮助下纺织业蓬勃发展。

（新华社鲁中二日电）滨海讯：本区纺织事业数月来迅速展开，北海银行举办之二百万元纺织投资，计已先后贷出棉花五万斤，贷出现款九万一千元，购买工具二万余件，及工具贷款一万余元。由于此项贷款之帮助，已造成全区纺织热潮，家家户户终日机声轧轧，市场上的土布及线销路极畅，仅就生产工具而言，自去年十一月迄今，四个月中计全区纺线车增加百分之六十，铁机亦颇有增加，估计至今年夏天前，生产量已可供全区军队、生产人员之夏衣，在过去四个月中，出布总值已达四百二十万元，群众获利达二百二十三万五千元，增加私人资本达一百零九万五千元，此实为开展今后纺织业之巩固基础。

2. 贷款情况

滨海区 1942 年贷款情况是：（1）投资纺织业二百万元；（2）农业贷款：去秋种子贷款五十万元，计贷给一千五百七十五户；（3）渔民贷款一万元，贷给九十三户；（4）盐民贷款八万五千元，贷给一百九十九户。

银行在贷款中存在的问题和缺点有：（1）组织基本群众参加生产做得不够；（2）没有与群众取得密切联系；（3）事前没有进行深入调查组织工作，因之在分配贷款时仍然不够恰当。

1943 年 9 月 17 日《大众日报》，载《滨海专员公署召开县长联席会议总结半年施政工作》中介绍，滨海区1943年上半年的盐贷，上半年政府发放盐业贷款四十八万二千五百五十元，开垦盐田二千二百五十点七亩，一千一百三十三户、六千零七十一个盐民生活均有所寄托。政府现正设法低价供给盐民粮食，以改善其生活。

### 三、总行离开滨海后北海银行在滨海的情况

1945年6月，北海银行总行由滨海迁回鲁中。当时，滨海区没有银行机构，也未开展相关业务。9月，北海银行总行决定在莒南县大店镇重新建立北海银行滨海办事处，于国屏任主任。下设营业、会计、出纳三个股，分别由袁明秀、许洪三、黄守义任主管，共有十余名员工。

莒南大店

1946年2月，为了占领沿海经济重地，北海银行总行决定撤销滨海办事处，将原班人马迁往日照石臼所，改称北海银行石臼所办事处。

同年10月7日，北海银行滨海直属支行在莒南县洙边区东书院村成立（《临沂地区金融志》第74页记载为西书院村，待考证）。行长李文灏，副行长陈子未，下设业务股、秘书股、会计股、出纳股，袁明秀、谷树屏先后任业务股股长，许洪三、赵萍先后任会计股股长，出纳股长先是由陈子未兼任，后为孙晋灼。之后，滨海直属支行先后移驻莒南寺后、朱梅、桃花林、山底等村。

1947年夏，国民党军队进攻山东，滨海直属支行由山底村迁往竹庭县（今江苏省赣榆县）照半庄。

1948年7月，北海银行滨海直属支行改称北海银行鲁中南分行第六支行。

1949年11月，第六支行由照半庄迁到莒南县大店镇后，改称中国人民银行滨海分行。北海银行在滨海的活动从此结束。

## 第二节　北海银行总行在滨海的发展

### 一、北海银行总行机关的活动情况

1943年3月，北海银行总行由鲁中区迁到滨海区，驻莒南县峤山区何家店子村，滨海分行撤销，人员及业务并入总行，总行兼理滨海区的银行业务。

此时北海银行总行的行长（也有人称经理）仍由省战工会财政处处长艾楚南兼任，洒海秋任副行长（副经理）兼秘书主任，主持北海银行日常工作。

总行内部下设营业科、会计科、发行科，分别由王寅东、王子芹、王志成任科长。科以下设股，有营业股、会计股、发行股、汇兑股、收支股、鉴定股、稽核股、金库股、庶务股。整个机关共50余人，另有一个警卫连保卫机关和印钞厂。

同年夏季，北海币开始分区发行分区流通，票面加印区名。7月滨海专员公署发出布告，决定从7月21日起，停用法币。

何家店子村今属相邸镇，位于莒南县城东偏南约10公里处。据该村82岁的村民何会清介绍，当年北海银行驻在地主何西荣家里，位于村中心，约有五、六间房。该房屋早已不存在，原址现在已成为道路。记得洒海秋主任等人员都穿便服。他们村当年有7个人加入了北海银行，分别是何西生、何西鲁、何西江、何成健、何秀清、何成忠等。其中，何西生、何西鲁、何成健、何秀清参加南下。何秀清在印钞厂工作。何成健后来供

当年总行驻何家店子村旧址就在前排两屋之间

职于中国进出口外贸公司天津公司。

据何家店子村现任的村支部书记何元江介绍，他听人说过，当年银行驻的地方原来位于村子中心，银行来的时候抬了一筐金砖和金条，估计目的是显示银行资金雄厚，提高北海币信誉。

1943 年 8 月 12 日至 9 月 8 日，山东省临时参议会一届二次参议员大会先后在莒南县坊前村和日照县桑庄召开。大会通过了《山东省战时施政纲领》，决定将山东省战时工作推行委员会改称山东省战时行政委员会（以下简称省政委会）。选举黎玉等 11 人为省政委会委员，黎玉任主任委员。9 月 8 日宣誓就职。省政委会下设民政处、财政处、教育处、战时高级审判处、公安处、工商管理处、调查研究室和战时邮务总局。黎玉兼工商管理处处长。省政委会成立金融事业委员会，加强银行工作的领导，调整银行干部，发行一定数量的本币，增加各种生产贷款，加强对敌货币斗争。

同年 9 月，滨海工商管理总局成立，部分银行业务，如货币斗争、掌握货币政策、调控金融，外汇管理和收购生金银等，划归工商局。北海银行发行的北海币一半以上拨给工商管理局。北海银行莒南办事处及各县已建立的银行办事处撤销，金库移交给县府财政科，人员撤回。

如今的李家宅子村

1943 年 12 月，北海银行总行由何家店子迁驻李家宅子村。除中间因日军"扫荡"，短暂移驻过小山前、吴家庄子外，至 1945 年 6 月总行迁出滨海前，北海银行总行机关基本一直驻扎此村。

李家宅子村总行曾经驻扎的位置

　　李家宅子村属相邸镇，位于莒南县城以东 8 公里左右，在何家店子村北偏西方向。龙王河由村东北向西南流过，到离村最近的山——嵯峨山有十几公里。

　　李增赏，李家宅子村村民，1921 年出生，身体健康，年轻时曾在村里教书。据李增赏老人介绍，当年银行机关借住村民李增茂家的两间西屋里和李增茂的东邻李增恩家里，这里主要是行长办公室和监委，材料股住他家后面的李增木家里。记得一起来的人员有副行长洒海秋，监委左平，材料股长辛毅、王科长，负责后勤伙食的孙管理员，朱全斋分管材料，有两个女的王珂和小宋在后勤，还有一个叫李都玉的，不知道做什么工作。

与李家宅子村李增赏（左三）、李哲堂（左四）合影

　　李增赏的孙子李哲堂，李家宅子村村民，1975 年出生，为人热情，喜欢收集历史资料。据李哲堂听爷爷讲，李家宅子村的村民李增盛也参加了北海银行，负责运钞，后随北海银行走了。李哲堂的爷爷当年是民兵，晚上要去北海银行值班放哨、探听消息，后来跟北海银行一位姓刁的雕刻技师学习了雕刻技术。

　　李哲堂还介绍，听说左平很有文才，经常写东西。后来因路线问题离开了北海银行，有人曾看到他做起了小生意，在镇上卖牙膏粉。

左平（1915—1998年），山东省寿光市马店乡业家村人。1937年12月在山东省泰安县参加抗日游击队，1938年10月加入中国共产党，历任山东省宁阳县抗日政府秘书，山东西区人民抗日自卫团工作团团长、山东抗日纵队六支队指导员、组织股长、鲁西一分区后勤处政委、山东北海银行监委等职务。新中国成立后，在山东省劳动局、山东省人事厅、中央工商行政管理局工作，先后担任副处长、处长等职，1974年任商业部商管局、工商局召集人，1978年任国家工商行政管理局副局长、党组成员。

李哲堂还介绍了该村时任支部书记李森为保护北海币的牺牲经过：1944年秋天，日军"扫荡"时，北海银行全体转移，带不走的装备和北海币埋到了村子西边李春堂的麦场里，现在是村民李增惠家的老宅子。由于不放心埋藏的东西，10月2日（农历8月16日）那天，村书记李森潜回村庄查看埋藏的东西，查看完毕，返回途中，经过村中央的一条南北向干沟，当时鬼子在村东边的打鱼岭上，正瞄准由干沟上来的一位农民，那位农民发现鬼子瞄准他，即刻猫腰跑了，此时恰巧李森由沟底上来，不幸被鬼子击中而牺牲。

1944年7月以后，滨海、鲁中、鲁南三区印制的带地名券北海币开始统一发行、自由流通，之后三区逐步统一印制山东版北海币。

此期间北海银行的主要任务是印发北海币支援战争，支持工商局，发放农业、手工业和商业贷款，配合工商局进行货币斗争，经过一年的共同努力，北海币完全占领了滨海根据地市场。

## 二、货币发行工作

北海银行总行在滨海期间，印制发行的北海币有贰角伍分、伍角、壹元、贰元、伍元、拾元、伍拾元、壹佰元、贰佰元等，大小版别合计约60余种。其中分区发行分区流通期间，印制过带有"滨海"字样的伍角、拾元（分蓝红两个版别）、伍拾元券北海币，另外，还先后为鲁南支行、分行代印过伍元、拾元、伍拾元券北海币。

很多人都认为，带有"滨海"字样的北海币就是滨海分行发行的，其

**1943 年滨海伍角券〔正、背〕**

实不然，因为北海币开始实行分区发行分区流通时，滨海分行早已并入总行。北海币上的"滨海"是指限定在滨海区内流通。

附图中华民国三十二年北海银行"滨海"字样伍拾元券，因票背面上方有一行手写字"1944. 6. 战邮总局奖励"，而具有特殊意义。当时根据地奖励物质的多，奖励现金的少，尤其是大额现金。当时伍拾元是最大的钞票（民国三十二年壹佰元北海币，是 1944 年底发行的），能买 20 斤小麦，相当于一个教师十天的工资，可谓奖励不少。受奖者一定是有重大贡献，才会享受这样的奖励。战邮总局全称是"山东战邮总局"。该币目前存于山东战邮纪念馆。

从北海银行的货币发行计划看，1943 年下半年计划发行 6 000 万元，1944 年上半年计划发行也是 6 000 万元。看来当时银行的发行计划是以半

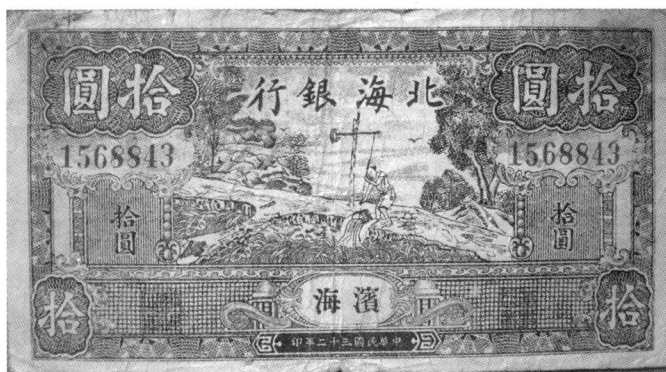

民国三十二年滨海蓝版拾元券（正、背）

年为计算周期。

　　但是从北海币的实际发行量来看，1943 年总行及各分行北海币实际发行总额为 7 984.7 万元，1944 年发行 3.87 亿元，1945 年的发行量则达到 15.5 亿元。

　　自总行开始发行北海币起，到 1945 年全省统一发行北海币，除分区发行分区流通期间，总行、鲁中、滨海、鲁南基本上是发行同版北海币，发行的北海币三区自由流通。

　　1943 年 9 月以后，北海币的发行，通过部队及政策财政开支发出的占比不足 50%，一半以上的北海币是投向工商局，由工商局进行直接投资或是发放各种贷款。进入流通后的北海币最后通过税收、收贷、抛售物质、投资收益等途径收回，从而完成一个货币流转周期。

民国三十二年滨海伍拾元券（正、背）

民国三十三年滨海红版拾元券（正、背）

附

# 中共山东分局关于银行工作的决定

## （1943 年 9 月 23 日）

甲、本币发行数，决定胶东、滨海各发行六千万元，鲁中四千万元，清河三千万元，鲁南一千万元（总行代印）。该发行数连前发行数在内，一般流通量暂以不超过根据地每人三十元为标准，如发行数需要增加时，应先说明理由，报请分局批准。以上数目限于明年上半年完成。备分支行应大量购置材料，做好完成任务之准备。

乙、暂决定胶东分行拨工商局三千万元，滨海、清河两行各拨二千万元，鲁中拨一千五百万元，鲁南拨五百万元。该款包括过去各分支行投资于工商等款在内（已移交工商局者），但须拨给部分现款。

丙、各地区发行之本币，应以百分之五十投资到工商局，作统制物质、调剂外汇用，其余百分之五十作农贷及其他临时之用。各地接电后，即将过去各种贷款及投资彻底整理，按期收回，以加强资本之周转。其有损失或不能收回者，须经财委会审查后报销，并将办理经过、分配情形、报销数目在一个月内报告本会。

丁、过去财政机关借用银行之款，应在财政收入中逐渐归还。今后财政及供给机关，不能随便借用银行之款，各分支行不经过分局财委会或者总行之批准，亦不得擅自向外借支。至临时性少数急需，须经各区党委之批准。

戊、为加强银行工作之领导与开展对敌金融斗争，在省政委会领导下成立金融事业委员会，作金融事业之设计、策划机关。各地区亦可延聘专家，作工作上之指导。

（录自山东省档案馆中共山东分局档案）

### 三、货币政策的调整

1942年底，日军开始向山东根据地大规模进攻，根据地范围逐渐缩小。1943年初，形势更趋严峻，根据地各大区被军事分割，彼此缺乏紧密联系，经贸往来几乎中断，加上各地经济发展水平高低不一，物质存量多寡不一，北海币印发数量不一，导致北海币比值不一，地区间相差两三倍。商人利用差额，从币值低的地方套取北海币，拿到币值高的地方使用，以牟取暴利。有鉴于此，1943年夏，北海币改为分区发行分区流通，票面加印区名。

1943年秋，山东战时工作推行委员会决定以鲁中、滨海、鲁南名义发行北海币。胶东区情况特殊。因假币泛滥，为了反假，1943年1月，胶东区便开始实行限区流通。参见胶东的《北海支行一九四三年一月份工作报告》。这仅仅是个案，不具有普遍性，与后来各大区因币值不一而限区流通性质不同。

1945年上半年，随着抗战不断取得胜利，解放区逐步扩大，交通逐渐恢复，各大战区彼此联系密切，贸易畅通，各根据地北海币币值逐渐趋于一致，8月1日，山东战时行政委员会通令，自即日起，全省各地发行的北海币不分地区等价统一流通。

但是，滨海、鲁中、鲁南三大区并不是1945年才取消限区发行限区流通的货币政策。1944年8月5日，黎玉在滨海、鲁中、鲁南工商管理工作会议上的总结中谈到：由于滨海、鲁中、鲁南三区地域扩大，经济联系日益密切，本币比值几已完全一致，要求取消本币分区发行制度，以利物资交流。

1945年6月，薛暮桥在全省工商工作会议上的报告《工商管理工作的方针与政策》"斗争策略的检讨"一节中说："去年七月以后滨海、鲁中、鲁南三地本币统一发行，自由流通，到今一年并未发生什么问题，这是一个证明。"

由此可以看出，自1944年7月以后，滨海、鲁中、鲁南三区印制的带地名券北海币开始统一发行、自由流通，之后三区逐步统一印制山东版北海币。三区印制山东版北海币的时间大约在当年秋冬之季。

山东各根据地，滨海、鲁中、鲁南三区最早实现统一发行和统一流通，而胶东区最晚。滨海、鲁中、鲁南三区从限区发行限区流通到再统一发行统一流通历时一年。这短短的一年，却给北海币系列增添了不少耀眼的品种。

### 四、配合工商局开展货币斗争

1943 年的货币斗争。针对日伪向根据地倾销和大量伪造法币，盗买物质，破坏金融之阴谋，1943 年 7 月 9 日，滨海专员公署发布布告，决定从即日起，粮食市场一律不准使用法币，自 7 月 20 日起，停止法币在市面流通。规定："7 月 21 日至 8 月 10 日为总兑换期。7 月 21 日至 31 日为第一兑换期，法币一元兑北海币一元；从 8 月 1 日至 10 日为第二兑换期，法币二元兑北海币一元；自 8 月 11 日起查出用法币者概予没收。"

自 1943 年 9 月，滨海工商管理局成立之后，货币斗争的主要任务落在了工商管理局的肩上，银行只是配合工商管理局进行货币斗争。

薛暮桥 1944 年 3 月在《滨海区半年来的货币斗争》报告中指出：

滨海区的货币斗争，在山东分局和省政委会的直接领导下，经过滨海专员公署，特别是工商管理局半年来的努力，已经获得了很大的胜利。这胜利获得的经过情形如下。

滨海区的货币斗争是从 1943 年 7 月专员公署布告停用法币开始。这时期的货币斗争主要依靠政府行政力量和群众团体的帮助，在艰苦斗争中缓缓进展着，获得了初步的胜利，这可以说是货币斗争的第一时期。到 1943 年 9 月工商管理局成立，10 月间开始展开全面性的对敌经济斗争，于是货币斗争得到了巨大的经济力量的支持，顺利开展，获得了更显著的成绩，这可以说是货币斗争的第二时期。

滨海区自从前年货币斗争失败以来，法币充斥市场，物价步步上涨，政府虽曾下令法币贬值（法币贰元折合本币壹元），但实际上本币仍与法币等价使用，即政府收支亦非例外。当时大家看到停用法币已是势在必行，但被过去失败的经验所困扰着，感到没有胜利把握。因此大家对于滨海专员公署所作停用法币决定意见分歧，缺乏必要的信心和决心，后来经过几次讨论，检讨了过去失败的原因，认为停用法币的客观条件已经成熟，只要步伐一致，且能把握市场规律，胜利已有保证。于是决心停用法币，动员公营商店、交易所、合作社首先拒绝接受法币，或者折价使用，粮食市场禁止法币交易，这样造成停用法币的有利形势。

7月初专员公署布告于7月21日起停用法币，并号召群众迅速排挤法币，或向银行兑换，这时法币信用开始动摇，部分地区自动贬值至8折7折，机关、部队所存法币亦开始向外排挤。但有些机关就在根据地内排挤法币，购存物资，引起物价飞涨，甚至有用法币发给菜金零用，向干部及战士手中排挤者。因此山东分局与军区立即发出指示与训令，责令各机关收集干部战士所存法币，限7月20日前向银行兑换本币。因此停用法币以后，干部战士违禁使用法币的事尚少。

停用法币开始时候，法币市价各地不同，有7折8折的，也有仍与本币等价交换的。专员公署决定宣布7折兑换，兑出兑入价格一律，且无任何限制。开始时候法币兑入并不踊跃，且有兑出超过兑入者。但以后物价开始下落，法币兑入渐多，到8月3日专员公署宣布6折兑换，形势又见逆转。后虽渐见好转，但兑出总数仍然超过兑入，所以到8月10日兑换期满时候，我们的货币斗争虽已获得初步胜利，如停用法币和法币贬值的成功，物价跌落20%~40%，但这胜利还是不巩固的。

8月10日以后，临时兑换机关撤销，银行因为缺乏干部及兑换基金，且对调剂外汇信心不够，经常兑换机关未能及时建立起来，因此根据地的周围黑市流行，兑换比值参差不齐，幸赖政府和群众继续查禁法币流通，和滨海区对外贸易的出超，这胜利的果实得以继续保持下来。到9月中旬工商管理局成立时候，东面法币黑市已自6折涨至7折8折，甚至有与本币等价交换者。但西面由于食盐大量输出，却反自动降为5折。

第二时期工商管理局开始建立兑换机关，按照市况决定法币东面6折，西面5折，伪钞肆元伍角。同时统制食盐，即以输出食盐换取法币，并以输出生米、生油换取伪钞，支持货币斗争。开始兑换时候我们还怕外汇不够，所以规定几种重要物资输出必须登记外汇，兑出亦有严格限制。但不久就由事实证明：滨海区的对外贸易有着大量出超，吸收外汇，尤其吸收法币是并不困难的。到去年年底，我们竟因法币太多而不得不宣布停兑法币了。

从 9 月以后本币比值就步步上涨，法币伪钞则越跌越低，12 月初伪钞且曾一度狂跌，直达本币五角，但两三天以后就渐复原状，各种物价亦继续跌落，尤以土产跌价最多。在这时期我们曾一度采取通货紧缩政策，加速物价下落。但物价跌落过速，尤其是土产跌价，远过外来洋货，这对我们并不完全有利。所以不久就停止紧缩通货，注意到物价的稳定。故在新年以后，物价稍稍回涨。

滨海货币斗争的胜利范围逐渐扩大，像新开辟的北山区三个县，政府和群众团体均不健全，工商管理工作亦未完整建立起来，但 11 月间决定停用法币，这工作竟在短时期内顺利完成了。鲁中、鲁南因为运盐关系，大批"山东"字（样）的旧北海票流入滨海，因此鲁中本币自从 10 月起，也竟不管敌人"扫荡"自动涨价，法币比值 4 个月内竟从 8 折、6 折跌至 4 折、3 折、2 折，伪钞亦从五元跌至二元、一元五角。鲁南到今年 2 月也部分地完成了停用法币和法币贬值的工作（法币降至 2 折）。

从货币斗争的胜利中，我们得到了些什么果实呢？

第一，我们胜利完成了停用法币的工作，完全消灭了由于法币膨胀所造成的经济危机。过去市场流通着的几千万元法币差不多已全部排挤出去，换回人民所需要的各种物资。本币已经成为市场上的唯一流通工具，它的流通范围且已逐渐扩张到游击区和敌占区，敌占区的人民纷纷储藏本币。因此本币流通数量虽然增加两倍，仍是供不应求。

第二，本币的比值是提高了。去年停用法币以前本币实际上与法币等价交换，到 12 月，本币一元已能兑换法币五元。本币与伪钞的比值，也从本币七、八元换一元伪钞涨至本币一元五角换一元伪钞。兹将逐月币值变化列表如下：

|  | 七月 | 八月 | 九月 | 十月 | 十一月 | 十二月 |
|---|---|---|---|---|---|---|
| 法币 | 1.00 | 0.80 | 0.50 | 0.40 | 0.30 | 0.20 |
| 伪钞 | 8.00 | 7.00 | 4.50 | 3.00 | 2.00 | 1.50 |

第三，跟着币值的上涨而达到一般物价的跌落。自从停用法币以来，四个月内各种物价平均跌落一半，去年伪钞物价约增一倍，法币物价约增二倍，只有本币物价改变了抗战几年来的规律，反而日渐跌落。兹将各区物价指数列表如下：

|  | 七月 | | 十二月 | |
|---|---|---|---|---|
|  | 价格 | 基数 | 价格 | 指数 |
| 小麦 | 4.00 元 | 100 | 1.50 元 | 37.50 |
| 高粱 | 4.50 元 | 100 | 1.20 元 | 26.66 |
| 棉花 | 48.00 元 | 100 | 11.00 元 | 22.92 |
| 土布 | 320 元 | 100 | 180 元 | 56.25 |
| 洋布 | 1 700 元 | 100 | 1250 元 | 73.52 |
| 食盐 | 40.00 元 | 100 | 40.00 元 | 100.00 |
| 生油 | 13.50 元 | 100 | 2.80 元 | 20.74 |
| 披猪 | 16.00 元 | 100 | 4.00 元 | 25.00 |

第四，停用法币的结果，使我们能够更有力地管理对外贸易，保护重要物资，保证各种必需品的输入。我们掌握外汇，同时也就掌握了对外贸易。敌人和敌区商人再不能用法币来换取我们的粮食和其他物资，他们为获得食盐、生油等类物品，不得不搜罗我们所需要的东西，甚至军工原料来作交换。连日商洋行也派代表与我方交涉，询问我们愿要什么物品交换生米、小麦等。

第五，货币斗争和贸易斗争的胜利，使我们有可能来减轻财政开支，保证财政供给。在物价的下落中，除少数投机商人亏损外，大多数人民，特别是贫苦人民的生活是逐渐改善了。在这方面我们还有许多工作上的缺点，这要留待下面来讲。

我们怎样能够获得这种胜利的呢？首先而且极重要的原因，是客观条件大有利于我们货币斗争。如抗战形势的日益好转，根据地的巩固和扩大，反共军入鲁的失败，因此伪钞开始动摇，法币更已临近崩溃境地，本币成为唯一可靠的交换储藏手段。如滨海区贸易上的大量出超，特别是食盐的大量输出，成为我们货币斗争的极有力的支持。如粮食丰收和自足自给生产建设的初步成功，使我们在对外贸易上能取得主动地位。这些客观条件，是我们的货币斗争胜利的充分保证。

　　但有了很好的客观条件，如果没有主观上的努力，我们的胜利还是不能自己降临的。如果我们不下决心停用法币，不能掌握外汇和对外贸易，那么贸易上的大量出超，反会促成法币的大量流入，加速通货膨胀和物价高涨。清河区去年货币斗争的失败经验，完全可以证明这点。那么所谓主观上的努力，究竟是指什么呢？

　　我们货币斗争能否胜利，主要取决于我们是否善于利用我们所具备的一切力量。所谓一切力量，有两方面：一方面是政治力量，这里包括政府的力量和群众的力量。政府颁布法令停用法币，严禁法币伪钞流通，实行重要物资输出入的统制，严禁违法走私。群众团体动员群众排挤法币，协助政府查禁黑市，缉拿走私，拥护政府颁布的一切经济法令。没有这种政治力量，或者有了这种政治力量而不善于运用，货币斗争决不可能获得胜利。

　　另一方面是经济力量，如银行、工商管理局及公营商店、交易所、合作社，通过它们来调剂外汇，管理贸易，平抑物价。其中管理外汇、统制对外贸易、掌握重要物资是货币斗争的最重要的武器。过去山东各地货币斗争因为未能充分利用经济力量，所以除胶东因客观条件特别好，且能掌握市场规律获得成功外，其他地区均无多大效果，滨海货币斗争的第一时期特别艰苦。但到第二时期，由于工商管理局成立，能够充分利用这些经济力量，斗争的局面就顺利开展了。

　　有了政治力量和经济力量，还要善于运用。所谓善于运用，就是要能善于掌握规律，并有统一领导。市场供求，币值涨落，物价变化均有一定规律。而××货币、贸易、生产三种斗争，又均互相依存，必须相辅发展。我们的斗争策略，一定要与客观发展规律一致，但又并不是完全受客观条件所束缚，要能善于利用各种有利条件，并以一个斗争的胜利，为另一个斗争创造出各种有利条件来。所以必须多多调查研究，接受先进地区的斗争经验。粗枝大叶，自以为是，是难免不失败的。同时建立工商管理局来统一领导对敌经济斗争，也是争取胜利的极重要的保证。

滨海区的货币斗争，便因为善于利用政治力量和经济力量而获得了显著的胜利。货币斗争的胜利，没有足够地减轻我们的财政经济上的困难，也没有足够地改善人民的生活和刺激生产贸易的发展，相反地在个别部门还造成了一些不利的影响。在过去半年中，除挽救了法币膨胀所造成的经济危机，并对对敌经济斗争造成有利形势之外，它对改善国计民生的实际效果还是不大的，这些缺点的具体表现为以下几个方面。

第一，在货币斗争开始时，我们虽然也曾预期着币值的上涨和物价的下落，但没有预料到变化得这样快。许多干部怵于过去货币斗争失败的经验，胜利信心不高，因此工作上的准备非常不够，造成许多不必要的损失。如1943年秋季田赋改征粮食，以及其他物资大量囤积，未能及时出售，致在物价跌落中，政府银行和工商管理局损失千余万元。假使我们早准备着物价的迅速跌落，这些财政上的损失是大部分可以避免的。

第二，物价跌落得不平衡，粮食价格跌落太大，工业物品特别是布价跌落太小，造成了政府和根据地人民的损失。因为这时政府和人民都需要出售粮食购置棉衣，这种物价的"剪刀差"于我们是非常不利的。这虽然主要由于去年粮食丰收和纺织生产发展不够，不能自给，但工商管理局的未能及时调整，掌握物价，也为重要原因。后来虽然设法抑低棉价，促使布价下落，但时间太迟，效果不大。

第三，在物价跌落中，对贸易和生产的照顾不够，使商业受到打击，生产发展也多少受些影响。因为工商管理局刚刚成立，机构还不健全，只有力量掌握输出入的某些重要物资，对于一般商品的供求调剂，物价平衡还是无力过问。因此有些物价跌落过急，甚至时落时涨。这虽打击了投机商业，但也妨害了正当贸易，许多合作社也因此亏本了，生产发展如打油等也受到影响。纺织业的影响不大，原因是棉价跌落大于线价，线价跌落大于布价，故仍有利可图。食盐生产则因食盐统制，盐价稳定而大大地发展了。这证明只要我们能够有计划地掌握物价，币值的上涨和物价的下落，对于生产发展是可能仍有帮助的。

第四，对抗日邻区的照顾还嫌不够。自从法币停用以后，鲁中、鲁南的"山东"字样旧北海票大量流入滨海，这固然造成了鲁中、鲁南提高本币比值的有利条件，但这不是有意识的帮助，而是意外收获。由于本币限地使用，而滨海与鲁中、鲁南间本币的汇兑关系又未能及时建立起来（这是双方都要负责的），使各根据地间的贸易受到阻碍，可能因此降低了鲁中、鲁南本币在人民中的信仰。华中淮海区同样由于我们拒绝法币，购运食盐发生困难，而受到了相当大的损失。这是今后必须设法挽救的。

最后，我们现在的本位币制，从开始发行就同金银脱离关系，同其他货币也未保持一定联系，因此它的价格毫无标准，涨落均无限制。但币值的涨落，会使雇主与雇工，店东与店员，债权人与债务人，收税者（政府）与纳税者（人民）……间财产关系发生不合理的变化，因而引起许多纠纷。为着稳定币值物价，我们应使本位币与金价或若干重要物资的价格保持一定的联系，并尽可能求得山东各根据地本币价格的逐渐统一。这一点也是值得我们来研究和促进其实现的。

关于1944年的货币斗争：

第一，1943年春季山东各根据地停法排伪工作胜利完成，本币已成市场上的唯一工具。本币发行数额一年间自二万万元增至六万万元，但因流通范围扩大，仍感不足。现按根据地人口一千五百万计，每人平均仅四十元，至少须达每人五十元，始够流通需要。

第二，去年根据地物价普遍跌落，滨海、鲁中均跌百分之二十，粮食跌价一半（近已上涨），棉花涨价一倍。其他物价鲁南、渤海因开始停法，物价均跌一倍上下，均较稳定。同年联币物价涨七倍半，储币（苏鲁边）物价涨九倍半，因此外汇比值发生巨大变化，联币一年前合本币一元四角，现合一角至一角五分，储币自二、三角跌至二、三分（滨海、鲁中、鲁南一致，胶东、渤海部分地区相同）。

第三，货币斗争胜利原因，除军事政治上之胜利外，主要由于对外贸易出超及我掌握重要输出物资支持货币斗争。此外，对敌经济斗争统一领导，掌握市场规律，灵活调剂外汇，也为保证胜利的重要条件。这些工作做不好的地区所得胜利较少，如胶东、渤海客观条件均好，但因主观领导薄弱，成绩较差。

第四，本币印刷力量不能满足市场需要，造成工作中之许多困难及政府与人民的巨大损失。如渤海、冀鲁边及鲁南运河区，均因缺乏本币未能及早停法排伪；有些边沿区在停法排伪成功后，因缺乏本币，仍被法伪侵占，或因强制没收法伪引起人民反感，并因本币不足政府调剂，引起秋冬时期布贵粮贱严重困难；尤在交纳田赋时期，本币缺乏，粮价狂跌，人民负担几增一倍。

第五，过去所发本币，工商管理局基金及借款共三万万四千万元，农贷一万万五千万元（一万万元今春发出），余为银行购存物资及各种借款。今年准备增发四万万元，连前共十万万元，除以半数充工商管理局资金及人民生产借款外，准备大量购存物资以作反攻准备。资金多了用于调剂物资、稳定物价，对政府及人民均有极大利益。

第六，滨海、鲁中、鲁南三根据地已经连成一片，为方便物资流通，三地本币已经做到统一发行，自由流通，实行半年尚无问题。但应于领导上逐渐统一，否则，货币涨落不齐，容易引起货币投机，使我方受到巨大损失。胶东、渤海币值稍低，交通也不方便，还是分区发行。今后拟提高两地币值，求得全省币值一致，逐渐达到全省货币的统一。

第七，与华中及湖西贸易来往，因币制不同，颇感困难，妨碍物资交流。近与湖西对贸易问题意见冲突，对人民的印象不好，今后需要加强工作联系，会谈解决贸易上之具体问题。希中央对此问题能有明确指示，并交换各地区的斗争经验。

**五、其他业务**

自工商管理局成立后，银行的大部分业务划归工商管理局，代理金库划归地方财政，仅保留存款及汇兑业务。

1. 存贷款业务

从 1943 年始，北海银行开展企业存款业务，主要存款户是根据地政府兴办的公营企业，存款方式采用往来透支办法，利息实行日息制度，公营企业存款日息 1 毫，民营企业存款日息 2 毫。抗日战争胜利后，北海银行进入部分中小城市，逐渐以吸收存款开展城市业务，除定期存款、活期存款外，还有特种活期存款、暂时存款、通知存款等。1943 年春耕贷款150 万元。1943 年下半年计划发放贷款 3 000 万元。

2. 滨海开展汇兑便利盐业运销

建立汇兑制度。一般由边远的内地到达沿海，中途经过许多敌伪据点，盐商携款是没有保证的，因此，在盐运上建立汇兑制度是十分必要的，应在滨海一带设汇兑局，在各县设分局。盐商在当地交款起汇票直接到海上装运，各地分局再向总局解款，汇兑可酌收千分之五或百分之一的汇费。这个汇兑办法不仅适用于盐业上，而且货物的买卖运输上都适用，如果能确实建立起来，对于贸易方面是有很大帮助的。

**滨海区军民开展生产建设运动**

3. 滨北开展大生产运动发放贷款

据 1944 年 1 月 10 日《大众日报》报道：（新华社山东分社滨海九日电）滨北行署为准备今年大规模生产运动，顷发放农业贷款一百七十万元，纺织贷款三十万元。莒县县府接到此项贷款后，于上月（十二月）二十三日召开党政军民干部联席会，成立县生产委员会，县长王更生、政委刘特夫分任正副主任，当场决定：

（1）各区立即成立生产委员会，逐渐推动成立村生产委员会。

（2）贷款对象：农贷以有生产能力而缺乏资金的中农贫农为主，贷款应用于购买种子、耕牛、农具、肥料，及兴修水利开荒等，每户贷给二百元至五百元，纺贷每个纺车贷给五十元至一百元，织机一张贷给八百元至一千五百元，农贷月息五厘，纺贷月息六厘，抗属有优先权，主力抗属无利息。

4. 滨海专员公署发出 1945 年贷款指示

据 1945 年 2 月 25 日《大众日报》报道：（滨海讯）专员公署对今年农贷及种棉问题发出指示，关于农贷，全区规定为两千万元，以五百万元专作种棉贷款，一千五百万元作一般农贷。计分配一行署四百万元，二行署四百万元，三行署六百万元，余一百万元暂留专员公署临时机动。

贷款对象，必须保证贷到中农以下的贫苦群众，每户贷款数目至少不得少于五十元，切实防止平均使用，凡贫苦抗属与变工组织均有贷款优先权，并规定贫苦抗属每户以二百元为贷款数目的标准。

贷款用途，只要是用在农业生产上，不论其本身如何具体使用均可。但在各县分配的总数中；要负责解决下列问题：如一行署的养蚕贷款，三行署的渔业贷款，及全部抗属生产贷款，均在总数以内。

贷款时间，争取在旧历三月底以前，全部贷到群众手里。手续，以一村为单位，填写贷款名单，载明全村总数，分户贷款数目，由村长与农救会长负责担保盖章，经县区负责审查发款后，由县政府负责保存，各村也同时留底，并向群众公布。

贷款发放手续，由各行署按总数至专员公署领取分配至县，各村群众办好手续后，由全村统一负责至县府领取。

至于旧贷款的处理，指示中说道：1944 年所发贷款因贷币物价变动，粮贱牛贱，决定暂缓一年再收，以村为单位把旧贷款转为今年新贷款，转期以前利息一律免缴，如群众有愿缴者即可收回，但仍由各县负责作为新款贷出，如旧贷中有贷款不合适者，也可斟酌收回。

5. 检查农贷整理变工

据 1945 年 3 月 15 日《大众日报》报道：（日照讯）大坡庄在县各救会直接帮助下，正着手大生产。

（1）在第一次思想动员和整理组织中，未把思想动员和贷款、组织变工的具体工作密切结合，致使在贷款中发生了偏差。

（2）关于贷款和养牛：在准备春耕中，农救会里就有七个小组提出集股合伙养牛的问题，有的组已集款一千二百元；贷款前，召开小组长会议，根据各变工组的地亩、牛力和已集股多少，确定了贷款数目。如韩敬奎组最穷，没牛力，就贷给两千元，计有八个组共买八头牛，实行伙养牛的办法。同时召开了抗属座谈会，全庄十九户抗属有十一户贷款，贷或不贷都是自己提出讨论决定的。韩敬奎的娘因为参加变工组能解决困难，自愿不贷。共有十四户抗属参加了变工组。除政府贷款外，农救会又把去年集体生产的花生所卖得的一千二百元贷出，解决变工组的农具困难，群众十分高兴。又因为本村运输队也很活跃，为照顾今后副业发展，充分使用变工后的剩余劳动力，又分出一小部分贷款解决了群众缺小车的困难。

（3）变工组的恢复和整理。现全庄已恢复了七个组，新成立了七个组，自从成立变工组后，农救会里有十一个小组的成员根据群众的意愿，逐渐和变工组一致了。

### 六、总行印钞厂迁驻滨海区

1943 年 3 月，北海银行总行印钞厂由沂南县万粮庄村迁到莒南县岠山区北杨家圈村，滨海分行印钞所并入总行印钞厂。厂长任子敏，副厂长李维恭，指导员许杰，有印钞机 20 余部，职工 50 多人，借用闲置民房五、六间作为厂房。

此时根据地已经奉命停用法币，北海币需求量急剧增加，印钞厂夜以继日地印制北海币，有力地支持了根据地的"排法"斗争。

北杨家圈村在李家宅子村北数里处，两村今均属莒南县相邸镇，位于莒南县城以东约十公里左右，附近山势连绵，龙王河由村东北向西南流过。1958 年兴修水库，全村搬迁到现在的地方，1960 年水库建成蓄水，原来的北杨家圈村如今已沉睡在水库下面。

1944 年秋，日军大规模"扫荡"滨海根据地，印钞厂被迫分散，分别迁驻小沈家扁山村和石泉湖等村。

小沈家扁山村，位于莒南县城正北约五、六公里处，四面环山，鸡龙河由村东南向西南方向流过。"扁"字原有"山"字旁，是清末民初文人乱造之字，现简化均写作"扁"。

**当年的北杨家圈村于 1960 年沉入水库底**

**如今的小沈家扁山村**

石泉湖村，位于莒南县城北偏东五、六公里处，北靠虎山，村西有西山，南有九顶莲花山。据莒南县史志办李祥琨介绍，因村北面的山形似老虎，原名叫虎山前。清道光咸丰年间，莒县知县途经此处，问村民此为何村，村民答不知，知县遂因山上石多，且有泉水，取其名为石泉湖村。

**如今的石泉湖村**

石泉湖村在李义丰的带领下，曾创造出辉煌的历史。李义丰（1911—1968年），莒南县石泉湖村人，全国农业劳动模范。出身贫苦，1942年加入中国共产党，任村农救会会长。1944年，任村各界救国联合会会长。翌年任村支部书记。曾带领民工支援甲子山区反顽斗争和孟良崮战役。从1943年起，带头组织变工组，坚持走"组织起来，发展生产"的道路。石泉湖村当时28户人家，只有300亩贫瘠的山丘梯田，丰收年景亩产不过65公斤。他提出"全村人合伙起来，治山养山吃山"的建议，联合全村7个互助组于1944年建起山东省第一座水库，结束了全村人畜用水难的历史。1959年，中共山东省委第一书记舒同在视察时称该水库为"山东水库之母"，并题词称该村为"山区水利建设的典范"。

李全学，石泉湖村人，1933年出生，抗日战争时期在村里参加了儿童团。据他回忆，北海银行印钞厂1944年迁入该村，厂长田杰，书记徐杰（实际是指导员），职员20余人，所有人员均穿军服。厂址设在村西北的村民李义红家三间堂屋里，李义红全家住锅屋，即农村院落做饭用的偏房。解放后政府将李义红家迁往外地富裕村，其原置后分给村民李全宝，现在旧屋已拆。附图围墙为原村庄北围子，印钞厂就在围墙内的房屋附近。印钞厂在此处先后共印了壹元、伍元、拾元等面额的北海币。

情况危急时将北海币藏至村北的虎山巨石底下的洞中。1945 年春天印钞厂迁走。

**石泉湖村原印钞厂所在位置**

据李全学回忆，当年印钞厂在村里还发生过一件大事。印钞厂搬到村里大约过了半年时间，内部一名工人盗窃了印好的北海币外逃，部队将全村包围，逐户排查。后在一处房屋边的柴垛里发现了被盗的北海币，确认是监守自盗。没过多久，该人被抓获，后公审枪决。事后，上级带了猪肉和酒来到村里，把全村村民召集起来，摆了二十几桌酒席，慰问全体村民。关于此事的具体细节，也有不同的说法，据当年村书记的儿子说，他听父亲讲过，当年查出盗窃者以后，领导通知其去外地开会，在路上直接宣布罪状后枪决。

1945 年春，印钞厂又迁回北杨家圈村。5 月，日军"扫荡"十字路、朱家洼子、演马庄、大店等村镇，总行印钞厂厂房被日军焚毁，埋藏的半成品北海币被日军搜出，部分半成品北海币被日军焚毁，另有大量半成品北海币被抛撒在大街上，村民捡拾者众多。"扫荡"过后，八路军挨户清点收回半成品北海币。

杨贵年，北杨家圈村村民，1940 年出生，当年北杨家圈约有三十几户人家，他家住北海银行印钞厂后面。据杨贵年回忆，当年五、六岁的他常去印钞厂田厂长那里玩，田厂长经常给他馒头吃，那个年代，普通农家孩子能吃上馒头很不容易。印钞厂设在杨英年、纪永贵家的五、六间闲屋里，院里有井，工作人员穿便服，印钞厂白天没有动静，晚上干活。

据北杨家圈村91岁的村民杨可年说，银行驻过两次，驻在杨伯信、纪永贵、杨修年家的闲屋里。另一位95岁的村民杨久龄说，印钞厂约十几个人，机器安在五、六间屋里，有个任厂长。据其他村民说，中间鬼子"扫荡"，印钞厂曾搬到柳沟。

另据李家宅子村民李哲堂介绍，他听老人说，当年北杨家圈村在地图上没有标示，日军是在"扫荡"中无意发现北杨家圈村的。

1945年6月，在日军投降前的反攻阶段，印钞厂随总行迁往鲁中，北海银行在滨海的印钞活动至此结束。

北海银行总行和印钞厂迁回鲁中后，和鲁中分行、鲁中印钞厂合并，又组成总行印钞厂。滨海银行改为支行，印钞厂留下一部分改称滨海分厂。

### 七、总行印钞厂的大合并

1946年6月，滨海、鲁南两厂与鲁中厂合并。北海银行总行发行科改为印钞总厂，并编制鲁中的为印钞一厂，胶东的为印钞二厂，渤海的为印钞三厂。在经营方针上仍然采取统一领导，分散经营。翌年秋季，又恢复发行科，统一领导各厂。

1946年底，华中印钞厂撤至山东。林立《北海银行印钞厂凸版厂历史经过》中介绍：

这年9月5日开始北上，凸版厂（即原华中印钞厂）共280人，加上老弱人员50余人，并有机器材料共20余万斤，行走十分艰难。到阴平换车时，北海银行总行已先派干部到该地交涉了160余辆大车，经过3昼夜行军运转，越过陇海路进入山东境内鲁南的郯城县褚墩镇（今属临沂市罗庄区），在该地停滞了两个多星期，才由支前委员会拨足车辆，经过5天路程，到达最后目的地——滨海区莒南县的涝坡区西店头村。进入西店头村后，找到的厂址是一个破庙，共计10多间房子，仅能供一部分轻工部门之用，其余工房都要全部重建。这时正是天寒地冻的时候，但全体职工积极参加建筑工作，不怕冷，不怕累，不到一个月，就建成了100多间房子。

到庆祝新年时，西店头庙里已亮起了电灯。

1947年1月工厂全部复工，其时华中和山东的敌人正疯狂地向根据地进攻。原留在华中坚持工作的二、三厂及总管理处全部撤来山东，正找厂址的时候，山东情况又告紧张，敌人已占领临沂城，并向东占领莒县夏庄，这里原驻在附近的郝鹏举部又叛变，莒南地区处于动荡危急境地。因而决定凹版厂转移到鲁中山东省政府中心地区设厂，凸版厂留在西店头村坚持工作，但随后也转移了。

迁至李家营时因该地机关住得太挤，又决定到北庄附近另找厂址，又因运输上的困难，由北海银行总行将驻地让给工厂。4月回到李家营设厂，凸版厂设于王路庄。那时敌机不断轮番轰炸，每天有一半时间是应付防空的。不到一个月，鲁中情况又告紧急，敌人进攻离沂水城只有20多里。上级决定暂时停止工作，将一切机器材料能运走的尽量运走，不能运走的就地掩埋。5月中旬，工作人员全部转移到了北庄。

华中印钞厂于1947年3月与山东（鲁中）印钞厂正式合并，华中发行局则与山东发行科合并为北海银行发行局。并编制印钞一厂（凹版）、二厂（凸版）、三厂（胶版）、四厂（造纸）及胶东、渤海两厂。1947年底，取消总管理处，各厂统一由发行局领导。

1948年，全国解放前夕，总行鉴于印钞厂分布在鲁中、鲁南、滨海等地，运输管理不便，且产量低，用人多，成本高等原因，决定在临朐合并。合并后，分为3个印钞厂。即凹版厂为第一厂，平版厂为第二厂，胶版厂为第三厂。印钞厂合并后，生产恢复正常，每日印刷20亿元至22亿元。1949年春，总行印钞厂迁往济南。

## 第三节　鲁南分行的建立与发展

鲁南地处山东东南部，东邻沂河，南界陇海铁路，西跨津浦铁路，北界兖（州）临（沂）公路。今临沂地区所辖的临沂、苍山、郯城、费县、平邑等县的全部或一部分境域属鲁南革命根据地。境内抱犊崮、天宝山两大山脉南北相连，沟壑纵横，地势险要，又处于陇海、津浦铁路交汇点徐州的东北，历来为兵家必争之地。抗战时期，这里是日军华北派遣军和华中派遣军的结合部，也是山东国民党政府和军队与其大后方联系的主要通道，同时也是华中新四军与华北八路军、华中与山东和陕北中共中央的联系枢纽。

### 一、鲁南革命根据地

鲁南有大小之分。大鲁南是指八路军一一五师刚进入鲁南时山东分局第一区党委所辖范围。包括津浦铁路以东，胶济铁路以南，陇海铁路以北的广大区域。1940 年 4 月，第一区党委分为鲁中、鲁南两个区党委；1942 年 4 月，山东分局又将鲁南第四地委与鲁中第五地委合并为滨海地委，直属山东分局领导。这样，大鲁南形成鲁中、鲁南、滨海三个战略区。

我们一般所说的是小鲁南，是指 1942 年 4 月之后的鲁南，范围为陇海铁路以北，蒙山山脉以南，津浦铁路以东，沭河以西的地区。包括抗战以前山东省的济宁、滋阳（今兖州）、曲阜、泗水、邹城、滕县、峄县、费县、临沂、郯城和江苏省沛县、铜山、邳县、徐州 14 个县市的全部或部分。实际上是鲁苏两省交界地带，现今分属山东省济宁、枣庄、临沂市和江苏省徐州市。抗战期间，鲁南区党委辖近 20 个县，1 万多个村庄，400 多万人口。今临沂地区所辖的临沂、苍山、郯城、费县、平邑等县的全部或一部分境域属鲁南革命根据地。

1938 年 7 月，八路军山东抗日游击队第四支队南下，到达费县。中旬，边区省委率第四支队一部到达滕县，支援苏鲁人民抗日义勇队第一总队，同时探索开辟抱犊崮山区抗日根据地的道路。

1939 年 1 月，中共鲁南特委成立，山东纵队及鲁南人民抗日武装初步开辟了抱犊崮山区东部及东南部活动基地。为巩固扩大以抱犊崮为中心的根据地，罗荣桓提出了"以抱犊崮为中心，向北向西北连接大块山区，向南向东南发展大块平原"的战略构想。11 月 18 日，一一五师一部在地方武装配合下，攻占了郯城县马头镇。

1940 年 1 月，抱犊崮抗日根据地已扩展到东南至郯（城）马（头），东至苍山，西至滕、邹边，北至梁邱一带的大片地区。1 月底，郯城县抗日民主政府成立。2月14日，一一五师六八六团和特务团、苏鲁支队、苏鲁豫支队第一大队发起白彦战斗。经两天两夜激战，摧毁白彦及周围据点，消灭孙鹤龄部1 000多人，解放了白彦地区。日军为夺回白彦，3次攻打白彦，均被一一五师击退。在3次白彦争夺战中，一一五师各部共歼日伪军800余人。白彦争夺战的胜利，解放了费县西部广大地区，为八路军向天宝山区发展扫清了道路，为鲁南抗日根据地的发展和巩固创造了有利条件。2月16日，费县抗日民主政府成立。3月14日，临沂县抗日民主政府成立。

1940年6月，中共鲁南区党委在天宝山区的油篓村正式成立。6月11日，鲁南参议会、鲁南专员公署宣告成立。9月，鲁南军政委员会和鲁南军区成立。

1941年3月起，日本侵略军连续5次对根据地实行大规模的"清剿"、"扫荡"和烧光、杀光、抢光的"三光政策"。鲁南抗日根据地处于敌、伪、顽夹攻之中。加上连年自然灾害严重，鲁南军民生活极其艰难。鲁南抗战进入最艰苦的时期。

1943年秋，八路军鲁南部队打退了国民党二十八集团军一四二师的进攻，消灭了惯匪刘桂堂（刘黑七），度过了最困难、最艰苦的岁月，鲁南抗日根据地得到了恢复和发展。从1944年起，八路军由弱变强，转入对敌攻势阶段。

1945年2月起，八路军鲁南部队进行了讨伐王洪九、荣子恒等和临费边战役。9月11日，鲁南重镇临沂解放。此后，临沂成为山东解放区首府。

1947年1月鲁南战役后，华东野战军向北转移。2月15日，临沂城被国民党军队占领。鲁南区党委遵照华东局的指示，各地、县、区委在留下主要领导干部和精干武装坚持斗争的同时，将机关党政军工家属等2万余人，组成鲁南后方司令部，分期分批撤离到渤海地区。

1948年1月10日，中共鲁南区党委在平邑县王崮山村召开县委委员以上干部会议。会议传达了大鲁南土地会议精神，确定今后的总任务是：开展游击战争，坚持鲁南战略区，压缩敌占区，巩固收复区，配合主力部

**沂蒙根据地军工被服厂**

队进行反攻。会后，大力开展了生产救灾运动，基本达到了"不荒掉一亩地，不饿死一个人"的要求。7月17日，中共华东中央局决定将鲁中、鲁南和滨海等地区合并为鲁中南区。

鲁中南区成立后，鲁南地区相继开展了支援解放军大规模战略决战；动员参军参战、抽调干部南下支援新区；剿匪反特、巩固后方，保卫人民生命财产安全；广泛开展生产救灾；老区结束土改，恢复区完成土改，新区开展减租减息运动。截至1948年11月，鲁南除陇海铁路沿线和徐州外，敌军均被清除，和鲁中、冀鲁豫连成了一片。1949年1月10日，淮海战役胜利结束后，鲁南全境解放。

在整个解放战争期间，鲁南是国民党军队进攻的主战场，斗争尖锐复杂。在中共中央、山东分局、华东局的领导下，鲁南地区党政军民经历了艰苦卓绝的斗争，为新中国的建立作出不可磨灭的贡献。

### 二、银行的成立和发展

鲁南党组织十分重视经济与财政工作。1942年前后，整个鲁南是法币、伪币和北海币混合流通区域。为了加强该区域的货币管理及对敌货币斗争，巩固好根据地，鲁南专员公署于1942年秋，在平邑县成立了北海银行鲁南办事处，隶属于滨海分行领导，耿荆山任主任。

耿荆山，山东省金乡县人，1907 年生。1935 年参加革命工作，同年加入中国共产党。在金乡县曾任县工委委员、抗日武装部队大队长、教导员、政治部主任等职务。1940 年 10 月至 1945 年 9 月，在鲁南专员公署工作，任北海银行鲁南办事处主任、支行行长、鲁南区工商行政管理局副局长等职。新中国成立后，在山东省工商行政管理局、政务院财政经济委员会私营企业局工作，1960 年任青海省工商行政管理局副局长兼物价委员会副主任。1980 年离职休养。

耿荆山

1943 年 3 月，北海银行鲁南办事处升格为支行，行址设在费南县王崮山，行长耿荆山。下设业务股、会计股、出纳股，耿振华、刘洪儒、牟逵分别任股长，辖边联、双山、滕县、峄县等 5 个银行办事处。

鲁南支行的主要职责是：代理鲁南专员公署财政金库和各县的财政金库；办理生产贷款扶助农业及手工业生产；开展货币斗争，规定北海币与法币等价流通，并使北海币逐步占领鲁南市场。

1943 年冬，国民党李仙洲部进入山东，鲁南形势恶化，县银行随即撤销，鲁南支行与专员公署财政科合并办公。

同年 11 月，鲁南工商分局成立，耿荆山任副局长兼行长，之后支行由专员公署财政科划出，与工商局合署办公。

1944 年春，鲁南支行划归总行领导。当时银行干部只有 7 人，而工作又需要开展，于是在工商局内设了一个金融科，在县工商局内设金融股，主要任务就是货币发行、收回农贷及合作贷款。

同年 7 月，北海银行鲁南支行升格为分行，耿荆山仍任行长。银行机构从此才开始步入正常轨道，单独经营银行业务。

1945 年 8 月，日本投降后，鲁南分行迁驻滕县城，行长任志明。下设营业、会计、出纳 3 个股，并在滕县、平邑建立了银行办事处。

1946 年秋，国民党军队向鲁南进犯，鲁南分行由县城转移到农村，这时鲁南分行辖平邑、枣庄、滕县 3 个中心办事处。枣庄中心办事处，主任牟遂，辖赵铸、苍山、邳县、兰陵、枣庄等县业务；滕县中心办事处，主任晋洪西，辖滕县、凫山、临城等县业务；平邑中心办事处，主任龙维寅，辖平邑、费县、泗水、邹县、曲阜等县业务。

1947 年 1 月，国民党重点进攻鲁南，银行与工商、粮食、财政等部门合并为财粮局。

1948 年 1 月，鲁南形势好转，鲁南分行再次分设，并成立了平邑、费县、麓水和白彦四个银行办事处，龙维寅、刘惠厚、郭玉樟、戴伯起分任主任。2 月，鲁南分行成立一、二、三支行。一支行由平邑办事处主任代理，辖平邑、邹县办事处；二支行行长王安邦，辖白彦、麓水办事处；三支行副行长牟遂，辖费县、赵铸、苍山、兰陵、邳县等办事处。至合并前，鲁南分行共辖 15 个县办事处，全体职工 280 余人。

1948 年 7 月 26 日，北海银行总行在益都召开行处会议。会议总结工作经验，明确政策原则，制定业务章程，通过了《修正处理制造及行使假北海币奖惩暂行办法》，在各解放区展开群众性的反假币斗争。同时决定北海银行鲁中分行、鲁南分行和滨海支行合并为北海银行鲁中南分行。滨北直属支行划归胶东分行领导。要求，鲁中、鲁南两分行账务根据 7 月底报表移交鲁中南分行接收。滨海支行账务由鲁中南分行根据 7 月底报表接收；滨北支行账务由胶东分行根据 7 月底报表接收。8 月，北海银行鲁中分行、鲁南分行和滨海支行正式合并为北海银行鲁中南分行，行长任志明。成立之初驻沂水城北的农村，不久即迁往临沂城。分行辖一、二、三、四、五、六、七个支行及淄博、济宁、徐州、新海连四个城市银行。由封培乾、王金甲、王矛、于国屏、牟遂、王安邦、耿振华、王有成、黄玉明、晋洪西分任行长。

### 三、货币发行及鲁南印钞厂的建立

1943 年，为驱逐法币、打击伪钞的货币斗争需要，鲁南支行开始发行北海币，直到 1944 年冬，滨海、鲁中、鲁南三大区统一发行北海币以后，已经升格的鲁南分行才停止独立发行北海币。

鲁南支行发行的北海币是由滨海分行代印的，其间也曾将北海银行总行民国三十二年箭门楼拾元券加盖"只限鲁南流通"字样后于本地流通。滨海分行先后为鲁南分行代印了民国三十二年鲁南地名拾元券，民国三十三年鲁南地名伍元券。

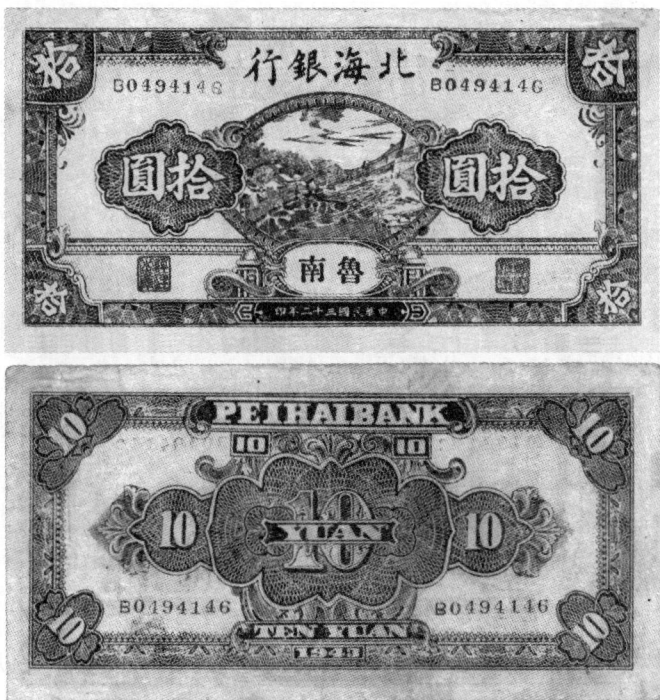

**民国三十二年鲁南地名拾元券（正、背）**

鲁南分行升格以后，其发行的北海币除壹元券及伍角券以外，其他券别由总行代印。当时总行已经移驻滨海区，滨海分行并入总行。这一时期总行为滨海代印的北海币有民国三十三年鲁南地名伍拾元券。

1944 年 4 月 8 日，总行印钞厂派刁如心为厂长，带领十余名工人前往平邑县天宝山区筹建鲁南印钞厂，其中 4 名技术工人，其余为一般操作员。这些工人原来都是济南大中印刷厂的工人，后为总行印钞厂工人。

鲁南印钞厂的厂址设在朝阳洞内，洞门设有警卫 1 名。1944 年冬季，印钞厂建成，开始印制北海币。设备为石印机 3 台，脚蹬子 1 部。石印机

民国三十三年鲁南地名伍元券（正、背）

民国三十三年鲁南地名伍拾元券（正、背）

印票面，脚蹬子打号码，裁切用手刀，均印单色票。环境好的时候，将机器暂时移到洞外左侧的道观——小圣堂印票子。三区统一发行北海币前，这里只印壹元券及伍角券。钞版、纸张及其他原材料均由总行提供。天宝山鲁南印钞厂所印北海币如下：民国三十三年鲁南地名壹元券，民国三十三年鲁南地名伍角券。

上述券种，除伍角、壹元及伍元券仅正面印有编码外，其余品种正背面均印有编码。伍角券、壹元券、伍元券编码无字轨，拾元券、伍拾元券单字轨。伍元、拾元券系鲁南支行发行，伍角、壹元、伍拾元券系升格后的鲁南分行发行。

天宝山

鲁南印钞厂朝阳洞外景

**鲁南印钞厂朝阳洞内景**

鲁南支行或分行成立初期发行北海币的那个时期，正处于北海币分区发行分区使用时期，所以其发行的北海币均印有"鲁南"字样。

鲁南支行发行的北海币，"鲁南"二字是横印在票正面的下部中间，升格为分行后，其发行的北海币"鲁南"二字均竖印在边上。伍角券左右两边均印有"鲁南"，壹元券仅右边印有"鲁南"，伍拾元券仅左边印有"鲁南"字样。

应当说明的是，北海银行民国二十九年壹角、贰角、伍角券有加盖"鲁南"字样的，那不是鲁南支行或分行发行的，是八路军一纵队供给部发行的，此"鲁南"泛指大鲁南区，其地域涵盖当时的鲁中区、鲁南区及滨海区。

计划 1943 年下半年，鲁南分行发行 1 000 万元（总行代印）。由《中共山东分局关于银行工作的决定》（1943 年 9 月 23 日）可知，截止到 1944 年上半年，鲁南支行共发行鲁南地名北海币 1 000 万元。而根据《中共山东分局关于货币政策的决定》（1944 年 12 月 6 日）可知，到 1944 年底，鲁南前后共发行了 4 000 万元北海币。这里面包括鲁南支行发行的鲁南地名北海币 1 000 万元，以及"三区"统一发行北海币后发行的山东版北海币。

民国三十三年鲁南地名壹元券（正、背）

1944 年 7 月、8 月以后，"三区"发行的地名券北海币开始统一流通，之后"三区"逐步统一发行北海币，印制山东版北海币。"三区"印制山东版北海币的时间大约在当年冬季。此时北海币的发行量随着形势的好转开始突飞猛进。据此估计，鲁南分行 1944 年发行的山东版北海币至少有 1 000 万元。扣除这部分发行量，鲁南分行 1944 年下半年发行的鲁南地名北海币不足 2 000 万元。综合判断，鲁南支行发行的鲁南地名北海币 1 000 万元，鲁南分行发行的鲁南地名北海币 1 000 多万元，鲁南地名券合计大约是 2 000 多万元。

由于北海银行鲁南支行或分行发行的北海币相对其他北海银行分行数量少，后期回收的又比较彻底，其发行的 5 个币种如今都是凤毛麟角。其中相对常见的伍元券，品相好点的，在收藏品市场上每张价格都在万元以上，其他品种，动辄数万元。根据临沂市北海币研究收藏专业人士多年收集资料及实物统计，北海银行鲁南支行或分行发行的北海币各币种按其存世稀有程度排序是：壹元券、伍拾元券、拾元券、伍角券、伍元券。

**民国三十三年鲁南地名伍角券（正、背）**

鲁南区的反假货币斗争与其他各区一样，依然十分严峻。这一时期比较有影响的假币案件是发生在郯城县马头镇的伪造北海币案件。1946 年 4 月，郯城县人民政府公安局马头分局破获伪造"北海币"案件，主犯有刘锦华、冯保顶、吴玉贤、张志、杨起峰 5 人，据供认已印制假北海币 26 万元，在马头镇处决 2 人。

1946 年 3 月，鲁南印钞厂迁往滕县。

**四、贷款业务**

北海银行鲁南分行成立之前，各项业务都比较少，后来多数业务都划归了工商管理局。

1943 年春耕，发放农贷 30 万元。1943 年下半年，计划发放贷款 500
万元。

1944 年的贷款情况。据新华社山东分社鲁南 3 月 2 日电：为开展今年
大规模生产运动，解决群众农具等困难，专员公署特发放农业贷款北海币
150 万元。为了使这批款项真正用在生产上，解决贫苦农民的生产困难，
专员公署又发了指示提出贷放办法如下：

（1）贷款的对象以贫苦抗属、贫农和较贫的中农为主，但除了先贷给
已组织生产队、变工队或作安家计划的外，没有组织的要一面组织一面出
贷，以便在贷款中把农民组织起来。

（2）贷款必须用于开荒、水利、买种、买农具或集体买耕牛等，同时
在贷款数目上也要按各生产组织的需要贷放。

（3）贷款进要通过区村生产委员会贷出，由贷款人亲自领取。

（4）必须纠正过去按区平均分配数目的偏向，纠正只为完成任务把款
贷出，而不问用途的错误做法，或只凭个别经手人不通过生产人以致贷给
非生产人的错误。

（5）款贷出以后，各级生产委员会必须深入检查，以及纠正偏向。

1945 年，计划发放农贷 1 000 万元。

## 第四节　鲁中分行的建立与发展

鲁中地区是山东省的战略中心地带，位于沂蒙山区腹地偏东南部，战
略地位十分重要。区域内，沂山、鲁山、蒙山等山脉连绵起伏，峰峦叠
嶂，地势险要。在这里创建根据地，不仅部队可以控制津浦铁路，向北可
以控制胶济铁路，是一处理想的坚持抗日游击战争的战略要地。

根据中共中央关于山东工作的中心应当放在鲁中区的指示，中共苏鲁
豫皖边区省委书记郭洪涛率第四支队进驻沂蒙山区。在边区省委的领导
下，从 1938 年 5 月后，鲁中地区先后建立了淄博特委和蒙阴、沂水、临
费、泰安、莱芜、泗水、博山、淄川、安丘、临朐、益都等 13 个县委，党
的组织迅速发展起来。为了取得建政经验，边区省委在沂水县第九区召开

了各界人士代表会议，建立了鲁中区第一个区级抗日民主政权。边区党组织积极执行党的抗日民族统一战线政策，争取国民党石友三部及张里元部共同抗日，为创立鲁中抗日根据地提供了一个较为宽松的环境。共产党的山东省政府、国民党的山东省政府以及鲁苏战区总司令部都曾设于此地。鲁中区成为山东革命根据地五大战区之一的中心区。

### 一、鲁中分行的成立

根据地的建立，离不开财政金融工作的支持。1943 年春，北海银行总行随山东分局从鲁中迁到滨海，随同前往的主要是总行的领导及印钞厂的骨干成员，原总行的大部分人员以及印钞厂的大部分设备留在鲁中区。

北海银行总行留在鲁中的人员，于同年 5 月底在沂南县万粮庄成立了鲁中分行，贾洪任主任（后来改称行长），任志明任副主任，下设秘书股、营业股、会计股、发行股、出纳股、总务股及印钞厂，后增设鉴定股。

贾洪，山东泰安人，1923 年生。1937 年在泰安简易乡村师范学校学习，"七七"事变后停学回乡务农。1938 年10 月加入中国共产党，随即调中共苏鲁豫皖分局（后改为山东分局）财委会财会训练班学习。历任山东分局秘书处财政科科员、八路军第一纵队供给部会计科会计员、出纳科副科长、北海银行总行营业科长兼出纳科长。1943 年 2 月任北海银行鲁中分行主任（后改为副行长），1945 年 9 月鲁中分行与总行合并后改任总行会计科长。1947 年 10 月调东

贾洪

北，历任辽东财经办事处财训班副主任、辽南财经办事处主任等职务。新中国成立后历任重工业部经理司财务处长，冶金工业部财务司副司长、司长，中国财政学会常务理事、中国冶金财务会计学会会长。1987 年离休。

印钞厂仍设在万粮庄，主要印钞设备为石印机。当时的印刷能力为平

均每小时 740 印。

北海银行鲁中分行在各专员公署设支行，在各县设办事处，下辖泰山、泰南、沂蒙三个支行。泰山支行辖莱芜、莱东、淄川、章丘、益临、淄博六个办事处。泰南支行辖泰宁、新蒙、泰南、新南四个办事处。沂蒙支行辖沂水、沂北、沂南、费县四个办事处。全行干部约七八十人。

当时分行的主要业务是货币印发、发放农贷、代理金库和停用法币等工作。工商局成立后，代理金库和停用法币等工作划归工商局。

1944 年夏，鲁中联办副主任马馥塘兼任分行行长，贾洪任副行长。年底，因战事需要，精简银行机构，支行及办事处撤销，多数干部转到财政部门及工商局工作。原支行及办事处的业务分别合并到相应级别的财政及工商局。分行的一部分业务如工商信贷及外汇管理划归工商局。除印钞厂人员以外，分行机关仅剩十余名干部，主要业务就是印发北海币。

马馥塘（1905—1983 年），又名马天香，山东省德州齐河县人。1922 年加入中国社会主义青年团，随后转为中共党员。1937 年"七七"事变后，组织泰安县抗敌后援会和人民抗敌自卫团，分别任秘书和团长。1938 年 1 月，参加徂徕山抗日武装起义。后任八路军山东纵队供给部长、鲁中行署副主任、主任兼支前副司令员，鲁中区党委财委副主任、鲁中区工商管理局局长、北海银行鲁中分行行长、华东支前委员会民力部长等职。新中国成立后，先后任济南建设局局长、实业公司经理、济南市委常委、鲁中电业局局长、国家电力部、水电部劳动工资、物资供应方面的领导工作。

1945 年 8 月，鲁中分行从财政处分离出来，与总行合并。1945 年 11 月，在博山重建鲁中分行，鲁中分行机关从此离开沂蒙。1948 年 8 月，鲁中分行、鲁南分行、滨海直属支行合并为鲁中南分行。

**二、北海币分区发行期间鲁中分行的发行工作**

1943 年以前，北海币与法币同时在山东革命根据地流通，1943 年起，根据地开始停用法币。停用法币后，北海币的需求量迅速上升。当时北海币的发行量是以根据地北海币流通量人均不超过 30 元为标准制定的。随着发展，到了 1944 年，这一标准提高到人均 40 元。

北海银行鲁中分行成立之初，仍是沿用总行留存的钞版印发北海币，其品种仅有红色农夫挑担贰角伍分与红色前门楼拾元两种，发行总额为 10 153 500 元。

1943 年夏季以后，北海币实行分区发行分区流通，红色前门楼拾元券停印，稍后贰角伍分券也停印。但是，贰角伍分券仍然继续流通，拾元券加盖"只限鲁中区流通"字样后也继续流通。1943 年 9 月 25 日《大众日报》新闻报道：北海银行总行决定北币分区流通。山东版伍元、拾元本币，在鲁南、鲁中流通者已开始加盖鲁南、鲁中字样，限在各该地区流通，未加盖者限滨海地区流通。其余带山东字样的贰元以下角票限在滨海、鲁中、鲁南三个地区流通。

按照以上要求，结合 1943 年 9 月 30 日《山东省战时行政委员会关于半年工商管理工作的指示》可以判定，拾元券加盖"只限鲁中区流通"字样的工作应当于 1943 年度基本完成。原计划 1943 年下半年发行 4 000 万元北海币。

实行分区发行分区流通的货币政策期间，鲁中分行北海币的发行量是多少？

1943 年 9 月 23 日《中共山东分局关于银行工作的决定》中指出：最近决定鲁中发行四千万（该发行数连前发行数在内），限于明年上半年完成。结合《鲁中分行 1943 年总结报告》中讲道的，"一年来完成印刷数量二千八百万以上，计划 1944 年上半年完成拾元票二千万，单元票一百五十万。"鲁中印钞厂 1943 年下半年已经印制了近 1 800 万元，按照《中共山东分局关于银行工作的决定》，1944 年上半年应当再印 2 200 元万左右。对比鲁中印钞厂 1944 年上半年计划，不难看出，鲁中印钞厂 1944 年上半年印制计划是根据《中共山东分局关于银行工作的决定》制定的。参照《鲁中分行 1943 年总结报告》，可以将 1943 年鲁中分行印制的北海币数量列表如下：

**鲁中分行印钞厂 1943 年末印刷成品表**

| 票类 | 张数（张） | 金额（元） | 备注 |
|---|---|---|---|
| 贰角伍分 | 214 000 | 53 500 | 山东版 |
| 红版拾元 | 1 010 000 | 10 100 000 | 山东版 |
| 枣红壹元 | 469 000 | 469 000 | 鲁中版 |
| 亭楼伍元 | 717 000 | 3 585 000 | 鲁中版 |
| 茶版拾元 | 1 000 000 | 10 000 000 | 鲁中版 |
| 伍拾元 | 76 000 | 3 800 000 | 鲁中版 |
| 合计 | 3 486 000 | 28 007 500 | |

由上表可知，实行分区发行分区流通以后到当年年底，鲁中分行共印发了枣红壹元、亭楼伍元、茶版拾元和伍拾元券 4 种带有鲁中地名的北海币，合计金额 1 700 多万元。

**民国三十二年壹元鲁中券（正、背）**

1944 年上半年，鲁中印钞厂共印制了民国三十三年蓝黑色楼房树景背

"建"字鲁中地名拾元券2 000万元。150万元壹元券发行计划，用民国三十二年火车鲁中地名壹元钞版续印部分壹元券，为了与此前发行的相区别，此次发行采用大号码流水编码。另外，由于缺少找零票，剩余壹元券发行计划被伍角券取代。伍角券发行数量不详，但是由已经发现的伍角券流水编码知，其发行量肯定超过25万元。同时为满足根据地货币需求的快速增长，鲁中印钞厂用民国三十二年伍拾元鲁中地名券续印了部分伍拾元券。为了区别，其颜色与前期发行的伍拾元券略有不同。此次发行量不详。根据已发现实物的流水编码看，至少有200万元。

1944年下半年伊始至滨海、鲁中、鲁南三区统一印发山东版北海币止，鲁中印钞厂共印制了民国三十三年蓝黑色楼房树景背"设"字鲁中地名拾元券1 100万元，民国三十二年蓝黑色亭楼鲁中地名背"建"字伍元券500万元。之后，滨海、鲁中、鲁南三区印发的北海币重新换用山东地名。此时带山东地名的北海币仅能在前述三区流通，还不能在其他区使用。

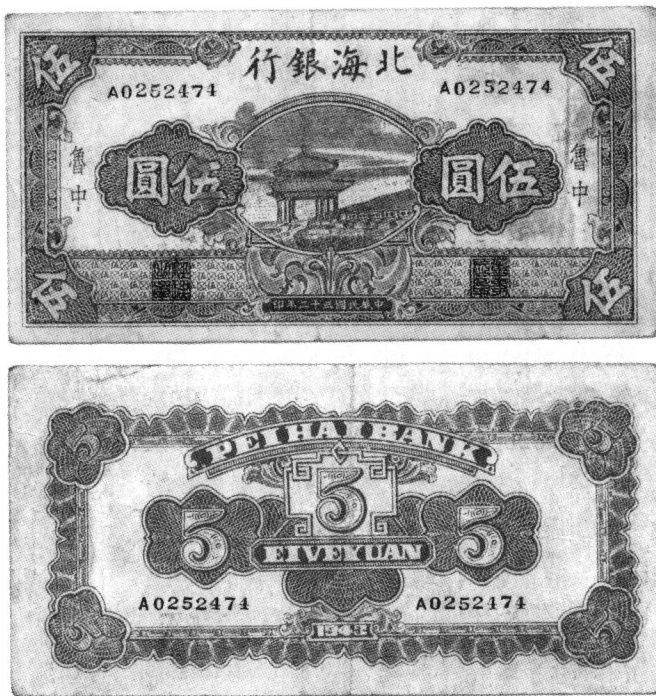

民国三十二年红伍元鲁中券（正、背）

随着形势好转，北海币需求量急剧上升，发行量迅速膨胀，开始出现百元大票。民国三十二年山东版壹佰元票，正是此时开始印发的。那个时期，北海币票面时间与实际印发时间不一致的情况时有发生。主要原因有二：一是用以前的钞版印发新币，二是有意把发行时间提前。

综上所述，北海币整个分区发行分区流通期间，鲁中分行共印发了5 800 多万元北海币。

### 三、分区发行期间鲁中分行印发的北海币品种

北海币实行分区发行分区流通期间，鲁中分行印发的北海币均带鲁中地名。其发行的品种如下：民国三十二年壹元鲁中券，民国三十二年红伍元鲁中券，民国三十二年蓝伍元鲁中券；民国三十二年拾元鲁中券；民国三十二年伍拾元鲁中券，民国三十三年伍角鲁中券，民国三十三年拾元券背"建"字鲁中券，民国三十三年拾元券背"设"字鲁中券，鲁中分行印发的鲁中地名北海币流水编码均采用单字轨；1943 年印发的所有品种都只

民国三十二年伍拾元鲁中券（正、背）

用字母 A 做冠字；1944 年，除了伍角券及续印的壹元券和伍拾元券仍只用字母 A 做冠字外，其余品种有多种字母冠字。

民国三十三年伍角鲁中券（正、背）

鲁中分行成立后，不久便步入北海币分区发行分区流通时期，这一时期虽然短暂，但是其印发的鲁中地名北海币却达九种之多，是滨海、鲁中、鲁南三区各分行中发行北海币品种最多发行量最大的分行。

鲁中分行为当地政府提供了大量经费，为军队输送大量给养，积极维稳根据地市场流通，有力地促进了根据地农、工、商业的发展，为山东根据地取得抗战胜利作出了应有的贡献。

**四、会计出纳工作**

现根据《鲁中北海银行一年总结报告》（1943 年）摘编其中关于会计

出纳工作的内容如下：

关于北海银行鲁中分行 1943 年的会计出纳工作。从会计方面来看，基本情况是：

1943 年的会计工作，是在 1942 年的基础上建立起来的，因过去已有了比较正确的制度——传票、结账、报告及经费预决算等，1 月为了巩固及健全许多制度，更明确规定了会计制度，因县办事处的建立，工作繁重（代理金库），在账簿的组织上采用了补助总账，会计表等，支行与办事处相同，分行本身账目无变化。

在报告结账方面，规定 10 日旬结，月底月结，并呈上级行，后因金库开支，又在五日增加金库库存表，并呈命令机关一份，在此时间禁用法币，银行兑换工作比较繁重，为了解库存种类及情形，又增加库存种类表。

9 月因办事处工作在收支行方面多以金库工作为重，其他业务较少，遂取消了旬结及旬报，改为五日库存报告制。一年来制度的改革即如上述。

会计方面存在的几个主要问题是：

一是领导方面与会计工作的关系问题。对于这一点，有的同志至今还不明确会计工作是整个工作的组成部分之一呢，还是一个独立工作。有的负责同志坚持后一种看法，虽然认为会计工作为全部工作之一，但却持不闻不问的态度，这样遂使会计工作缺少直接的督促检查，库存长短有时竟达数万元之巨，账目方面紊乱，形成领导方面对会计工作的官僚主义，成为一切错误的基原，在这里支行与县办的某些同志，各存如上的某种程度的错误看法。

二是会计工作者责任心的问题。在支行县办好多同志严重存在着怕麻烦，轻视技术的思想，以疲乏态度去对待工作，无论如何总是推托，得过且过的做法，使得工作错误愈来愈多。在各县办成立后，对贷款的清理即是如此，不能苦心加以清理，以致造成极大的混乱，泰山支行与县办账目问题不够彻底，清查也是如此。

出纳方面的基本工作情况是：

1943 年的主要工作是停用法币和大量发行北海币，在停用当中法币的兑入兑出是很繁忙的，又加莱芜农民合作社限期收回，因此出纳工作也随之比往年忙碌些。

收支方面：

甲、一年来共运往泰山区本币一百五十万元，运往泰南本币一百万元，运往沂山区十二万元，运往鲁南一百五十万元（法币）。

乙、一年来收支结额：总收三千五百四十七万一千五百九十九元二角四分，总付三千二百二十五万八千三百七十三元九角一分，更由于技术拙笨，工作上是较为忙碌些。

丙、收支制度：a. 库存的核对我们规（定）是五日制，但有时不能按时，但最多不超过十天。b. 每十天结账一次，对库存一次，并造库存表。c. 收支时传票需经负责人盖章。

兑换方面：

甲、法币兑换：在一年当中，在党政军民的配合下，进行贯彻停用法币的工作，一月各机关即以身作则，到银行兑换本币，而后便在沂蒙各重要集镇设立兑换所，为老百姓普遍兑换。七月间为便于解决商人购买问题，可直由贸易局介绍，银行兑给法币，后以法币不敷兑换，由总行运来百万元，兑入法币总数为四百六十四万三千九百二十六元二角，兑出总数四百二十九万一千四百六十七元。

乙、兑换本币：当敌人大量伪造本币的时候，本币信用曾受到极大影响，其中尤以红版伍元票伪造最多，故经省（行）政委员会之同意，决定此种收回，后又决定将莱芜农民合作社一起收回，因此普遍布置兑换，此外还不断兑进破币，一年来共兑入破币五十七万一千三百零九元八角五分。

保管方面：

甲、建设了两个洞，一个是石头的，一个是木制的，作为情况紧急或余款的保存用的。

乙、生金银的保管，由机关负责同志亲自动手找地方保存，大多同志是不知道的，保存多用箱子或缸子。

丙、法币与本币的保管，用箱子盛起来或用布包装，保存时又可分出常用和不常用的，洞可分秘密的和公开的。

附

**鲁中北海银行法币兑换汇总表**　　　　　　　　单位：元

| 行名 | 兑入数 | 兑出数 |
|---|---|---|
| 分行 | 4 643 926. 20 | 4 291 467. 00 |
| 沂南 | 838 131. 30 | 411 855. 64 |
| 沂中 | 160 465. 00 | 126 380. 00 |
| 沂北 | 219 951. 00 | 133 204. 00 |
| 蒙阴 | 1 533 233. 00 | 1 517 249. 00 |
| 合计 | 7 395 706. 50 | 6 480 155. 64 |

**全年烧毁本币表**　　　　　　　　单位：元

| 北海钞票 | 322 104. 20 |
|---|---|
| 农民合作社 | 242 587. 65 |
| 鲁西钞票 | 6 618. 00 |
| 合计 | 571 309. 85 |

## 第五节　北海银行总行返回鲁中

### 一、北海银行入驻临沂城

到日本投降前，北海银行总行又由滨海迁回鲁中区，移驻沂南县万粮庄附近的西柳沟一带。

抗战胜利后，中国共产党的战略重点是把军政力量集中在华北、山东和陇海铁路以北至内蒙古一带，并力争东北。中央考虑到开辟和发展东北解放区需要较多的兵力和干部，而山东又是全国解放区中储备军队和干部最多、距离东北较近的战略区，调动山东军队和干部力量成为开辟东北解放区的关键。

1945 年 8 月，鲁中分行并入总行。同时，北海银行临沂办事处在河东成立，主任李赛文。9 月 11 日，解放军解放临沂城，北海银行临沂办事处迁驻临沂城，并成立伪币兑换所，两天时间兑换 400 余万元。

1945 年 9 月至 10 月，中共中央山东分局书记、山东军区司令员兼政委罗荣桓遵照党中央关于调整战略部署，组织山东军区机关一部和部队 74 000 余人，分三批由陆海两路开赴东北，执行发展东北解放区的任务。同年 10 月，中共中央华中局和新四军军部及部分主力部队自江苏淮阴北移临沂，同时，陈毅从延安到达临沂。

根据中央指示，华中局与山东分局合并组成中共中央华东局。10 月 25 日，中共华东局在临沂正式成立，饶漱石任书记，陈毅、黎玉任副书记，统一领导山东和华中的全盘工作。1946 年 1 月 7 日，中央决定成立新四军军部兼山东军区领导机关，陈毅任新四军军长兼山东军区司令员，饶漱石任政治委员，张云逸任副军长兼山东军区副司令员，黎玉任副政治委员。同时另组建华中局归华东局领导；组建华中军区，属新四军建制，由张鼎丞任司令员，邓子恢任政委。接着，山东和华中地区的部队也统一进行了调整和整编。以新四军主力部队和原山东军区留下的部分主力部队合编成山东野战军，计 7 万人；以新四军留在华中地区的其余部队合编成华中野战军。

这个时期的临沂，既是山东的首府，又是中共中央华东局、新四军军部兼山东军区领导机关的所在地，成为华东战略区的政治军事中心。作为山东解放区经济核心机关的北海银行，按照中央要掌握城市、港口和经济重地的要求，对机构进行了调整。

1946 年 1 月，北海银行总行召开了大鲁南地区银行分行、办事处会议，制定了

原来的大朱夏今已成为城市社区

定期存款、短期存款、定期放款、短期放款、核算、汇兑等项营业章程，对放款政策、原则和利率作了统一规定。2月，总行随山东省政府迁驻临沂城。地址在原地区供销社（原临沂专员公署）。发行科和印钞厂设在临沂城北曲沂、大朱厦村（今属临沂市南坊新区，更名为大朱夏，现已成开发小区）。2月，北海银行总行直接领导日照、临沂两个办事处。贾洪为总行会计科科长，王海丰为营业科科长，王志成为发行科科长兼总行印刷厂厂长，张润德为出纳科科长，李文灏为总务科科长。此时，北海银行在十几个重要城市办理汇兑、存款等业务，而将农业贷款移交到政府实业部门办理。

北海银行临沂办事处于1946年2月7日正式开业，李赛文任临沂办事处主任。办事处开业后，根据总行的规定，拟定的工作方针是以扶助城市工业恢复与发展小商人为主，商业为辅，将全部资金的三分之二用于刺激与扶助工业的发展，三分之一用于商业与运输业。

这张照片是1946年2月北海银行临沂办事处全体工作人员的集体合影。照片提供者是人民银行临沂市中心支行的曹丁，照片中后排左二为曹丁的外婆林枫（原名赵淑美）。

为了更好地进行工作，县级有关部门如县府工商局、政治部、区各救会、生产推进社，银行组织了工商促进委员会，主要作计划，领导生产工作。银行抽出了三分之一的干部，组成了工作组，与当地推进社、区各救会具体计划，详细分工，

1946年2月临沂办事处合影

如各救会负责发动与组织群众，推进社担任业务领导，银行给予资金扶助。

北海银行临沂办事处在工作中也遇到了一些困难，第一个是工业界对政策了解不足，部分的生产工具仍然隐蔽不露；第二个是工商界所有的资本是法币，无法活动于市面；第三个是大部分人仍有变天思想，观望不动；第四个是产品无销路。原因是，八年来敌伪的摧残，群众财富殆尽，生活水平降低；抗战时期及内战阶段，支前负担很大，全临沂计有 120 多万人支前，支前的物资不计其数；物价上涨，相对形成群众无力购买；运输不便，原料运费大，也使成本增加。经过半年多发展工业，轻便易行的工业如纺织业超过了战前，但较大一点的都不及战前，如大织布、皮革等。

对小商小贩的扶持，北海银行面临的情况是，大的工商扶持不起来，社会财富不能增加，小摊贩遍布大街小巷，分散了资本，倒赚不到钱，对改善生活自然无济于事。因此，曾停止小商贩贷款，这个问题曾和区各救会发生过争执，各救会认为不普遍贷款是不走群众路线，发展大工业不扶持摊贩是违犯扶持群众的基本政策。

当时临沂面临的商业上的困难：一是交通不便，费用太高；二是国民党的封锁，商品无来源；三是物价上涨，投机性大，商业发展不正常；四是购买力低。

1946 年半年放出贷款 238 万元，合作放款 14 万元，商业放款 5 万多元，农业放款 80 万元。存款户多数为公家，私人的可以说没有。

外币兑换问题：根据总行指示，有一定的介绍信才能兑换，几个主要机关如华东局组织部、省政府（当时在莒南）、军区、交际处、军官学校，除了这几部外，其他由工商局负责兑换。兑换的办法，华中兑换本币，是华中 1 元兑本币 1 元 8 角，法币 16 元兑本币 1 元，关金 1 元兑本币 1.25 元，鲁西冀南票 2 元 5 角兑本币 1 元，其他的如晋察冀边区票 3 元 5 角兑本币 1 元。从兑换的情况看出，北海币作为本币的币值较为坚挺。

1946 年 4 月的一份《山东省政权系统人员统计表》记载了北海银行总行在临沂时的实有人员情况。干部：行长 1 人，科长 5 人，科员 5 人，干事 43 人，共计 54 人。另有：警备员 1 人，通讯员 7 人，炊事员 4 人，饲养员 2 人，其他 1 人，共计 15 人。两项合计 69 人。

1946 年 6 月，国民党军队进攻山东解放区，北海银行总行撤出临沂。《山东省政府为反内战准备行动的命令》记载了北海银行总行撤出临沂时的经过。资料记载：

自我东北民主联军为全国和平撤出四平街、公主岭、长春等主要城市后，由于国民党好战分子积极扩大东北内战，并在关内积极作大规模内战之部署……致全国性内战空气更加浓厚。

为适应目前情况，确保山东首脑机关之安全，免除空袭危险，保持工作效率，特决定省府及直属各单位移驻乡村办公，以免空袭时影响工作。

省府及直属各单位，移驻半程以东地区。

各部门之文件、重要物资，6 日起开始搬运，7 日为必要人员及老弱人员，8 日为全体机关人员。

银行临沂办事处留足够人员照顾日常营业，总行及其余人员全部移出。

警卫营以一个建制排担负银行工厂之安全。

北海银行总行撤出临沂后，根据城乡兼顾和逐渐转向农村并以农村为主的要求，重新调整了机构设置。1946 年 10 月，北海银行重建了滨海支行，直属于总行，下辖临沂、日照、竹庭三个办事处；鲁南分行设立了平邑、枣庄、滕县三个中心办事处；鲁中分行设立了莱芜、新泰、沂南、沂北四个中心办事处；胶东分行除保留烟台、威海两个城市支行外，重新设立了北海支行和东海支行。

1946 年下半年，北海银行临沂办事处根据分行行长联席会议精神，对业务重点进行了调整，主要工作面向农村。一是催收农村旧贷。布置了 220 余万元的数目，已收回五分之四；二是小本贷款。9 月，县里召开了生产会议，定出计划，重点对象是贫苦的有组织的劳动者，组织领导由各镇中心合作社发动组织，总的由各救会审查组织领导，生产推进社在业务上指导及介绍业务，银行根据情况给予资金扶持。坚持以工代赈的原则，一切贷款应通过生产，贷工具，不贷现款；实行整贷零还，6 个月分三期还清；贷出对象以劳动力与技术为主，个别或集体贷款都必须通过中心合作社。同时，扶持纺织和商业，由各行业重点扶持，由商联会了解、检查和介绍，共贷出了60万元。投资方面，投入白沙埠生产推进社200万元，用作调剂布匹和棉花价格。另外，投入运销联合社，帮助把傅家庄炉窑存储的铁农具运到滨海和鲁中出售。为支援前线，配合生产推进社完成毛袜供给任务，订立了300万元的透支契约。

### 二、合并北海银行成立中国人民银行

1947年2月15日，驻临沂城党政军撤出，总行撤到沂水。北海银行临沂办事处撤到临沂东部洪瑞、板泉一带，与临沂县金库合并。

4月1日，华中银行总行迁移山东与北海银行总行合并，两行组织机构调整后合署办公；华中银行发行局与北海银行发行科合并为北海银行发行局，杨秉超任发行局长；华中银行印钞厂与北海银行印钞总厂合并组建成北海银行印钞一厂、印钞二厂和印钞三厂。之后，一厂、三厂向胶东撤退。

1948年初，总行迁至五莲县，开设了发行局及会计、营业、人事、出纳、秘书、调研等科室，充实了机构，普设县办事处。主要任务是支持生产救灾，保证战时供给，代理各级金库。4月，总行移驻益都，7月，总行在益都召开分支行会议，总结工作经验，明确政策原则，制定业务章程，同时决定北海银行滨海、鲁中、鲁南分行合并为鲁中南分行。

1948年12月1日，根据中央的部署，原华北银行、北海银行、西北农民银行合并为中国人民银行，并确定原华北银行为合并后的总行。

随后，中国人民银行总行又发布命令，北海银行总行即改为中国人民银行华东区行，原各银行之各分支行处所，于12月1日一律改为中国人民银行分支行处所。但考虑到当时的实际情况，又经批准：原北海银行一切业务之进行仍沿用北海银行旧行名义，北海银行继续挂牌营业。

此时正值淮海战役，人民币虽然已经发行，但尚不能满足日益扩大的市场需求，为了货币稳定，经中共华东中央局请示中央财政经济委员会同意，继续印发北海币1 820余亿元，在济南、烟台、潍坊等11个城市发行

定额（10 万元）本票 49 亿元。

之后，北海银行总行分为两部分，一部分人员组成华东区行班子随军南下，并从各级银行中抽调了大批干部组成工作队赴新解放区工作，上海解放后在上海建立了华东区行。另一部分人员留北海银行总行又改组成中国人民银行山东省行，仍保留北海银行名义。

1949 年 1 月底，北海银行开始以人民币 1 元比北海币 100 元的固定比价分批回收北海币：1 月 31 日通知收回 200 元以下券，2 月初停止发行北海币，5 月 21 日通知收回 500 元券，7 月 2 日通知收回

陈文其

1 000 元和 2 000 元券，9 月 20 日通知收回定额本票，11 月 6 日对外公开宣布收兑，年底大部分收回，少数延至 1950 年。

1949 年 4 月，北海银行进驻济南，陈文其继任行长。陈文其（1895—1988 年），山东省黄县（今龙口市）城关镇人，一生从事金融工作，中共胶东地区金融主要创始人。1909 年，读完四年私塾后，随祖父到青岛当店员。1925 年起从事党的地下工作，负责中转中共活动经费，接待掩护我党的领导同志，与王烬美、邓恩铭交往甚密。1931 年正式加入中国共产党。由于叛徒告密，1932 年 5 月，被国民党当局逮捕。1937 年在我党的争取和营救下被释放出狱，回黄县参与组织抗日武装，历任黄县民众动员委员会主任、山东抗日救国军第三军第四路政治处组织股长、黄县抗日民主政府民运部长、财政粮食部长、北海公署建设科科长等职。1939 年受命重建北海银行，任行长。1940 年北海银行总行在沂南县成立后，胶东改为分行，任分行行长。后兼任胶东行署工商局长、行署秘书长，1948 年调任总行副行长，后任行长。新中国成立后历任中国人民银行山东省分行行长、省财经委员会副主任、省计委副主任、山东财经学院院长。政协山东省第四届委员会委员、常务委员。1984 年离休。

1949 年 10 月 1 日，中华人民共和国中央人民政府成立后，北海银行发布通告称：兹中央人民政府成立，为统一起见，自 11 月 1 日起改称中国人民银行山东省行，各级分支机构亦同时更名。对外之一切公函、公告、契约、合同、债权债务一律改用中国人民银行名义，所有以前以山东省北海银行名义对外订立的一切契约、合同、债权债务也继续有效，改由中国人民银行负责承受。北海币未收回前仍与人民币固定比价照旧流通。11 月 1 日，北海银行正式改称中国人民银行山东分行，北海银行终于完成了它的历史使命。

### 三、货币政策调整和印钞厂重组

1945 年 8 月 1 日，山东省战时行政委员会发布《统一本币流通令》：全省各地区发行的北海币，不分地区统一流通；全省各地区过去发行的地方流通券等，应立即停止在市面流通，并限期由各发行机关负责兑回。

同月，山东省战时行政委员会改称山东省政府，黎玉任主席，省政府发布公告："为全面调剂物资，流通金融，特决定全省各地区（滨海、鲁中、鲁南、胶东、渤海）过去所发行之北海银行本币，今后不分地区统一流通。"北海币在全省实现了统一。

同时，北海银行总行将北海印钞厂、东海印钞厂及胶东制版厂合并，在乳山县崖子钟家村组建成北海银行胶东印钞厂；将北海银行鲁南印钞厂、滨海印钞厂并入鲁中印钞厂，即北海银行印钞总厂，开始统一印制山东版北海币。

1947 年 4 月 1 日，华中银行总行迁至山东，与北海银行总行合并，两行组织机构调整后合署办公；华中银行发行局与北海银行发行科合并为北海银行发行局，华中银行印钞厂与北海银行印钞总厂合并组建北海银行印钞一厂、印钞二厂和印钞三厂。

### 四、规章制度的完善

北海银行总行在临沂期间，山东省政府专门对银行工作发出指示，北海银行也发出了目前关于银行工作的指示文件。文件对目前银行工作面临的新形势以及急需做的工作，研究了积极措施，指出：敌人投降后，我们大进军以来，我们的五个战略区在某些条件上已打破封锁，并开始向统一发展，尤其大部分中小城市被解放，交通逐渐恢复，今后在联系上更加密切。山东北海币宣布统一流通后，在经济金融发展上，有统一计划与统一指挥的必要，因此要求：

第一，发行工作。在鲁南、鲁中、滨海，印刷工厂已统一起来，今后在发行本币方面，一定根据市面流通需要而确定票种，尤其补充小票最为迫切。胶东、渤海暂缓统一，主要是因为运输上的困难，因而应该两分行仍设印刷厂，但在发行计划上需要统一，今后可根据总行原则指示而有计划地发行，否则一定会发生偏差，不是发行大票过多，就是票面种类不均衡，酿成种类混乱，而影响物价高涨。收回破本币销毁也成为目前主要任务，今后如不注意收回工作的布置，也会影响本币的信用。总行决定以分行为销毁单位，加强销毁手续的建立，分行之下的支行办事处兑换之后可汇交分行办理，支行、办事处无销毁之权，因此分行组织机构一定健全发行组织。现因发行账都不统一，各分行所发行之本币由各分行记账。本币统一流通后，各分行所发行的本币就会流通起来。甲地区可能兑换乙地区所发行的本币，这样销毁记账必须分开地区写销毁证明书，然后通过总行转账，以免销毁后不能即时转账的偏差。各级分行组织设立发行科或股，以便办理销毁手续，支行办事处可不设发行组织。

第二，会计方面。总行决定1945年年底统一执行决算制度，将过去累积的旧欠，或应销未销的一些资产负债，一定在本年底截止清理，并按照总行会字二、三号关于会计科目的规定办法严格执行，1946年以后要按期造月报送总行，以便统计了解。

第三，业务方针及重点方面。政府银行除受政府委托代理发行货币外，在中心城市的一些金融事业如银行钱庄等，政府银行应起领导与管理的作用，不让他们自流与违犯政策。这是目前北海银行的一个新的工作，应特别重视与创造经验。扶助生产，改良民生，应从积极方面出发，不能消极地救济，要以资本补充与发展劳动力为主要方针之一。根据现在银行的力量，要以农贷、小手工业贷款为主，重工业、轻工业的投资暂时不可能，也不必急需追求，看情况变化再研究。目前应特别强调农贷、合作社、手工业贷款，及经过破坏之中小城市恢复现有商业之工作。因此分行组织一级应全面照顾本战略区的农贷及工商管理局的工商业贷款，按期催缴利息与收回发放工作。支行与办事处不按行政系统设立，要有重点地发展与建立城市工作，从主要的工商业城市做起，逐渐普遍设立。汇兑工作，总行也要有重点地建立汇兑基点，先在分行之间相互通汇，而不是普遍发生汇兑来往，树立内汇是主要的，在某些港口与通商口岸，可试办外汇或与其他战略区建立汇兑关系。

第四，分行选址问题。今后应选择中心城市，或中心地区固定一些，为了与行政机关联系，可靠近行政公署常驻地方选择，以便指挥与掌握支行、办事处，配合行政做好工作。为汇兑关系便利商民起见也是固定较好。

第五，在组织机构方面。今后应注意充实，以便准备将来迎接新的局面。在新解放城市注意发动与吸收旧的银行人员或知识青年，进行改造培养。另外原有在职干部应提高其政治业务水平，以扩大银行干部的眼界，纠正某些轻视银行工作的观点。

随后，北海银行总行还就存款、放款、利息、投资、营业，以及资金分配、机构调整等作了一系列调整，有的作出了新的规定。

1946年1月17日，山东省政府黎玉主席签发的对银行工作的指示中指出：几年来各地银行工作，不论在调剂金融、扶助生产上，还是在根据地建设上，均起了很大作用，尤其在大进军，新解放区久被敌伪压榨剥削，民生凋敝，工商萧条的情况下，银行及时解决他们的资金，恢复了工商业的经营，奠定了农民及渔盐民生产的基础，但因以往敌后分割形势，各地区银行工作还未真正统一，对整个的金融调整，发行贷放，均未能通盘计划，各级政府在对银行工作的照顾上也不够注意，未能加强领导与帮助，甚至随便借款，认为领导可以不遵守上级的制度与规定，或者不领导，即不管不问，对贷放则认为是救济，光贷不收，收贷则认为群众观念薄弱，这些思想都是错误的。

为了今后加强银行工作，省政府提出几点工作要求：

一是银行工作自农贷归政府办理、银行协助后，现银行工作主要任务是掌握城市、海口等经济重地，开展汇兑存放业务，调整金融，扶助生产，繁荣市场，改善民生。

二是各地银行组织除各地成立分行外，在重要城市可设支行及办事处，各地可按经济条件，分别酌情建设。

三是以后大批贷款，如农贷、合作贷款、工商局及其他贷款或投资，均经省政府统一规定或批准，各地不得自由分配，以免导致货币的膨胀。胶东、渤海分行的贷款必须于两个月前作整个计划报告省政府批准，贷款均须定期收回，以便货币的流转与紧缩，尤其今春货币可能膨胀，如不适时收缩，则恐导致物价上涨。

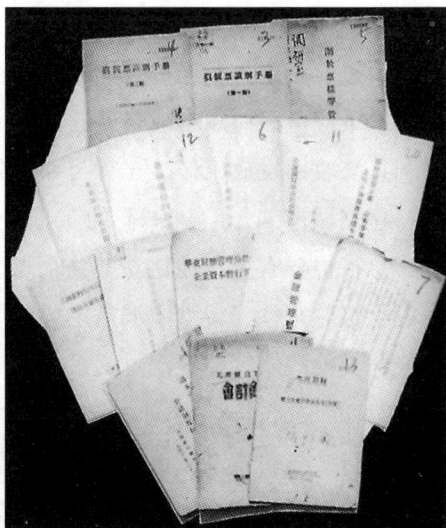

北海银行规章制度

四是工商局之贷款，既可以收缩，又是经济斗争之资本，还可以解决财政任务，是不可忽视的。过去规定工商资金应占发行额的二分之一，今后大体上仍保持这个规定。胶东应多给工商局资金，以便掌握物资，平衡物价，解决财政任务。

五是货币发行工作，滨海、鲁中、鲁南三区统一，胶东、渤海分行仍要继续印发，票样转各区，以防伪造。发行额与用途必须经省府批准。

六是各级政府应把银行看作是我们金融的钥匙，我们要很好地帮助它、领导它，但不应违反它的业务，随便批借款项，随便决定贷

北海银行业务参考资料

款，只贷不收等，更不要采取不能支配款项即不管不问的态度。银行干部也不得强调系统，独立分散，独断专行，甚至感情用事，不接受政府及群众的意见。

最后要求各地接到指示后，要立即召集银行干部作检讨，并双方检查，总结过去银行发行贷款工作，提出工作计划向省政府报告。

随着经验的积累，北海银行的规章制度越来越完善，颁布一系列的规章制度。

附

# 山东北海银行各级行处组织暂行规定

## （1945 年）

### 第一章　总　　则

第一条　为适应目前山东之情况，使之趋于统一与正规，暂制定本规定，以供发展之准绳。

第二条　各级行处定名为：（1）总行——山东北海银行总行；（2）分行——各行署区为山东北海银行××分行；（3）支行——以支行所在地之名称命名；（4）办事处——以办事处所在地之名称命名。

第三条　各级行处组织系统表（附后）。

### 第二章　总行编制及分工

第四条　总行设正副行长二至三人，负责领导全行行政、计划工作；实施检查；掌握政策事宜。

第五条　秘书室设秘书主任一人，负责辅助正副行长处理有关行政及领导全行处，处理日常工作等事宜。下设秘书及文书一至三人，收发、油印、保管一至二人。

1. 秘书及文书——负责文电之拟撰、缮写、编纂及一般文书等事宜。

2. 收发人员——负责一般文件之收发、油印及保管等事宜。

第六条　总务科设科长一人，下设庶务、管理两股，各设股长一人，科员、练习生三至五人分掌各项工作，及警杂人员十七至二十四人。

1. 庶务股人员——负责购置、供给、保管之职。

2. 管理股人员——负责总行总务、会计、生活及警杂人员管理教育。

3. 警卫班兼通讯班七至十人，内设正副班长各一人。

4. 勤务员四至六人。

5. 炊事员四至五人。

6. 饲养员二至三人。

第七条　会计科设科长一人，下设会计、稽核两股，各设股长一人，科员二至四人，办事员及练习生二至四人。

1. 会计股负责各级行处会计制度统一领导、会计设计、会计检查、供给制度之设置及总行会计工作等事宜。

2. 稽核股负责各级行处会计复核及资产负债之统计等事宜。

第八条　营业科设科长一人，下设营业、汇兑两个股，各设股长一人，科员二至四人，办事员及练习生二至四人。

1. 营业股负责掌握政策，指导各级行处处理日常存放款项、投资及一般银行业务等事宜。

2. 汇兑股负责掌握政策，指导各级行处，处理内外汇兑，代收代付外埠款项及有关银行业务事宜。

第九条　出纳科设科长一人，下设出纳、保管两股，各设股长一人，科员三至六人，办事员及练习生三至六人。

1. 出纳股负责全行各种款项之收支、库存保管等事宜。

2. 保管股负责生金银及一般实物之保存。

第十条　发行科设科长一人，下设工厂及发行股，工厂设正副厂长各一人，正厂长由科长兼（工厂组织及编制另定），发行股设股长一人，科员、办事员及练习生三至六人。

1. 工厂负印刷钞票之责，详情另定。

2. 发行股负责办理破币兑换，组织销毁委员会销毁破币及发行事宜。

## 第三章　分行编制及分工

第十一条　分行设正副行长各一人，承总行之命，负责领导分行行政、计划工作实施，对下级行处之检查等事宜。另设秘书一人，承正副行长之命，处理日常工作，一般文件之拟撰及保管等事宜。

第十二条　总务科设课长一人，课员一至二人，办事员及练习生一至三人，及警杂人员十至十七人。

1. 总务课负责购置、供给、卫生、保管，分行警杂人员之管理教育及收发油印等事宜。

2. 警卫班兼通讯班五至七人，内设班长一人。

3. 勤务员二至四人。

4. 炊事员三至五人。

第十三条　会计课设正副课长各一人，课员一至三人，办事员练习生二至四人，平时根据统一之会计制度，承总行会计科之指导，负责实施对下级行处会计之检查与领导，及分行会计工作之处理等事宜。

第十四条　营业课设正副课长各一人，下设营业、汇兑二股，各设股长一人，课员二至四人，办事员及练习生二至四人。

1. 营业股承总行营业科之指导，负责领导下级行处处理日常业务，及分行存放款项投资汇兑等事宜。

2. 汇兑股承总行营业科之指导，负责领导下级行处处理日常汇兑及分行汇兑等事宜。

第十五条　出纳课设正副课长各一人，课员二至六人，办事员及练习生三至六人，平时负责全行各种款项之收支、库存与生金银之保管及破币兑换，并组织销毁委员会办理销毁破币工作。

第十六条　仓库设主任一人，办事员及练习生一至四人，平时负责保管抵押放款之收买实物及收付登记等事宜。

## 第四章　支行编制及分工

第十七条　支行设正副行长各一人，承直属分行之命，负责领导支行行政、计划工作，实施对所属各办事处之检查等事宜。

第十八条　会计股设股长一人，办事员及练习生二至四人，平时承直属分行会计课之领导，负责实施对下级所属各办事处会计之检查与领导，及支行会计工作之处理等事宜。

第十九条　营业股设股长一人，办事员及练习生四至六人，平时承直属分行营业课之领导，负责领导下级所属各办事处之日常营业及支行一般业务之处理等事宜。

第二十条　出纳股设股长一人，办事员及练习生五至八人，平时负责全行各种款项之收支库存与生金银之保管，破币之兑换等事宜。

第二十一条　仓库设主任一人，办事员及练习生一至三人，平时负责保管抵押放款及收买之实物及收付登记等事宜。

第二十二条　另设文书一至二人，庶务员一至二人，警杂人员八至十三人。

1. 文书承正副行长之命，处理日常行文、收发、保管及一般文书事宜，并负责领导庶务工作。

2. 庶务员负责支行及一切总务工作，并受文书之指导，管理教育警杂人员。

3. 警卫班兼通讯班四至六人，内设班长一人。

4. 勤务员二至三人。

5. 炊事员二至四人。

## 第五章　办事处编制及分工

第二十三条　办事处设正副主任各一人，承直属支行或直属分行或直属总行之命，负责领导办事处行政工作、计划工作及一般业务等事宜。

第二十四条　会计设主管员一人，办事员一至二人，平时承直属上级行会计之领导，负责处理日常及办事处总务会计。

第二十五条　营业设主管员一人，办事员二至四人，平时承直属上级行营业之领导，负责办理各种存放款投资及汇兑等有关业务。

第二十六条　出纳设主管员一人，办事员二至三人，平时负责办事处各种款项之收支、库存、生金银之保管及破币之兑换，直属总行之办事处，呈请总行组织销毁委员会处理销毁破币之工作。

第二十七条　仓库设主管员一人，办事员一人，平时负责保管抵押放款与收买之实物及收付登记等事宜。

第二十八条　另设庶务员一人，练习生六至八人，警卫员兼通讯员二至五人，勤务员一至二人，炊事员一人。

### 第六章　附　　则

第二十九条　各分支行及办事处，得酌量情形在各处设破币兑换所，委托妥实商店代为办理，原则上不派人协助。

第三十条　渤海、胶东两地，得根据当地情形酌增设金库，设主任一人，办事员及练习生一至二人，各级行处如因业务需要得呈请总行酌增人数。

第三十一条　各级行处人员之任用，待山东省政府颁布北海银行各级行处组织条例后，再行规定。

第三十二条　在山东省政府未颁布北海银行各级行处组织条例前，本规定暂行通用。

第三十三条　本规定如有未尽善处，得提交总行行务会议修订之。

第三十四条　本规定自公布后实行。


附件

山东北海银行各级行处组织系统表（表略）

其内容为：

1. 总、分、支、处到破币兑换所，为领导关系。

2. 会计、营业、出纳之业务系统是指导关系。

3. 总、分、支行均有行务会议，办事处为处务会议，由各科、课、股长参加。

4. 总行、分行之科、课，有科（课）务会议，由各股长参加。

（摘自北海银行总行档案第一卷）

## 五、其他业务

北海银行总行在此期间，除了存款及汇兑外，其他业务还是由工商管理局主管或具体经办。代理金库归地方财政。

在此期间，国民党政府忙于内战，集团制假有所收敛。但造假事件仍时有发生，制假水平也有提高。

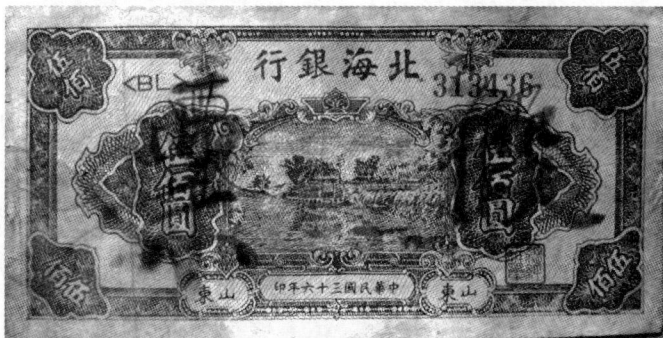

票上盖有"假票"二字

1946 年 9 月，山东省政府颁布了《修正处理伪造及行使伪造北海币的暂行办法》。

1947 年 9 月，北海银行大鲁南分行行长联席会议决定：从 1947 年起，所有农业、副业、渔业贷款等由政府移交银行直接经营。

到 1948 年 2 月，银行才重新代理金库。山东省政府、华东财办联合发出《关于原各级政府金库移交北海银行并由北海银行代理全省各级金库的指示》，指示要求建立严格的金库制度，保证一切收入解库，一切支出统一于华东财办，是贯彻财政统一之中心关键。并指出在去年的华东财经会议上，已经一致决定将各级政府之金库全部归并于北海银行，指定北海银行代理山东省各级金库，要求各地限2月底以前迅速交接完毕，不得拖延。

北海银行总行自八路军第一纵供给部1940年春在沂蒙根据地开始筹建，至1947年离开沂蒙，历时七年。在这短短的七年时间里，北海银行从仅有一台小石印机发展到拥有胶版印刷、铅印等数个大厂；从没有分支机构，发展到分支机构遍布全省；从没有规章制度，发展到拥有一套完善的适合战争时期的一整套规章制度；从仅仅印发钞票，到开展存贷款、汇兑、投资、收购及买卖金银、代理金库等多项业务；从年发行货币十几万元，到年发行量136亿元，形成了飞跃式地发展。北海银行总行有力地支援了战争，支援了根据地的经济建设，改善了根据地的货币流通环境，稳定了物价，保障了根据地人民的生活，为抗日战争和解放战争作出了巨大的贡献。历史走过去了，北海银行已经离开了我们的视线。今天，面对分支机构林立、高科技设备武装、高速运转、庞大的现代化金融体系，我们不能忘记当年战斗在山沟里的金融工作者，不能忘记那些帮助和支持过红色金融，甚至为保卫红色金融献身的根据地群众，没有他们当年的艰苦创业、无私奉献和流血牺牲，就不会有今天我们所取得的一切成就！

# 第四章　北海银行启示录

一位金融学者曾这样评价中国共产党领导下的革命根据地金融实践：我们不无惊奇地发现，尽管规模和复杂性有所不同，今天人们谈论的美元霸权、欧元扩张、金融自由化、货币战争以及人民币国际化等问题，昔日的边区政府尤其是银行行长都遇到过、讨论过并漂亮地处理过了。如果说今天中国面临的最大挑战之一来自货币金融领域，那么，数十年前根据地共产党人那一段勇于实践、积累经验、利用规律、科学总结的精彩历史，或许能够告诉我们许多。

作为中国人民银行前身之一的北海银行，在山东大地上存在了十一年之久，在中国共产党领导的革命根据地金融事业中留下了浓墨重彩的一笔。翻阅手头有关北海银行的书籍，品读当年金融前辈们留下的一份份文件资料，深思战争年代银行工作者的探索与实践，传承给我们的不仅仅是从事金融货币斗争的历史，更重要的还有银行业务、内控管理、队伍建设等方面的宝贵经验。

北海银行所从事的金融业务，主要是战争时期的货币发行和货币斗争，以及以农民为主要对象的农村存款、汇兑、小额贷款等业务，解放战争时期还在城市做过以工商业为主要对象的城市金融业务。北海银行前辈们的金融实践远比西方经济金融学理论更前卫。更为重要的是，亲自动手干出来的实践经验相对于停留在纸面上的理论探讨，根本就不是一个层次的。他们对于货币流通和信贷资金运动规律的认识和把握，对传统业务方式和金融信用工具的运用，对多种经济成分的政策掌握和处置，对银行资金的运用和管理，对于业务风险的控制和人才队伍建设，都具有相当高的水平且成效卓著。而且，货币金融工作的许多重要经验，还曾由当时的著名经济学家和主要领导同志，从理论认识到政策策略，从方针原则到管理措施，都作过很好的总结和阐述。

鉴往知今，通过对北海银行史料的研究，我们可以发现很多值得为现在的银行工作者所借鉴学习的重要内容。认真研读北海银行的文献史料，我们不得不为金融前辈们的智慧和勇气而叹服。在中国共产党的领导下，虽然我国的金融业发生了历史性变化，已基本建成了与社会主义市场经济相适应的现代金融体系、金融市场体系、金融调控和监管体系，与北海银行时期的战时金融和地方金融有了很大的不同，但是，就金融工作的一般规律而言，我们今天所遇到的许多问题，有一些也是北海银行曾经遇到过的，并且已经有了成功的经验或反面的教训。

1940 年 10 月诞生于沂蒙大地上的北海银行总行，逐步建立起覆盖整个山东根据地的独立的银行组织系统，直至中国人民银行成立后改为中国人民银行华东区行，经历了近十个年头。最初的北海银行总行与各区分行相互独立、各自运行，到后来逐步担当起领导、管理山东根据地金融工作的责任。本文仅从北海银行的具体业务与内部管理方面来进行探讨，或许能够为今天仍然困惑我们的许多工作难题找到解法，为当今银行业务的创新提供一点思路。

# 第一节　银行会计管理：制度不严是造成错误的根源

总地说来，一年来的会计工作就分行本身看是有比较健全的制度的，虽有许多疏忽及错误，但多系技术性质的，而支行、沂蒙县办的许多错误则是由于领导的轻视所致，这是一种比较严重的现象。就会计工作的领导来说，一年来只对各县作表面检查，文牍主义地核阅报告，从而成为下级行一切疏忽及怕麻烦的便利条件。

——摘自《鲁中北海银行一年总结报告（1943 年）》，鲁中南分行档案第一卷

　　银行会计是银行的重要基础工作。所有的银行经营活动都要通过会计核算来加以计量、分类和报告，都必须在会计凭证、账簿、报表中加以记载和反映。银行风险的产生、发展与银行会计管理密切相关。北海银行总行自建立以来，高度重视会计管理工作。总行首先设立了营业科、会计科和发行科，首任会计科长为陈中。北海银行总行一直把加强银行会计管理工作，完善会计内控制度，规范会计行为作为防范银行风险的重要环节。

　　1942年7月22日，北海银行总行作出了关于组织、会计、出纳、营业、发行等问题的决定，在会计方面提出了严格月报制度、统一经费开支、严格会计手续等三项制度。制度要求各支行月报在下月10日前报送到分行，分行汇总各支行月报，如可能时可汇总月计表报总行；各分行建立预算制度，县办事处经常费、营业费一切支出暂由支行开支，各支行每月向分行报经常费预算；健全账簿组织，严格会计手续，抽调会计人员进行短期训练，使之会履行初步的会计手续。

　　1943年6月22日，山东省战时工作推行委员会发布北海银行组织章程，对总行、分行、支行和县办事处的会计组织及人员作出明确规定，总行设会计科，分稽核、会计、金库三个股，分行设会计科，支行设主任一人，行员三人，办事员一至二人，分掌会计、营业、出纳等事宜，县办事处设主管员一人，办事员二人，分掌会计、营业、出纳等事宜。

　　1945年颁布的《山东北海银行各级行处组织暂行规定》，进一步明确了各级行的会计组织机构设置、人员编制及职责分工。具体规定有：总行会计科设科长一人，下设会计、稽核两股，各设股长一人，科员二至四人，办事员及练习生二至四人；总行会计股负责各级行处会计制度统一领导、会计设计、会计检查、供给制度之设置及总行会计工作等事宜，稽核股负责各级行处会计复核及资产负债之统计等事宜；分行会计课设正副课长各一人，课员一至三人，办事员练习生二至四人，平时根据统一之会计制度，承总行会计科之指导，负责实施对下级行处会计之检查与领导，及分行会计工作之处理等事宜；支行会计股设股长一人，办事员及练习生二至四人，平时承直属分行会计课之领导，负责实施对下级所属各办事处会计之检查与领导，及支行会计工作之处理等事宜；办事处会计设主管员一人，办事员一至二人，平时承直属上级行会计之领导，负责处理日常及办事处总务会计。

抗日战争胜利后，随着解放区经济的发展，北海银行不断成长壮大，会计管理日趋规范统一。1945 年 12 月 15 日，北海银行总行颁布了两个规定：一是关于预决算办法的规定，二是对会计科目的规定。规定要求各级行清理账目、整理科目、结算损益，对负债类、资产类、损益类 51 个会计科目进行了规范。这是第一次全面的会计年终决算，要求决算期于当年 12 月 31 日至次年 1 月 10 日，进行结算利息及其他损益事宜。在年终决算结束后，北海银行总行连续发布了多个有关会计工作的重要通函，主要的有 1946 年 1 月 10 日《关于会计实务规定的几点补充说明》（会字第七号），1946 年 1 月 23 日《关于经费开支规定的通函》（会字第十一号），1946 年 4 月 13 日《关于布置历年统计数字的通函》（会字第十八号）。

1946 年 2 月 7 日，北海银行总行发布《关于召开全行第一次会计会议的通函》（会字第十三号），决定 3 月 15 日召开全行会计会议，总结整个银行成立以来的会计工作，统一今后会计手续及制度，拟定本行会计规程。1946 年 4 月，《山东北海银行暂行会计规程》正式颁布，这是共产党领导的山东革命根据地银行第一个较为全面规范的会计操作规程，直到今天我们中央银行和商业银行的会计规程仍然没有脱离这个框架。规程共分为 16 章，179 条，约 27 000 多字，详尽而全面地对银行会计工作作出了规定。第一次会计会议结束后，各分支行迅速分头召开会计联席会议，传达学习总行会计规程，加强会计技术工作，健全统一各行处会计工作制度。

1946 年 8 月下旬，北海银行总行直属行处第二次会计会议召开。会议对 3 月召开的第一次会计会议布置工作和会计规程实施情况进行总结交流，对会计规程进行全面性学习讨论，并进行补充和修订。随着解放战争的节节胜利，国民党对山东解放区的重点进攻受到严重挫折，山东战场全面转入战略反攻。1948 年 12 月 16 日，中国人民银行总行指令"北海银行总行即改为中国人民银行华东区行"；1949 年 11 月 1 日，山东北海银行奉命改称中国人民银行山东省行，北海银行各分支机构亦同时更名，改辖于中国人民银行山东省行；11 月 6 日，中国人民银行山东省行对外公开宣布收回北海币，到月底，人民币在市场货币流通量中已占 99.86%，北海币完成历史使命退出流通领域。在此期间，北海银行召开五次会计会议，不断加强对会计工作的领导，发布了一系列会计工作规章制度，全行的会计工作逐步走向统一。通过以下这些文件我们可以看到北海银行会计管理不断规范的过程。《北海银行总行为代理财政厅缴解与划拨财政收支的通函》（1946 年 9 月 14 日），《北海银行总行关于总分支处间划拨手续之补充规定》（1947 年 1 月 8 日），《北海银行总行关于贷款所成立后贷款所及其管辖行处之会计处理方法》（1947 年 2 月 24 日），《北海银行经常费开支标准》（1947 年 3 月 1 日），《北海银行总行为规定各种贷款结息办法的通知》（1947 年 12 月 20 日），《北海银行代理金库办事细则》（1948 年 1 月 7 日），《北海银行总行关于金库工作的通知》（1948 年 4 月 12 日），《北海银行总行关于本行资本管理补充规定的通知》（1948 年 8 月 11 日），《北海银行总行关于会计工作的若干补充规定》（1948 年 8 月 18 日）。

回顾北海银行会计管理工作的历史，我们为老一辈银行家在战争年代创造如此全面、严密、规范的会计制度而惊叹。银行会计随着银行的出现而同时诞生，银行每一笔经营业务的运作过程，也就是银行会计的运作核算过程，都要通过会计来实现，银行会计可以客观地对银行的经营活动起反映、核算和监督作用。也许北海银行的管理者们并没有想到他们为新中国金融事业开创了先河，也许那个时代的银行会计们不懂得高深的金融会计理论，也许大多数的会计人员没有接受过会计业务技能的培训，但是，在银行会计核算高度现代化的今天，前辈们加强会计管理的经验仍然可以为我们在后金融危机时代防范和化解银行经营风险提供借鉴。

北海银行的会计管理工作制度严密、要求严格、核算准确、反映真实，北海银行之所以能够成长为中国人民银行，它所发行的北海币之所以能够伴随着人民币统一全国货币市场，这与北海银行的会计管理密切相关。这对于指导我们今天的银行工作，进一步加强和完善银行会计管理，有着多方面的启示。

强化对银行会计工作的领导。银行能否坚持贯彻执行会计制度是衡量一个会计单位基础工作好坏的基本标志。各级银行领导要充分认识到银行会计工作的重要性，在实际工作中要强化银行会计是银行内当家的认识，把银行会计制度建设、提高会计人员素质作为重要措施来抓。牢固树立银行"三铁"观念，有效防范银行风险的产生。

强化制度约束，完善内控手段。落实管理责任制度约束是在银行会计每个运作环节和工作系统中建立起来的，包括各岗位职责、业务活动规程、部门制约制度等、整套行为规范及内部管理制度，是银行内部制约机制的核心。

强化会计检查指导。组织会计检查专门班子，加强对银行会计工作的检查督导，促进银行会计基础工作的管理和规范。发现问题认真整改并完善制度，及时堵塞管理漏洞，真正做到有章可循、违章必纠。

强化审计部门的稽核监督作用。北海银行的会计机构中一直保留着相对独立的稽核组织，独立行使对银行会计管理的监控职权。银行会计管理的风险，不仅是由于规章制度不健全、不完善，更重要的是由于制度不落实而产生的银行风险。高效严格的稽核机制可以及时发现隐患，把银行风险消灭在萌芽状态。

强化银行会计队伍建设。战争年代的北海银行通过组织培训、会议学习、业务练兵等形式，培养了一支政治素质好、业务素质精、管理水平高的银行会计队伍，成为新中国开展银行工作的宝贵财富。当今市场经济条件下的银行会计人员，更需要加强学习，强化全方位、多层次的岗位教育，打造一支中国金融业走向世界的银行家队伍。

## 第二节 银行出纳：大多数
## 银行人员从事的工作

出纳方面：（1）彻底实行法币贬值，严格实行本位币制，一切收支都要进行折扣。（2）停止换破法币，统制新法币，尽量向根据地外排挤，以调剂市场金融。（3）收买生金银，尽量防止生金银外流，可由分行按市价统一收买，各支行可替分行代买，以有计划地调剂对外贸易。（4）加强破本币兑换，提高本币流通信用，各分支行可委托合作社商店进行代兑。

　　——摘自《北海银行总行关于组织会计出纳、营业、发行等问题的决定》（1942 年 7 月 22 日），北海银行总行档案第一卷

　　银行的传统业务就是信贷、会计和出纳，直到今天的现代商业银行仍然把现金收付作为一项重要业务。现金出纳业务是银行业务的重要组成部分，是银行一切业务的基础。我们今天在货币发行和出纳工作中所坚持的制度和原则，基本上都脱胎于战争年代金融前辈们的实践经验。银行现金出纳的主要任务是办理钞票的收付、整点、保管和调运，做好现金的回收和供应工作，办理残损钞票、停用货币的兑换和回收，负责反假货币工作等。银行必须选配忠诚可靠、责任心强、经过专业培训的人员担任出纳工作；出纳工作必须坚持监督制度，严格交接手续。回顾北海银行的出纳工作历程，对于工作生活在现代化环境里的金融从业者来说，或许可以读出不同的感悟。

　　北海银行成立初期的一项重要任务就是物色具备银行业务知识的专业人士，建立会计出纳制度，开展营业。1940 年北海银行总行在沂南县成立后，设立了营业科、会计科、发行科，随后又增设了出纳科，并立即着手制定一系列的规章制度。总行第一任出纳科长是贾洪，出纳员有金波、辛毅、宋希英等。在以后总行和各分行的内设机构调整中，均设立了出纳管理部门。

　　北海银行最初的业务很少，主要任务是办好印钞厂印制发行北海币，银行的存款业务不多，出纳的任务也就不重。当时由于北海币只是作为法币的辅币参与流通，假币也不多。北海银行历年货币发行统计表显示，1939 年北海币发行量为 32.4 万元，到 1940 年胶东分行重建和总行成立后，累计发行量达到了 822.9 万元，增加了 25 倍；1945 年北海币累计发行量达到 20.9 亿元，是 1940 年的 254 倍；到 1948 年，北海币加上华中币的累计发行量已达到 6 563.7 亿元。北海币已占领山东全省大部分市场，现金流通量的快速增长，给银行出纳工作带来了繁重的压力。1948 年 11 月 25 日，《华北银行总行关于发行中国人民银行钞票的指示信》中指出：

公私款项在收付携运上均极感不便，市场交易也受影响，公私企业为点款而增设许多人员，我们银行以十分之四至十分之七的人员从事出纳工作尚感不足，因此就滞碍了金融流转，不便于商品流通，浪费了人力物力，大有碍于生产了。

在统一货币流通之前，北海银行各分支机构为了解决出纳人员严重不足的问题，吸纳了大量人员进入银行，从事出纳工作。一位离休的老同志讲述他当年成为北海银行鲁南分行出纳员的经历：解放军来到村子，见他是一个孤儿，参军年龄太小，就问他想不想在银行干。他说俺不认识字，银行领导就问他会识数吧，只要能数清一百个数就行，他说会数，银行领导就说那你去干出纳吧。就这样，他成为北海银行队伍的一员，后来经过不断学习成长为一名金融领导干部。

北海银行的出纳制度是随着业务发展而不断完善的。1942年7月22日，《北海银行总行关于组织会计出纳、营业、发行等问题的决定》中，对出纳方面提出的任务是执行本位货币制度、提高本币信用、向根据地外排挤法币、加强兑换残破北海币、收购金银、调剂市场金融等。同时对营业和发行方面提出了要求，要制发宣传品，进行营业宣传，提高群众对银行的认识，大力推行北海币，防止仿造本币，取缔禁用法币及土杂钞。

1943年6月12日，山东省战时工作推行委员会发布《北海银行组织章程》，规定总分行设立发行科、会计科、营业科，各科均有与出纳相关的业务，发行科分为发行、鉴定、收支股，各支行、办事处均设有出纳人员，并规定各县要在重要集镇设立代办所。《北海银行代办所简章》规定代办所的工作范围及权限是：代办识别、兑换本币，介绍存款、汇款，收买生金银并调查物价涨落及货币流通情形报告银行。这时的代办所为银行分担了部分出纳业务，成为北海银行深入农村服务群众的重要帮手。

北海银行成立初期与抗战胜利后，出纳工作的内容和方式都变化很大，从当初的简单收付、保管，发展到进行货币斗争、排除法币、反假货币、收兑金银、兑换残破币和兄弟根据地货币，成为北海银行出纳工作的主要内容。

北海银行总行的第一任出纳科长贾洪在回忆文章里说，抗战初期，经常行军打仗，三天两头转移驻地，当时的出纳工作，责任大，工作苦，常是提心吊胆怕出事，怕出错。行军时靠人背马驮钞票和黄金，出纳员是身披黄金带，腰扎北海票，紧跟驮钱的骡马，一步也不敢离开。住宿时睡在钱箱旁，更是睡不安宁，精神负担很重。但是那时的现金收付、钞票反假等业务较少，出纳人员只要保管好钱物不出事就完成任务了。

到 1943 年，北海银行各项业务不断发展，会计出纳队伍建设、制度建设也不断完善。鲁中北海银行 1943 年的总结报告中，对全年会计出纳工作进行了分析，可以看出，当时出纳工作的业务量已成倍增加，对人员业务素质和点钞技术的要求也提出了明确规定。报告总结了一年来的出纳工作概况：1943 年的主要工作是停用法币和大量发行北海币，在停用当中法币的兑入、兑出是很繁忙的，又加上莱芜农民合作社流通券限期收回，因此出纳工作也随之比往年忙碌些。（1）收支方面：一年来，共运往泰山区本币 150 万元，运泰南本币 100 万元，运往沂山区 12 万元，运往鲁南 150 万元（法币）。累计收入现金 35 471 599.24 元，付出现金 32 258 373.91 元；坚持定期核对库存、现金收支传票经负责人盖章等制度，但由于业务技术不熟练，工作上较为忙碌。（2）兑换方面：一年来，贯彻停用法币的指示，在沂蒙各重要集镇设立兑换所，为老百姓普遍兑换，共兑入法币总数为 4 643 926.2 元，兑出总数为 4 291 467 元；做好北海币红版伍元停用收回和残破币的兑换工作，共兑入破币 571 309.85 元。（3）保管方面：建设了两个洞，一个是石头的，一个是木制的，作为情况紧急或余款的保存使用；对于生金银的保管，由机关负责人亲自动手找地方保存，地点保密，保存多用箱子或缸子；法币与本币的保管，用箱子盛起来或用布包装，保存时又分出常用和不常用的，洞子分秘密的和公开的。

该报告对执行会计出纳制度的问题进行了深刻剖析：在制度方面，各地执行情况有很大的差异，最主要的根源是传票制度的执行。经常库存里放着大批单据，直到月底才制传票，个别县的库存极度紊乱，如沂中库存究竟是多少一点也不清楚。有的写过传票并不入账，形成交易与账无关，而账又与现金无关，付款时写一个科目，收款则写为另一个科目，此次县办（清查）结束时，库存方面没有一个准确的，这里除技术生疏及责任心差外，制度不严则是造成一连串错误的根源。在报告制度方面，一般大都执行了，……但有些会计单位并不忠于这一制度，各种表单都只有笼统的总数，又因结账时不对库存，所以库存种类大多数是填写，泰山支行曾因负责会计工作的病故，三个月没有月报，没有结账。蒙阴及沂北方面，旬报及库存报告也不经常。

北海银行高度重视对出纳人员的业务技术培训，强调技术练兵，当时涌现出以郭玉梓为代表的一批业务技术能手，鲁中分行号召出纳、鉴定人员向郭玉梓看齐，要求做到点钞熟练准确不错，记账做到清晰，不潦草，不出错。对银行出纳人员的点钞技术要求是，新本币要求每分钟 300 张，旧本币每分钟 100 张，新法币每分钟 150 张。

1944 年，鲁中分行对会计出纳工作提出了更加明确的要求：会计工作方面要建立严格正规的会计手续，规范传票及记账手续，会计人员要提高责任心，坚决执行好报告制度；修改供给制度，实行节约，规范预决算制度；加强对各级行会计的统一领导，建立经常检查制度，整理支行账目；加强培养熟练会计人员，要求会计股的同志要通晓全部会计工作。出纳工作方面提出了 6 条要求，一是严格执行五日对库存制度，保证不出错；二是严格执行统一本位币制，清理库存杂币；三是整理库存的保管；四是严格出纳人员纪律，短少库存由个人负责；五是严格执行收支制度，做到不盖章的传票概不付款；六是制定破本币兑换办法，发给各工商机关。

同时会计科提出了加强整风及业务学习、提高工作效率的具体要求：一是各股应分别研究自己范围内的工作及制度，全行应总结讨论定出合乎科学的各种制度和账表；二是收集会计的书籍，由会计股负责加强会计原理的学习，要求每个银行正规干部必须通晓银行会计；三是加强计算法的学习，要求熟练准确。

1945 年底颁布的《山东北海银行各级行处组织暂行规定》，对出纳业务作出了明确规定。总行、分行、支行均应设立专门的出纳机构，办事处设一名出纳主管。总行出纳科设科长 1 人，下设出纳、保管 2 个股，各设股长 1 人，科员 3~6 人，办事员及练习生 3~6 人；出纳股负责全行各种款项之收支、库存保管等事宜，保管股负责生金银及一般实物之保存。分行出纳课设正副课长各1人，课员2~6人，办事员及练习生3~6人，平时负责全行各种款项之收支、库存与生金银之保管及破币兑换，并组织销毁委员会办理销毁破币工作。支行出纳股设股长1人，办事员及练习生5~8人，平时负责全行各种款项之收支库存与生金银之保管，破币之兑换等事宜。办事处设出纳主管员1人，办事员2~3人，平时负责办事处各种款项之收支、库存、生金银之保管及破币之兑换，直属总行之办事处，呈请总行组织销毁委员会处理销毁破币之工作。

今天商业银行的现金业务与战争年代相比已发生了根本性的变化，现金业务的工作方法和手段与战争年代相比已不可同日而语。但现金业务的对象还是钞票，服务的对象还是社会公众，这是不变的内容。研究北海银行的出纳工作，对于我们做好人民币管理业务有以下启示：第一，领导重视是做好现金收付工作的前提；第二，注重对出纳人员或临柜人员政治素质和业务素质的培养是做好现金收付工作的基础；第三，严格执行规章制度是防范业务风险的根本手段；第四，强化监督检查是保障基础业务工作顺利开展的关键。

## 第三节　农村信贷业务：使农贷真正用于生产

农贷的发放，依据如下几个原则进行：甲、本着公私两利低利贷放，有借有还，不得视同救济性的赈款。乙、从深入有组织的农民和目前尚未组织起来的农民中去组织农民劳力、资金，计划生产着手，来进行贷款，贷款用于生产，并通过贷款组织农民本身的资金投入生产。丙、为使农贷能贯彻生产路线与阶级路线的一致，要反对过去贷款只限于向有生产能力即有钱有工具者贷放，而忽视缺乏生产资金工具的雇贫中农；同时贷款贷给雇贫中农，而不组织其生产，单纯地解决日常吃饭也是不对的。丁、以自报公议、群众评议的群众路线，达到确定贷户、贷款额与贷款用途。戊、农贷以粮食为主，但在某些地区秋收后需要贷放耕牛、农具时，为防止贷粮影响粮价下跌，可贷放现款。贷粮还粮，贷款还款。已、农贷应依据农业生产季节，早做打算，及时发放，求得不违农时。庚、依据当时当地农民生产的必需与农贷资金的可能，进行有重点的贷放，反对平均分配的贷款办法。辛、农贷发放的地区一般应在农民有了初步的组织，生产必需和银行机构已经建立起来等条件下才可进行。

——摘自《山东北海银行农民生产贷款暂行章程》，北海银行总行 1948 年 7 月印行

中国共产党通过农村包围城市的道路实现了新民主主义革命的胜利，北海银行从创建到发展都是遵循着这一原则进行工作的，它是人民大众的银行，更是农民的银行，它的根深深扎在齐鲁大地广阔的农村。抗日战争时期，北海银行发展农村贷款业务，稳定了抗日根据地的金融体系，为抗战胜利积累宝贵的资金，促进了根据地生产的恢复和发展；解放战争时期，北海银行通过在农村发展贷款业务，为农业生产发展和农村经济复苏，以及支援战争的胜利起到了至关重要的作用。

北海银行农贷业务的发展，从银行初创时期的零星发放贷款到抗日战争时期的全面发展，一直坚持群众路线和发展生产的原则，虽然解放战争时期曾出现过短暂的偏离，但总结教训后又更加坚定了这一方向，为我们今天进行农村信用体系建设和开展农村信贷业务提供了很好的借鉴。

1941 年前北海银行创建初期开始零星发放农户小额低利贷款。早在北海银行建立之前，一些地方的民主政府就举办了低利或无息贷款，在经费短缺的情况下，挤出少量资金，设立贷款组织用以帮助贫困农民生产度荒。北海银行总行在临沂建立后，要求各地设立农民贷款所，进一步给予资金支持，用以扶助合作事业和手工业，以及春耕生产等，使农民贷款工作又得到了发展。但这个时期的农村贷款工作还处于零星发放阶段，银行的放款也多拨给政府，以政府的名义发放。

1941 年 1 月，中共中央《关于土地政策的决定》发布后，山东根据地深入开展"减租减息"运动，山东分局和战工会决定配合"双减"，增发

大量农贷，责成北海银行总行颁布贷款办法，统一办理农村贷款工作，承担起组织全省发放农贷的任务，从此农贷进入统一安排、全面发放的阶段。贷款方针是大量贷款，发展生产，协助农产，增加实力，开展经济建设。1942 年春，为了帮助各抗日根据地展开春耕运动，北海银行总行决定在鲁中、鲁南、胶东、清河各地区，分别举办春耕贷款，原定贷款总额为800 万元，但实际贷款总额达 938 万元，相当于当年北海币发行总额的20%。北海银行的贷款工作取得了巨大的成功。

　　农村贷款工作取得成功后，北海银行总行进一步细化了贷款工作的规定，以保证农村信贷业务的规范性，促进贷款业务的可持续发展。北海银行的贷款政策受到了广大群众的欢迎，在规范化政策的引导下，北海银行的贷款工作获得了更大的发展。1943 年，北海银行确定贷款额度增至2 000 万元，分别由各区负担，贷款主要应为农贷，不得低于 50%，工业贷款 30%，贸易贷款 20%，以保障农工商业均能得到合适比例的贷款，均衡发展。实际发放为 2 512 万元，相当于当年北海币发行总额的 31%；截至 1945 年，山东全省各地仅农业贷款发放就已经达到 1 亿元。大量的贷款进入农工商各行各业，一方面解决了根据地经济困难，对发动群众，减租减息，开展互助合作，种棉纺织，恢复各项农村生产，解决军民吃穿问题，度过最困难时期，起到巨大的支撑作用；另一方面促进了农、工、商业的发展，巩固了根据地的经济建设，调剂了山东根据地物资平衡，刺激了市场的发展，为山东根据地的发展壮大提供了物质保障。

　　1944 年，抗日战争由相持阶段转为反攻阶段，根据地掀起了轰轰烈烈的大生产运动，提出了"耕三余一"和"穿衣自给"的口号，当年的贷款额增至 3 049 万元，1945 年又增至 1.2 亿元。为支持党政军等机关开展大生产运动，还举办了机关部队生产贷款，支持各单位进行自给性的生产，解决了部分经费，减轻了人民负担。到日军投降前，山东根据地已是一派丰衣足食、兵强马壮、市场繁荣的景象，为抗日战争的最后胜利提供了物质基础。

　　北海银行在抗日战争时期的农村信贷工作，由于缺少统一的业务指导，大部分地区没有正确掌握农贷政策，出现了一些问题。历史是一面镜子，当年北海银行出现的问题，与当前农村金融机构开展农户小额贷款中出现的一些问题有相似之处，研究这些问题及当年解决问题的办法，对于指导今天的农村信贷工作乃至农村金融改革颇有意义。

1944 年 11 月，山东省行政工作会议财政组总结报告中指出有关银行贷款的问题，具体表现在：贷款组织不严密，发放机关与农村部门脱节；基本上仍是交由政府的实业部门组织发放，在区乡由民政助理员掌握，村一级则由村干部掌握，不能集中使用，由县到区、由区到村平均分配；单纯为政治影响，没有注意增产与示范的作用。在贷款中出现了许多弊病，如干部贪污，或贷去自用、赌博，干部私分多占贷款较为普遍。贷款又多以政府的名义出现，随便分配，当做救济性质，有的照顾了烈军属，有的照顾了积极分子、生活困难户。加上"重贷轻收"现象普遍存在，干部变动频繁，手续不严，以致造成了收回贷款的困难，失去了农业贷款的真正意义，这都给银行以后加强与改进农贷工作提出了挑战。

抗日战争结束后，面对战后的新形势，北海银行又积极调整政策，充分利用经济杠杆，通过农村贷款等方式，大力支持土地改革和生产救灾，保障了解放区人民的生产生活，提高了人民的生活水平。在解放战争初期，北海银行一度将工作重点转向城市，提出了"掌握城市、海口等经济重地，开展汇兑存放业务，调整金融，扶助生产，繁荣市场，改善民生"的工作思路，将农贷全部交给政府实业部门办理，并撤销了农村机构。因此，农村信贷业务受到挫折。例如，1946 年 2 月 7 日，北海银行临沂办事处开业，拟定的工作方针是以扶助城市工业恢复与发展为主，商业为辅，将全部资金的三分之二用于刺激与扶助工业的发展，三分之一用于商业与运输业。但是，经过半年的工作，效果甚微。再如，北海银行鲁南第一办事处 1946 年 1 月决定发放贷款 250 万元，用于扶助农工商业，重点帮助群众发展冬季纺织事业，具体贷款数目分配为：费县 50 万元。平邑县 80 万元，泗水县 40 万元，曲阜县 30 万元，邹县 50 万元。银行办事处专门派出干部到各县配合实业部门研究贷款发放方案，但也没有收到预期效果。

时任山东省工商管理局监察委员的薛暮桥同志在华北财政经济会议上的报告中，对抗战胜利后山东根据地的经济工作方针进行检讨，"我山东的经济工作，因我主观领导跟不上客观形势的发展，始终落在后面，所以就犯了很多错误。""进占城市与坚持农村的问题。敌人投降后,我在整个工作的布置上是进占城市,把主要工商干部及大量资金集中起来,分配到几个大城市去,结果乡村工作大部分垮台了。……机构拆散了再恢复是很困难的。""从这半年的生产建设工作中,给予我们一个很大的教训,即:在今天战争的情况下,城市和机器并不能真正解决问题,而真正能解决问题的,还是农业和手工业生产。我们今天所有吃饭穿衣等问题,仍然完全依靠乡村,依靠农业和手工业来解决的。"

面对抗日战争结束后连年严重的灾荒,北海银行积极响应中共华东局"不饿死一个人,不荒掉一亩地"、"把生产救灾作为全党全民唯一的中心任务,其他一切工作都要服从救灾这个中心"的号召,积极开展发放贷款公债、抵御灾荒的活动。

1946 年 3 月 15 日,中共华中分局发出《关于紧急救灾工作的指示》,决定以北海银行为主,发行救灾公债 9 000 万元,限 5 月 10 日以前完成,并提出了救灾的具体办法。北海银行也进一步明确了贷款的目的和性质,指出"贷款的意义是政府为了扶持群众生产,或是提倡某种为群众有益的事业而投入的资金,它的目的在使群众运用这些资本发展生产,从生产过程中获得利益,它和救济物资是不同的",这既保证了生产的资金、物资充裕,解了群众的燃眉之急;又避免了部分群众依赖救济、产生惰性情况的出现。在北海银行的不懈努力下,根据地的生产活动很快得到了恢复。

1946 年 7 月,内战全面爆发。根据地领导认识到由于和平麻痹,制度松懈,产生财政漏洞,更由于竞相投机取巧,放松生产,再加抢购,导致市场恐慌,物价动荡,因而针对这些经济危机进行了重新部署,检讨了过去和平建设的方针,在 9 月又提出了将银行工作再转向农村、开展农贷工作、尽快恢复和分设农村机构等部署。在当时国民党军大举入侵的情况下,虽然上述决策难以贯彻实现,但省政府仍然于 1946 年批准发放农贷 2 亿元,实际放出 1. 65 亿元。

1947 年 1 月,山东省政府发出《关于贷款问题的决定》,确定农贷主要由北海银行直接负责,北海银行总行重新把信贷工作重点放到农村。2 月,在初步总结农贷工作经验的基础上,北海银行总行颁发了农业贷款暂行简章及办法的通知，提出了贷款必须用于生产、掌握重点发放及走群众路线等原则，在物价暴涨的情况下，又提出了折实和实物贷放（主要是粮食）的办法。根据此通知要求，北海银行 1947 年发放农贷达 32.2 亿元，占当年银行放款总额的 45.3%。

1947 年底，山东地区战局发生转折。为迎接战略反攻阶段的胜利，1948 年 1 月，中共华东局财委会召开了会议，对银行工作进行部署，决定进一步做好农贷工作，以支援爱国自卫战争的胜利，保证财政收入。会议专门作出《关于银行工作的决议》，决议明确指出："由于中国农民约占人口的 80%，而雇贫农、中农又约占农民的 90%，所以我们的银行在今天农村环境中基本上是为农民服务、也是农民银行。"确定北海银行当前的重点是做好发放农贷和代理金库工作，以配合执行三大实施方案，即"精简编制"、降低"供给标准"、"清理资财"，集中财力，克服财政严重困难，战胜严重的灾荒。

在当时大力精简机构人员的情况下，批准北海银行普设机构。以鲁中区为例，1947 年以前农贷工作完全由政府的实业部门办理，自 1947 年开始省政府决定由银行直接经营，当时银行机构还不健全，只是在县级建立了银行机构，工作人员缺乏经验，到 1948 年 2 月，各级银行机构已普遍建立，各项制度基本健全。1948 年上半年北海银行总行共发放各项农副业贷款 113 亿元。农贷利息从秋贷开始一律调整为月息一分五厘，渔盐业和其他副业贷款利息为实物贷款一分五厘，现金贷款一分八厘。

1948 年 7 月，北海银行总行第一次全省行处会议召开，通过了《北海银行行处会议决议案》，指出了山东省党政军民今后工作的任务是战争支前和生产建设，以克服灾荒。会议通过认真总结农贷工作经验制定了新的《山东北海银行农民生产贷款暂行章程》，归纳了农贷工作的"八项原则"：①低利贷放，有借有还，不得视同救济；②贷款必须用于生产，并组织本身的资金投入生产；③贯彻生产路线与阶级路线的一致性；④实行自报公议，群众评议的办法来确定贷款农户、金额与用途；⑤推行实物贷放，灵活掌握保值，贷粮还粮，贷款还款；⑥依据农业生产季节，早做打算，及时发放，不违农时；⑦反对平均分配，实行重点贷放；⑧在建立银行机构和农民组织的条件下进行放贷。章程还对贷款的对象、用途、期限、利息、发放收回的程序、手续等都作了细致的规定，特别是作出了在县以下的区设立贷款员的决议，从而为进一步做好农贷工作提供了组织上的保证。由此，农村金融工作又进入了由北海银行全面掌握，在正确的政策、路线、方式、方法指导下蓬勃开展的新阶段。

1948 年，《渤海日报》撰文称"北海银行渤海分行今春（1948 年春）发放之以灾区为主的 80 383 万元与 100 万斤粮食的春季贷款，扶持灾区与一般区群众恢复与发展生产，效果显著"。1948 年秋季北海银行发放农贷粮食 2 024.5 万公斤、现款 29.4 亿元。在纠正"土改复查"中的"单纯的雇贫农路线"，贯彻群众路线，使农贷真正用于生产等方面又较前深入了一步。1949 年累计发放农副业贷款 175.7 亿元。农村贷款总量的不断增加和质量的提高，为克服经济严重困难局面，保证从人力、物力、财力上支援战争和南下大军夺取胜利，发挥了重要作用。

北海银行通过农村贷款等方式，帮助农民恢复了生产，促进了农业的发展，为土地改革和生产救灾活动提供了必要的经济支持；同时也为共产党领导的革命政权赢得了民心，打下了较为坚实的经济基础，为解放战争的最终胜利进行了铺垫。

## 第四节　信用合作事业：农村群众自己的资金互助

信用合作社是老百姓的金融机关，是调剂农村经济，帮助生产的堡垒。过去的银行，为了发展农村经济，有很多地方，在农村里设立了分社，实行了贷款。但是它贷款的利息依然很高，而且必须以货物、土地、房产作抵押品，因此无形中成为有产阶级的专利品，而对于农村的剥削则实在更加苛刻了。今天我们要反对这种现象，真正做到帮助农村经济的发展。

——摘自《怎样办信用合作社》，1941 年 9 月 28 日《大众日报》经济建设副刊第五期

　　1923 年，河北省香河县成立了中国第一个信用合作社，1931 年，梁漱溟在山东邹平建立了信用合作社，1932 年，宴阳初在河北定县建立了信用合作社，1943 年，陕甘宁边区成立了延安南门区沟门信用社。实际上，北海银行早在 1940 年就开始在山东各地农村创办农民贷款所，通过发放低利贷款，扶助合作事业、手工业和春耕生产等，农民贷款所扶持各地发展各种类型的合作社，依托合作社成立信用合作部或信用合作社，这就是现在农村信用合作社的前身。

　　中国共产党领导农民互助合作的理论，早在第一次国内革命战争时期即已提出。毛泽东在《湖南农民运动考察报告》中，把合作社运动列为农民运动的一件大事。限于那时的实际条件，毛泽东还只说到供销合作和信用合作。第二次国内革命战争时期，毛泽东总结革命根据地群众创造的劳动互助社和耕田队的经验，指出了农业的生产合作社这种劳动互助组织在农业生产上的重大作用。

　　党领导农民在根据地开展互助合作的实践，井冈山时期是劳动互助社和耕田队，延安时期是变工队，在华北、华东和东北各地有互助组。1943 年，毛泽东在陕甘宁边区提出了组织个体农民的任务，边区的变工互助组织普遍发展起来。他把土地革命叫做陕甘宁的"第一个革命"，把用合作社方式将个体农民组织起来叫做"第二个革命"。毛泽东做了《论合作社》和《组织起来》两次著名讲话，号召各抗日根据地在群众自愿的基础上，广泛地组织这种集体互助的初级的生产团体。

　　我们来回顾一下山东根据地发展信用合作事业的历史。

　　1940 年 7 月山东省临时参议会通过的《山东省战时施政纲领》，在第三条中提出要"举办低利借贷"，同时要求各地区成立借贷合作社，使金融易于流通。北海银行各分支行处依托地方农救会等农民组织，积极筹建农民低利贷款所，扶持各地合作社建设。以胶东抗日民主政权为例，1940 年下半年共建立各类合作社 54 处，发展社员 12 112 人，其中，信用合作社 19 处社员 1 230 人，产销合作社 16 处社员 4 005 人，消费合作社 19 处社员 6 877 人；淄川抗日民主政府号召各区乡发展经济，自给自足，改善民生，不到一个月的时间，各区乡普遍成立消费合作社，并办起了信用合作社和纺织合作社；滨海区 1941 年 3 月间生产建设大步进展，合作事业发展迅速，共开设各种合作社 28 处，基金 50 908 元，其中消费合作社 22 处、生产合作社 4 处，基金 46 308 元，运销合作社 1 处，基金 1 200 元，信用合作社 1 处，基金 3 400 元。

1941 年初开始，山东各地广泛发展各种合作事业，使合作社成为集结广大乡村农民的核心。无论在日常用品的消费上，还是在借贷上、运销上都成为农民最可靠的基础，把群众都团结在合作社周围。合作社成为改善人民生活，抵制投机商人剥削，在经济上组织和教育人民为广大人民所自愿参加的组织。政府拨出专款，成立信用社，低利贷款给农民购买耕具或开渠凿井，在资财上帮助农村生产事业的开展；明确要求贷款的目的是帮助生活困难的人们，以发放农户小额贷款为宜，利息不得超过月息 1 分，期限不超过 3 个月。

据《大众日报》报道：至 1941 年 4 月鲁南各地成立贷款所发放贷款，临沂两处，费县一处，边联五处，苍马一处；至 1941 年 5 月，临沂贷款 2 495 元，对象多为贫苦抗属小工商人难民，苍马贷款 1 550 元，对象为抗属 20 户，贫民 9 户，多用作生产建设事业，费县贷款 880 元，对象同上，边联贷款 4 600 元，对象多为贫苦盐贩，以上贷款利息甚低，三至五厘不等，民众受惠甚厚。

1942 年 5 月 12 日山东省战工会财字第一号颁布了关于整理春耕贷款问题的训令，要求各地在开展贷款时，在领导上不但由各地北海银行负责，同时各政权机关、群众团体也应给予有力配合。北海银行要求 1943 年度贷款总数不得低于 2 000 万元，贷款主要为农民贷款，不得低于 50%，工业贷款 30%，贸易贷款 20%；1945 年计划发放农业贷款 1 亿元，其中胶东区 3 500 万元，滨海区 2 000 万元，鲁中区 2 000 万元，渤海区 1 200 万元，鲁南区 1 000 万元，机动准备款 300 万元。

我们从一份 1944 年编写的《消费、信用、产销合作社章程》上可以看出，当时的信用合作社组织管理已经走上规范发展的轨道。《信用合作社章程》共分为八章三十五条，从社员、社股、职员、会议、业务、结算及盈余分配等方面作出了明确规定。

第一章总则第二条规定：本社以贷放工农业生产必需之资金于社员，并吸收社员之存款与储金，巩固农村经济，增加抗战力目的。

第二章社员第四条规定：本社业务区域内或附近之居住之人民，不分性别、年龄，除汉奸外均可入股，为本社社员，但未满法定年龄之儿童入股，无选举权、表决权及被选举权。

第三章社股第十三条规定：社员之社股，非经理事会之同意，不得以之担保债务，若欲转让其社股时，须经社务会批准，其继承人若非社员时，须先行入社手续。

第四章职员第十六条规定：本社设理事三至十五人，组织理事会，执行本社社务，设监事三至十五人组织监事会，负责检查本社社务，理事监事均得由社员大会选举之，并选举候补理监事各一至三人。

第五章会议第二十二条规定：（1）社员大会，第一一会计年度终了时召开一次，由理事会召集之。（2）社务会解决理事会和监事会所不能单独解决之问题，每半个月召开一次，由理事会召集之，主席由监理事互选之。（3）理事会、监事会，每月召开一次分别由常务理监事召集之。

第六章业务第二十四条规定：本社业务为存款、储蓄、放款，放款以社员及用于生产事业为限，理事会认为必要时，得令借款社员觅二人作保。第二十五条规定：本社得以信用金融机关借款，贷给社员。

第七章第二十八条规定了在一个会计年度后，应结算并形成财产目录、资产负债表、业务报告书及盈余分配方案，先经监事会审查后，再供给社员大会阅览。第二十九条规定：本社自会计年度开始起，六个月小结一次，公布营业情形，但社员不得借此退社，分配盈余。第三十条规定，会计年度终了结算后，若有盈余除依次弥补累积损失及付股息外，应将20%为公积金、5%为地方公益金、10%或15%为职员奖励金、60%或65%为盈余返还金，等等。

这里有几个具体事例。

沂北朱葛区联社是山东省有名的模范合作社，早在1940年2月就成立了朱葛乡社，1943年朱葛乡改区，乡社改为区社，1944年6月成立全区联合社。联社共有股金18万元，联社除帮助发展村社外，尚经营消费、纺织、运输、医药、信用等业务，到 1946 年发展为每一行政村均有 1 处合作社，共 32 处，经营的业务单位有 53 个，每一自然村均有 1 处。联社成立之初即设立信用贷款部，为解决群众经济困难，办理无利或低利贷款，一般群众的贷款年利息为五厘至一分五厘，存款利率一分。

莒南山坊前合作社于 1944 年成立，遵循群众的需要，从小到大逐渐增加业务，工业、商业、医务、农村副业适当结合，各自独立分散经营，统一领导与会计制度，建立合作社的民主监督制度，合作社资金规模和盈利急剧扩张，摸索出了一套合作社经营管理的成功经验。在开展信用合作业务方面的主要做法是：一是以入股方式吸收游资，保证按期分红，大多数农民将红利继续入股，由于币值不稳定，农民手里的货币都乐意投入合作社，分红收入高于经商，特别是许多农村妇女把私房钱也投入到合作社，至 1948 年资金规模已达 500 多万元。二是开展借贷业务，农民在急需或添购牲口时，均可向该社借款，农民家庭遇婚丧嫁娶或盖房等，也可以向该社借款。合作社规定借款不要利息，用粮还账，以集上市价作价，如 1947 年外借的款项 100 万元左右，次年已大都还清，以麦粮还账的计 3 000 余斤。

1948 年 7 月，北海银行第一次全省行处会议决议案对农村信用合作事业进一步指明了方向。决议指出：银行金融业务在农村中应以组织群众自己资金互助的信用合作事业为主要努力方向。在今天山东的农村已经土改的老区，贫苦农民虽然分得了土地，但在个体经济状况下，劳动互助组织未发展，信用合作事业尚未建立，农民仍需要帮助他们的生产资料。尚未经土改的地区农民也需要生产资料的帮助，特别是支援战争中，农民人力、财力、物力的支出，使得积蓄生产资料受到极大的限制，所以银行发放农贷帮助农民解决生产资料的部分困难，仍是目前农村金融业务的中心。农村信用合作事业基本内容是农村群众自己的资金互助，是农村合作运动的一个组成部分。组织农村信用合作事业，必须是群众集股，是群众自己推选出的干部，在群众民主监督之下组成。在已有真正群众性合作社的地方，信用合作社应是综合性合作社的一个部分，并可用另一种方式组织成，即在合作社基金中划出一部分基金及指定干部成立信用部，信用部的基金可与合作社基金统一计算损益。银行对群众信用合作社有组织的任务（在组织过程中应与实业部门密切结合），应指导其业务，扶助其发展。信用合作社或合作信用部不是银行的下属组织，但其前途是银行在农村中金融活动的基础。

从以上史料可以看出，沂蒙根据地的信用合作事业从起步之日就坚持了为群众服务的方针，坚持信用合作社组织上的群众性、管理上的民主性、业务经营上的灵活性"三性"原则，严格执行社员大会、理事会、监事会"三会"制度，建立起符合自身运行规律的经营规则，把信用社办成了真正的群众性合作金融组织，成为根据地经济发展的重要支柱。

以农村信用合作社为代表的合作金融在我国经历了 90 年的发展，在中国共产党的领导下，70 多年前北海银行组织带动发展的农村信用合作社事业在山东革命根据地蓬勃发展。这些早期合作金融实践为新中国农村信用社发展积累了宝贵经验。新中国的农村信用合作事业经过 60 多年的改革与发展，取得了一定成效。党的十七届三中全会提出要建立现代农村金融制度，而继续保持和发扬农村信用社支农金融主力军的作用，是建立现代农村金融制度的重要内容。

诺贝尔经济学奖获得者、美国经济学家道格拉斯·C. 诺思在《制度、制度变迁与经济绩效》一书的前言中指出："历史是至关重要的，它的重要性不仅仅在于我们可以向过去取经，而且还因为现在和未来是通过一个社会制度的连续性与过去连接起来的，今天和明天的选择是由过去决定的。"

2007 年以来，我国农村金融经历了一个起点低、速度快、成效大的发展历程，但受多种因素影响，农村金融仍然是整个金融改革发展最为薄弱的环节，农村信用社改革仍然是深入推进农村金融机构体制机制改革的重头戏，农村信用社在产权及其法人治理、管理体制和资产质量三个方面存在的缺陷仍然没有得到有效化解。

目前，农村信用社银行化改革正在进行，研究当年革命根据地农村合作金融事业的成功经验，可以探讨三个问题，或许会为今天的信用社发展找到更好的出路。

农村合作金融的组织形式问题。新民主主义革命时期至新中国成立初期，农村合作金融采取三种组织模式，即信用合作社、信用互助社和供销社的信用部。到 1953 年 5 月，全国已建立农村信用社 6 871 个，信用社互助社 14 000 多个，供销社信用部 2 137 个。但是，在特定的政治背景和经济环境条件下，在自愿、平等、民主的基础上建立起来的农村合作金融制度，通过自上而下的强制性制度变迁方式发生了质的变化，其运行模式逐渐银行化，离农民越来越远，效率低下。采取合作制、股份制还是股份合作制，当今关于农村信用社产权制度改革问题的理论争论从来也没有停止过。60 多年前革命根据地的实践已经给出了我们答案，具体采取哪种模式，要结合当地农村实际情况，在尊重农村金融市场发展规律和信用社本身发展的内在规律的基础上，由市场来选择其发展模式。

农村信用社与"三农"的关系问题。从历史来看，农村信用社与"三农"是一种"共生"关系。一方面，信用社与农村有着天然联系，生存和发展的空间在农村；另一方面，信用社"三农"贷款占全部农村贷款的比例在90%以上，农村发展离不开信用社的金融支持。但是，由于农业生产具有周期长、收益低和风险高等固有特点，导致农业贷款风险大、不良资产率高，严重影响了信用社对风险控制的要求和自身可持续发展。所以，改革的最终目标是要实现信用社自身可持续发展与服务"三农"两者的均衡。这种均衡是一种动态均衡，从长期来看，两者是一种良性互动关系。"三农"问题的解决离不开信用社的金融支持，信用社要获得可持续发展必须立足服务于农村。

农村信用社与政府的关系问题。我国的农村信用社改革是一种强制性制度变迁过程，政府在整个改革过程中都处于主导地位，结果导致了农村信用社的"三性"完全异化，出现了地方政府"越位、错位和缺位"现象。省联社及其办事处不是信用社股东，却行使管理职能，尤其是负责人事安排，但又不对经营业绩负责，联社管理层不知道应该对谁负责，"三会"制度流于形式。所以，要研究确定农村信用社省级联社改革总体方向和基本模式，实施市场化、企业化改革，逐步弱化行政管理职能，强化服务功能，实现由管理机构向服务机构转变，履行好行业管理、指导、协调和服务职责，加强其为基层农村信用社提供服务的能力。

在保持县域法人地位不变的前提下，继续稳步推进农村信用社产权制度和组织形式改革，坚持分类指导，完善法人治理，提高资本质量，增强资本实力，进一步提高对"三农"的服务能力。

## 第五节 勤俭办行：不浪费一文钱

为了使这一精神继续贯彻下去，能够更进一步在精算原则下做到紧缩开支，充实更大的物质基础，保卫人民自己战争的胜利，我们和各级行处领导同志必须亲自动手，掌握开支制度，学习当家理财，并应有组织有领导地动员与号召全体干部掀起普遍性的生产热潮，提倡节约，养成刻（艰）苦朴素之优良作风。

——摘自《胶东分行关于生产节约的指示》（1947 年 3 月 7日），胶东分行档案第六十二号卷

艰苦奋斗、勤俭节约是中华民族的传统美德，是我们党的传家宝。2013 年以来，全国各地学习贯彻习近平总书记在新华社《网民呼吁遏制餐饮环节"舌尖上的浪费"》的材料上作出的重要批示，厉行节约、反对浪费在全社会蔚然成风。回望历史，毛泽东、周恩来等领导者从自身做起，勤俭节约，将"一穷二白"的中国带入新的历史时期。

多年来，中国人民银行财务管理的主基调一直是严格管理、压缩费用、勤俭办行，2013 年周小川行长进一步强调要下大力气改进作风，坚持艰苦奋斗、勤俭办行，认真落实总行有关厉行勤俭节约，反对铺张浪费的要求。基层行如何在经费有限的情况下高效履行职责，商业性金融机构如何践行勤俭办行理念，加强财务管理，提高管理效能，北海银行的实践已经给了我们答案。

早在土地革命时期，毛泽东于 1934 年 1 月 23 日在江西瑞金召开的第二次全国工农代表大会上的报告《我们的经济政策》中就曾强调："财政的支出，应该根据节省的方针。应该使一切工作人员明白，贪污和浪费是极大的犯罪。"抗日战争时期，毛泽东 1945 年 1 月 10 日在《必须学会作经

济工作》一文中提出："任何地方必须十分爱惜人力物力，决不可只顾一时，滥用浪费。"解放战争时期，毛泽东在 1948 年 4 月 1 日《在晋绥干部会议上的讲话》中及时指出："采取办法坚决地反对任何人对于生产资料和生活资料的破坏和浪费，反对大吃大喝，注意节约。"

从 1941 年到 1943 年，由于敌人的残酷"扫荡"和连年自然灾害，沂蒙山革命根据地的财力、物力受到巨大消耗和损失，在财政、经济方面遇到了严重困难。从 1941 年开始，根据地党政军机关在组织广大群众进行生产的同时，开展了生产节约运动。节约的方法是，节约经费、粮食的使用，停止一切不必要的开支，如减少会餐、慰劳等，不准随意浪费人力物力财力。1943 年 10 月，中共山东分局根据中共中央关于"自己动手，丰衣足食"和"发展经济，保障供给"的号召，开展了大规模的生产运动。抗战胜利后，为尽快恢复发展工农业生产，改善提高人民群众生活水平，在中共华东局和山东省政府的领导下，沂蒙各地开展起轰轰烈烈的生产节约运动。我们可以从不同时期的历史档案中看到，北海银行从在沂蒙山根据地扎根的那天起，就把勤俭办行、厉行节约当做管理准则。

1946 年 1 月 23 日，北海银行《关于经费开支规定的通函》中对银行人员津贴、伙食和服装等作出了详细规定。津贴标准：每年五双鞋，二双袜子，二条毛巾，四条肥皂，二把牙刷，四包牙粉，每月理发、洗澡二次及烟叶、零用等。伙食：菜金每人每月按菜三十斤，油一斤半，盐一斤，肉二斤，按市价折合报销。粮食每人每日二斤二两，以三分之一细粮，三分之二粗粮比例按市价报销。服装：单衣每人每年两套，衬衣一套，女同志增发裤衩一条，棉衣工作人员每人每二年一套，杂务人员每人每年一套。棉被：工作人员每人四年一床，杂务人员每人三年一床。

1947 年 3 月 1 日，《北海银行经常费开支标准》从伙食费、津贴费、办公费、邮电费等九个方面进行了细化，从下面的内容我们可以看出当年北海银行财务管理之严格、财务预算之精细、费用支出之节约。

**一、伙食费**

（一）普通伙食：每人每日粮食一斤十四两半（细粮三分之一，粗粮三分之二），菜一斤（以当时当地最普通的菜为准），油五钱（以豆油为准，吃生油者每人每日八钱），盐五钱，木柴二斤（烧高粱秸者每人每日三斤，烧炭者不满二十人的单位每人每日二斤，二十人以上的单位每人每日一斤半），每人每月猪肉一斤（以上重量均按市称计算，下同）。

（二）武装及勤杂人员伙食：每人每日粮食二斤一两（细粮三分之一，粗粮三分之二），余同普通伙食。

（三）保健伙食：每人每日细粮一斤十四两半，余同普通伙食。

（四）轻病员伙食：菜油盐肉按普通伙食加一倍，余同普通伙食。

（五）重病员伙食：菜油盐肉按普通伙食加二倍，余同普通伙食。

（六）产妇伙食：怀孕七个月起至产后一个月止每人每日细粮一斤十四两半，产前产后两个月菜油盐肉按普通伙食加一倍，余同普通伙食。

（七）夜餐：夜工至十二时者每人每夜细粮十两，通宵工作者每人每夜细粮十四两。

（八）客饭：凡脱离生产人员，除有特殊原因外，一律收取粮票或代金，不得报销客饭。民佚伙食按勤杂人员计算。

（九）出差伙食：出差人员应领用原来伙食，在原来伙食内报销，如因特殊情形不敷用者，可增发出差费，但以每人每日不超过两斤锅饼之所值为限。

**二、津贴费**

（一）普通津贴：每人每年鞋四双（内棉鞋一双），线袜两双（或布袜一双），毛巾两条，牙刷两把，每月理发两次，分期按当时当地之市价折发代金。通讯员每人每年增发鞋二双。经常出发之事务员及营业员每人每年增发鞋一双。各项物品以解放区中等产品为准。

（二）技术津贴：新参加之特殊技术人员，按技术之高低发技术津贴，以供给其家属一人至二人生活为准，但须事先呈请总行核准。

（三）妇女卫生费：每人每月皮纸三十张（孕期停发）。

**三、办公费**

（一）文具：墨水每人每月半瓶（记账与抄写重要文件用化学墨水，

其余用自泡墨水），钢笔杆每人每半年一支，笔尖每人每月一个，办公纸平均每人每月两张（以行联纸为准），按工作需要分配之。其他文具按实际需要购买之。

（二）灯火：六、七、八月每灯每夜半两，其余月份每灯每夜一两，夜工至十二时者加发一两，通宵工作者加发三两，干部二人以上共一盏灯，其余四人以上共一盏灯。火柴每灯每月一匣，伙房可酌加一匣至二匣。

### 四、邮电费

（一）邮费：因公用之信封信纸邮票实报实销。

（二）电费：电话电报等费用实报实销。

### 五、教育费

（一）书报：以平均每人每月不超过二十元为准，其因工作需要必须超过者，应事先经分行以上之核准。

（二）学习纸：每人每月行联纸一张。

### 六、饲养费

（一）草料：骡马每头每日草十斤、料五斤，驴每头每日草八斤、料二斤，牛每头每日草十五斤、料二斤。

（二）马杂：马掌每两个月一副，缰绳每年一副，皮条龙头每年一换，马药实报实销。

### 七、被服费

（一）被子：干部每人每四年一床，其余人员每人每三年一床，每床二面三幅中等宽土布，长六尺五寸（市尺）。

（二）衣服：单衣每人每年一套（总行科长、分行行长以上干部穿军装，其余穿便衣），棉衣普通干部每人每两年一套，通讯员事务员警卫员每人每三年两套，无大衣者棉衣之棉花二斤半。大衣行员干部每人每三年一件，警卫班通讯班每班发公用大衣两件，三年一发。营业员经常出发者，可酌发公用大衣，但须事先经分行以上的核准。女同志每人每年发短裤一条，衣服之质料一律以中等土布为准。

### 八、杂支费

（一）脱离生产人员一般不招待，其必须招待者，除茶叶纸烟外，客菜每人每餐不得超过一斤肉之所值。

（二）擦枪：长短枪每支每月平均二钱油一寸布。

（三）零星费用：以节约为原则，实报实销。

### 九、特别费（略）

这样的规定，在今天看来或许过于苛刻，但北海银行就是在这样严格的财务制度管理之下发展起来的。当时北海银行工作人员每天的工作内容和现在银行员工是一样的，接触的也是金银、现金，也是经手数不完的钞票，也是抓存款、放贷款，唯独与今天不一样的是，他们与革命队伍里的其他同志的待遇是同等的，没有高收入，没有丝毫的优越感。

制度规定如此，北海银行的工作人员是怎么执行的呢？在生产节约运动中，北海银行总行广泛发动，各级行处积极响应，取得了很大成绩。总行机关生产节约方面，在一切为了自卫战争胜利、节衣缩食渡过财政难关的号召下，绝大部分同志将上半年的单衣及四、五、六月日用品代金，全部节约，平时积蓄太少的同志，最少也做到节约一件衣物，共计全体节约数字为146 680元。公家方面，除执行降低供给标准外，主要的是做到全部自磨自食，碾米磨面完全自己下手，计算起来每人生产粮食三两以上。

北海银行胶东分行规定：不但要在制度范围之外保证不浪费一分钱、一粒粮，在制度内也要尽量节约开支。制度要从严掌握，多研究节约办法，转变过去的为改善生活及个人享乐而生产，教育干部为战争、为增产、为节约而生产。节约降低生活，出力流汗生产，大力支援前线，克服经济困难。严格执行预决算制度，负责干部要亲自精密计算，严格把关，保证节约制度贯彻执行。

北海银行石岛办事处工作人员提出以下的生产节约计划：不浪费一张传票、表报，不丢一块纸条、纸绳；自行车随骑随擦，内外带坏了自己补；粮食自己推，节省这笔开支；自己剪头，并节约十、十一、十二月3个月的理发费交公；今后用土布做衣服，不买洋布；业余制药、制肥皂、晒虾皮。

北海银行鲁南分行掀起生产节约、献金献物及立功运动的热潮。从行长至勤杂人员，全部30余人，每人都定出计划。大家一致要求降低生活水平，如每天节约粮一两半，少吃菜，粮食自磨自食，于工作空隙大家都背筐拾柴、积肥。行长还自造牙刷，好几辆纺纱车也都能动起来。在20多个干部之中，有五分之四节约了单衣，计军衣20套，衬衣18套，鞋子7双，上半年学习纸差不多全部节约。

1949年新中国成立前夕，北海银行总行王子芹副行长在会计会议上的报告《目前会计工作要解决哪些问题》中，针对中共华东局关于整编节约问题，他对加强会计管理、坚持节约办行、堵塞贪污浪费有着精辟的论述。

要研究在银行工作的角度上，如何执行华东局的整编节约方案，特别是节约问题。这与会计工作的关系很大，为此我们必须做好以下各种工作：

简化手续——我们谈起节约，往往只注意费用开支（当然这是必要的），而不注意提高效率，从时间上节约。今后提高效率应看成是节约的重要问题。过去我曾计算一下，渤海分行有六十多个出纳员，但工作效率很低，考其原因是每天只做六小时的工作。在会计手续上我们也要计算一下，简化手续能节约多少时间，我想可能减略许多不必要的手续。例如，从签章制度上来说，现在下面已养成两种坏的现象：一是马虎从事，二是成天埋头盖章。因此我们必须分开必要与不必要的，多从简化手续，严密制度等方面来研究问题，减少层次，废除一切不必要的牵制，同时也需注意制度的严密及工作权限问题。

经济核算——具体的要求是，编造财务计划，就现有干部条件来说，这是一件不容易的事。会计干部的思想还比较狭隘，不能掌握整个业务，因此在最初编造时就很难确实。但一定要编造，这就是个学习的过程，以后会计工作同志必须注意以下几点：（1）业务方针与业务动态，不然就无法编造财务计划。（2）要随时注意全行资产负债、盈亏变化的情况，不然就心中无数。（3）研究精确计算方式，会计工作不仅是单纯的技术工作，我们也要学习马列主义辩证的思想方法，研究事物发展的规律，达到工作要有预见性，才能正确地编造财务计划。

贯彻费用管理制度，堵塞贪污浪费——我们的费用管理制度基本上是严格的，但目前也存在着许多问题。今年在掌握上比较松，修建费用特别多。今后必须掌握两个基本精神：（1）保证用之得当，不浪费一文钱。这个问题有很大的政治性的意义。苏联提出"节约是社会主义生产的方法"，这就是说，节约是社会主义累积资金，扩大社会财富的重要方法。华东局提出精简节约，指出"当我们国家经济创伤需要我们用最大努力去医治的时候，我们节省一寸布，一颗粮食，都足以缩短我们达到最终胜利的时间"。（2）按制度办事，切实执行省府十大禁令，特别是人员问题，在目前只能减少不能增加。如确因工作需要，可由总行统一调整，克服组织上滥收人员的无纪律现象，对已经规定的各种制度要切实执行。

过去的费用审核工作，也是存有缺点的：（1）数字小的就比较松。（2）只要强调出比较详细的理由，就给批准，不能坚持原则。（3）审核时根据不足，不了解情况。今后要有一定原则，实事求是，细心负责，分支行的会计干部要实际了解情况。总行也必须要有一部分同志经常下去，在思想上多体谅下层的困难，特别在技术上不能有过多的责备。在供给上要确保标准以内的实物供给。

战争年代勤俭办行是为了解决经济困难，今天我们仍然坚持勤俭办行，反对铺张浪费，是为了不丢掉党的优良传统。勤俭节约是加强领导干部作风建设的一个重要方面，勤俭办行更是银行经营管理工作遵循的一项基本原则。我们应当清醒地看到，现在我国经济总量扩大了，物质条件比过去改善了，但我国还是发展中国家，经济尚不富足，还有相当一部分人没有解决温饱问题，国家建设需要办的事情还很多。我们必须坚持厉行节约、反对浪费的方针，必须有长期艰苦奋斗的思想准备。金融系统各级领导干部要牢记"两个务必",带头发扬艰苦奋斗、勤俭节约的精神,带头反对铺张浪费和大手大脚,带头抵制拜金主义、享乐主义和奢靡之风,在各项工作中都要贯彻勤俭节约原则,精打细算,严格把关,真正把有限的资金和资源用在刀刃上。

## 第六节　平抑物价:鲁中南整顿银元市场

> 货币斗争的措施:经济斗争应和政策法令相结合,而且应充分运用法令才能使我们的斗争更有力,在这方面许多地方是做得不够的。如我们收买银元有些行处光进行牌价的跟随而不进行平抑管理,也有的对法令不严肃,济宁决定银元禁止市场流通后,曾允许银元在交易所买卖,这是不了解我们对银元的基本政策,应坚决实行严格管理。
>
> ——摘自 1948 年《鲁中南货币斗争工作简结》

从 1937 年抗日战争开始,到 1949 年的 12 年间,中国的物价如同一匹脱缰的野马一样飞涨,国民党政府的货币发行量增加了 1 445 亿倍。1937 年时的 100 元法币可以买 2 头牛,1945 年可以买 1 条鱼,1946 年为买 1 个鸡蛋,到 1947 年买不到半盒火柴,1949 年 5 月时已经只能买一粒米了。国民党政府在 1949 年 5 月接连发行了面额 10 万元、50 万元、500 万元、1 000 万元的金圆券,引发物价狂涨,一斤肉 1 200 万元,一根油条 100 万元。北大教授季羡林曾这样描述那时的生活:物价涨得离谱,领到薪水后第一件事情就是跑步去买米,而且跑慢了与跑快了米价都是不一样的。

金圆券的贬值造成了人民对纸币的不信任心理,人们更愿意保存和使用金银等硬通货。同时,长期恶性通货膨胀还形成了一股庞大的金融投机势力,金融业成为国民经济各行业中最有利可图的行业,投机活动愈演愈烈,当时民间流传着"农不如工,工不如商,商不如囤,囤不如金"的说法。

投机狂潮加剧了通货膨胀,并从国民党统治区蔓延到解放区。从 1948 年开始,山东解放区北海币的发行量也以几十倍的速度增加,如果不迅速控制住通货膨胀，不解决投机问题，经济就不可能稳定，新生的人民政权必将受到严重的威胁。

根据中共中央的指示，1948 年 2 月 21 日，山东省政府发布关于禁止金、银、铜元代替货币流通的布告，指出：查近来各集市发现生金银、元宝、银元、铜元等之买卖交易，并代替本币流通使用，扰乱我解放区金融，抬高物价，损害人民利益不浅。因此，必须严格禁止，以确保本币的统一市场。

随后，各地开始整顿货币市场的工作，北海银行制定了银元收购兑换的具体办法。对黄金、白银、银元等，原则上允许私人保存和携带，但不允许黑市交易或当货币流通，黄金可到交易所成交买卖，白银、银元由北海银行收购。

据北海银行滨海分行李文灏、陈子未在 1948 年 4 月 12 日给总行的信中写道：滨海各地银元市价，东海县、郯城县等地十天前黑市曾达万元，这几天已稍下降，现在各地价格一般七八千元左右。我们已与工商局进行研究，商讨对策，决定统一领导，加强边沿外汇物资管理，查禁与兑换、贸易物资管理等互相结合，现已在东海地区首先全面进行，创造经验，其他县境，由于我们主观力量应付不过来，因此我们准备至本月二十三日支行办事处主任联席会议总结农贷布置夏季工作时统一来掌握进行。

据一份 1948 年《济宁货币市场的初步整理》报告记载，该市有一处货币买卖市场，当地人俗称"露天银行"。因该市地靠运河，一向商业繁盛，历史上就存在着一种钱业经纪人，专门靠"倒换钱"即买卖各种货币及为钱庄跑合吃饭。抗战以来币值不稳，故对其更为有利，逐年发展，至解放时，男女老少竟有二三百人，再加上买卖的，每天有四五百人集结专做货币买卖。当地人称这班经纪人为"钱鬼子"，专以投机取巧，造谣言放空气，使人迷惑不定，从而促使币值不稳，使其套取差额，对金融货币为害甚大。

1948 年 8 月 15 日，北海银行总行关于银元收购问题对鲁中南分行的指示，提出了关于收购银元的意见：据了解目前银元价格总的趋势是上升，但仍呈西南高北面低，中心区价较低，边沿地区高，这以津浦沿线如兖州、曲阜与鲁南一带特别显著。我们收购银元应分别地区进行。在边沿区应该结合排斥法币、本币占领市场、稳定金融为主，收购银元只是配合外汇管理而予当地群众兑换上的便利，在牌价方面，不论边沿区与中心区，应与当地自然价相等。在中心区为了争取大量吸收，并可酌量略为提高，这个方针应该坚决执行，不要犹豫。如是我们的牌价不灵活，老是跟在黑市后面拖，吃亏很大，而且还收不进。你处对下面行处之牌价，应该进行有计划地指导，在指定收购重点之行处，随时规定其最低价和最高价，让其在这一限度内灵活掌握，对一般行处可通告其一般价格，作为参考。关于偏僻之小镇，银元成交不多，价格过高过低，均不应作为通报准则。总行对你处分配的收购银元任务，只是作为掌握收购的目的，但你处对各支行处应分别督促其重视这一业务，不应普遍分配任务。这样势必为了完成任务而争购银元，抬高银价，影响市场金融，且会妨碍整个收购计划。

针对济宁写来的信函反映的问题，泰安银元十一日突涨 12 000 元，原因是南面价格高，大批南流，流到济宁、兖州，经徐州到上海。北海银行总行复函指出：根据这次行长会议决定，对银元的基本态度是，按照市场价格收购银元，禁止流通及运输出口，鼓励入口。济兖两地应宣布禁止银元流通，由银行挂牌收兑，抛出本币，解决市场筹码不足的困难。至于是否允许变价交纳税款，我们认为如允许银元变价纳税，无异允许银元为合法使用的货币，这与我们禁止银元流通的原则是不符合的。

那时虽处于战争期间，但在银行问题上，基层行与总行在价格上的沟通还是比较及时的。如 1948 年 8 月 26 日，蒙山办事处的宋吉堂给总行反映：临沂王洪九在鹅庄集上挂牌收购银元，用蒋币 800 万元兑一元，下午 850 万元兑一元。另外，出卖的洋布 10 元银元一匹，色洋布 12 元银元一匹，青靛五毛一斤，茶叶五元一连，小麦每元买 30 斤。他们同时反映，我们为了消灭黑市，在诸满、方城两集（靠近临沂）大量收购银元，农民兑得多，商人不来兑换。这个集市的黑交易不下二三千元以上，经缉私没收了几份，他们就躲藏到高粱地或别的庄、店家去支钱。据了解，商人去敌区没有银元，买不到货，我区生油去了又赚不到钱，因此只有带银元去还赚钱，促使银元外流现象很严重，商人钻有携带权这个空子。

临沂办事处的宫锡凯在给总行的信中这样请示：咱们对银元的态度是大量收购呢？还是只限制在市场流通？在市场通用影响本币市场，省府已经布告禁止流通，而转入了黑市。咱们挂牌收买，而牌价与市价相差太大，没有人卖给咱，这一段完全流入黑市。而后看到的总行金融通报上要求，我们的牌价与市价相差不应太大，以便消灭黑市。但根据沂南高里集的情况，我们提也跟不上黑市的涨，不与行政结合缉私及贸易管理是不行的。因高里集是不同类型敌区向内地倾销货物的集散地，7月据临沂消息，敌每日用两辆汽车由徐州运茶叶、红白糖、人丹等消耗品到临沂，转到解放区出售，换回银元。商人在临沂可不用现款，赊东西卖出去后交银元，高里集仅茶叶每集能上千篓（每篓八九银元），红白糖也数量很多，出售完全要用银元，而必需品敌人不准出口。这些货销往沂南、沂北、沂水、蒙阴、新泰等地，据说能到博山。来买货的绝大部分是带银元，而咱们的土产一点也不能出口。现工商局对携带银元出口不加限制，对不换土产出口行政上也不管，所以现在银元大量流入了敌占区。建议领导作统一布置，采取措施，否则单靠银行难以解决。

对于以上两个地方反映的问题，总行经请示，作如下答复：银元问题行长会议已经决定"按照市价收购，禁止流通"，禁止流通当包括禁止出口。在边沿区应该以排斥法币，本币占领市场，稳定金融为主，收购银元只是配合外汇管理，而予当地群众兑换上的方便起见而设。至中心区银价低或相对稳定地区则以收购为主。在牌价方面则不论中心区和边沿区，均应与当地市价相等，中心区为了争取收进银元，并可酌量略予提高。这些原则我们已经通知鲁中南分行，最近将有具体布置。你处如何具体进行，应向分行请示后进行，以便步调一致。至于进口管理问题，已反映给华东财办与工商部研究。

1948年10月10日，北海银行鲁中南分行、工商局根据总行的答复与当地的实际情况，联合下发了一个关于银元查禁处理的通知。通知主要有两条内容。一是查禁银元流通，为党政军民全体之责，但在没收处罚方面，任何机关团体未有处理之权，必须由当地税收机关按其情节轻重，给予处罚或没收；二是各地银行办事处对银元管理负有兑换之责，其他任何部门团体，不得擅自兑换，否则，一经查获即以扰乱金融论处。

由于鲁中南、鲁中等银行、工商部门采取了一系列措施，禁止银元流通工作取得了较大成效。一是基本上完成了计划。主要表现"钱鬼子"的公开活动被重点摧垮，并且掌握了教育与贬值兑换的方针，在检查与兑换中是先宣传、后检查；处理中也是经过耐心的教育，让使用银元的对象明白了再处理。二是银元跌价，本币提高，增加了兑换额。自检查以后，银元由黑市价每元兑 11 800 元，跌到每元兑 9 500 元。同时兑换量不断增加。三是在检查中扩大了我们的政治影响。我们的干部在检查中拒绝了钱贩子的贿赂，扩大了干部廉洁奉公的政治影响。四是实现了兑换及贬值兑换的方针。

北海银行在解放战争后期，代表政府行使国家银行的金融市场管理职能，在金银市场上的这些做法充分表明其能够胜任这一角色。从全国范围来看，抗日战争胜利后，随着国民党统治区法币的恶性通货膨胀，金银日益成为商品交易实际的价值尺度和支付手段，在解放区也成为影响市场和物价稳定的一个因素。解放区开始曾实行过严格禁止买卖的办法，但是禁而不止，黑市成为公开的秘密。后来成立交易所，通过审查交易员，淘汰了一批"金皮子"。交易所内公开交易，明码成交，现货交割，交易所进行登记，掌握了上市金银的来龙去脉；建立行情通报网，灵活掌握牌价，适当进行吞吐。这一套管理办法实行以后，基本上能够实现对市场的有效管理和疏导。

诺贝尔经济学奖获得者、美国经济学家米尔顿·弗里德曼曾经说过：谁能解释中国在新中国成立初期治理通货膨胀的成就，就足以获得诺贝尔经济学奖。新中国成立前后，国内通货膨胀十分严重，百废待兴，国内外各种势力都认为，共产党没有办法解决经济问题。美国国务卿艾奇逊认为，自 19 世纪以来，没有哪一个政府能够解决中国人的吃饭问题。当时上海的商界领袖荣毅仁认为，共产党能打仗，军事上得 100 分，政治上讲统一战线，得 80 分，但经济上只能得 0 分。从根据地"排法"斗争取得的胜利，到"禁银"工作的成功，我们党用无懈可击的事实给出了他们一个答案。

　　在中共中央的直接领导下，加上我党著名经济学家薛暮桥等人的直接指导，解放区"禁银"工作成功的一个基本经验就是，要尊重市场规律，实行行政管理与经济手段相结合的办法，保护人民群众的利益，保持物价平稳。山东解放区的物价相对于其他解放区保持平稳，没有出现很大的波动，这在当时可以说是创造了一个奇迹。

# 附录一　北海银行文献选辑

为了尊重史实，本书所选辑的文献资料一律按原件摘录，不加改动。资料中的文字、数字、体例保持原样，如有删节，以省略号或"略"、"删"字样说明。在保持原文件内容不变的前提下，对明显的错别字或漏字、缺字加以更正，繁体字变为简体字，无标点的加了标点符号。全部文献按时间顺序排列。

## 山东省财委会关于发行北海银行辅币的通知

### （1940 年 11 月 22 日）

当抗战进入艰苦的相持阶段的今天，敌寇愈益加紧对其占领区及敌后抗日根据地之经济上的榨取、掠夺、破坏、封锁等种种阴谋，不一而足。其毒计，一方面吸收国家资财物力，大量抛弃我法币，企图使我外汇暴跌，经济陷于困难；一方面极力挽救其经济危机和加强其侵略中国之经济实力，以达其彻底灭亡中华民族之目的。

目前我们在敌后的财政经济政策，亟应针对敌寇侵略诡计急筹对策，始能粉碎其"以战养战"之经济掠夺阴谋，并增其困难，促其崩溃。此乃我们渡过艰关，争取最后胜利之重大任务之一。

因此，山东敌后财政经济政策急需发行辅币，以便维护法币之备用和整理地方金融之需要。我们必须深刻认识，它与开发地方经济、创设产业工厂、扶助农村手工业之发展、推行产销合作事业等，有不可分离之关系。

本会为保护法币、稳固金融与粉碎敌寇"以战养战"之经济侵略，争取最后胜利之到来起见，受拟发行"北海银行"辅币，以资周转而利抗战，其意义之重大，实关整个战略。此"北海银行"之辅币计分壹角、贰角、伍角等三种（计有二十七年度及二十九年度），十足兑换（凑足十角换法币一元）。凡我各地民选政府、部队及附属机关、合作社等，均得负责兑换。

"北海银行"为抗战后我山东军民艰苦自营之银行，信用素著，妇孺皆知，兹扩大使用范围和给敌寇有力打击计，特先通知。希各级政府、部队、机关、团体人员等，将发行辅币之重大意义，对附近民众做普遍深入的宣传，务使群众彻底认识，以利发行。此告。

（录自山东省档案馆中共山东分局档案）

# 北海银行总行推行新钞宣传大纲及三个附件

## （1941 年 4 月 1 日）

### 推行新钞宣传大纲

一、为什么发行新钞：

A. 为人民谋福利。

1. 发行新钞是为了统一山东的币制，避免土票充斥，澄清金融市场，解除人民痛苦。

2. 发行新钞是为了便利市面的金融流通，补救辅币缺乏。

3. 发行新钞是为了增进商业的发达，帮助农村手工业的发展，帮助小营业小商贩的便利与活动。

4. 发行新钞可以免除破票的泛滥，便利人民之买卖交易与日常生活。

B. 保护法币，抵抗伪币，巩固游击区的经济基础。

1. 因战争的关系，山东与大后方的交通联系非常隔绝，大后方不能向游击区经常供给法币，必须加以保护，以新代替。

2. 发行新钞是为了对抗敌伪发行伪钞（准备银行）和大量的伪造法币来破坏我们的金融制度和掠夺我们的资财。

3. 发行新钞是以经济游击队来对抗敌伪的经济侵略，新钞可以掩护法币，就如游击队可以掩护正规军一样。

4. 发行新钞可以巩固山东游击区的经济基础，可以保证军事上政治上的胜利。

二、发行新钞的保证：

A. 山东游击区有着大量的法币，这些法币可以兑换收集起来，作为新钞的准备金。

B. 山东游击区有着大量的白银硬币、金银首饰和现金，这些东西也可以兑换收集起来，作为新钞的准备金。

C. 这次所发行的新钞，绝不是过去的土票，它是山东最高行政机关根据人民的利益与需要以山东抗战的需要决定发行的。它不但有着坚固的经济基础，政治保障，特别还有山东全体民众的拥护。

D. 根据上述三点，这次新钞的发行，就有了绝大的保证。

三、山东各界民众应努力推行新钞：

A. 山东各界人民要相信新钞，爱护新钞，因为它是属于山东人民的，是有经济基础与政治保障的。

B. 新钞发行以后，山东各界人民应遵守政府的规定，迅速将所有法币在各处设立之兑换所兑换新钞（如未成立兑换所之各县，先由第二科代理兑换）。

C. 新钞发行后，山东各界人民关于完粮、纳税、交易、存款等，应一律使用新钞。

D. 每一个人要负责向自己的亲友、邻居、街坊、同乡扩大宣传发行新钞的意义，鼓励并说服他们兑换新钞，使用新钞。

E. 每一个人要负责防范，告发奸商走私，汉奸破坏，维护新钞的信用，保证新钞的顺利流通。

F. 要明瞭发行新钞就是发挥抗日力量。

四、要遵守政府的推行新钞通告与规定：

A. 所有法币悉数兑换新钞使用。

B. 反对汉奸以法币走私资敌。

C. 如必要携带法币出境时，必须向政权机关领取证明文件。

D. 新钞发行时，一切货物价格仍照原价交易，不得故意提高。

### 附件一　宣传推行新钞办法

A. 召集区长及区级群众会议

B. 分别召集村长、士绅、群众团体会议

C. 召集县级群众团体会议

D. 召集士绅代表会议

E. 由县或区政府联合群众团体、士绅，组织新钞推行队到重要市集宣传

F. 分组作家庭访问、商号访问

### 附件二　推行北海银行纸币的标语口号

A：

1. 北海银行是山东抗战民众公有的银行

2. 北海银行是培养山东抗战经济的摇篮

3. 北海银行是对抗敌伪经济侵略、破坏阴谋的堡垒

4. 北海银行是保护山东抗战民众经济利益的堡垒

5. 北海银行是实施各种抗战正确经济政策的枢纽

6. 北海银行是安定山东金融的机关

B：

1. 北海银行纸币是打击敌伪经济破坏阴谋的有力武器

2. 北海银行纸币是整理与安定山东金融的工具

3. 北海银行纸币是山东抗战经济建设、活泼与发展农村经济的工具

4. 北海银行纸币是统一山东通货的法偿纸币

5. 北海银行纸币是山东人民改善生活的工具

6. 北海银行纸币是整理山东流通券土票的工具

7. 北海银行纸币是巩固山东抗日根据地经济基础的工具

8. 北海银行纸币是山东抗日经济战线上的武器

9. 北海银行纸币是山东抗日人民用以对抗敌伪经济侵略的武器

10. 北海银行纸币是一种国有的地方法币

11. 北海银行纸币是抗拒敌伪推行伪钞、假钞票的武器

12. 北海银行纸币是抵制敌伪输入杂钞的武器

13. 北海银行纸币是全山东工农商学兵共同统一的交易流通工具

14. 北海银行纸币是凡公私款项、完粮、纳税一律通用的货币

C：

1. 拥护北海银行，通行北海银行纸币

2. 凡我抗战同志、同胞们应该使用北海银行纸币

3. 使用北海银行纸币就是拿起抗战经济的武器

4. 使用北海银行纸币就是站稳了抗日经济战线上的岗位

5. 使用北海银行纸币就是保证了我们抗战同志们自己共同的经济利益

6. 使用北海银行纸币可以享受山东统一通货的便利

7. 使用北海银行纸币可以求得抗战胜利更有保证

**附件三　对付假造本币的办法**

一、对群众的宣传教育

1. 发动各种群众组织继续深入的作拥护新钞的广泛宣传，把拥护新钞、反对一切伪币、建立与巩固山东抗战经济阵地的工作，作为本身中心的战斗任务之一。

2. 政令与群众政治动员的密切配合，说明新钞对于山东抗战人民切身利益具有血肉关联不可分离的意义。从这个基点上掀起反对日寇、汉奸、一切阴谋家、捣乱者伪造新钞，危害人民利益，破坏山东抗战的运动，铲除经济战线里的奸细。

3. 明令军、政、民各级组织及全体同志，除严密地防止伪币以外，应随时地组织经济游击小组等到集会、市场、群众所在之地检查伪币，并帮助群众对本币及伪币的识别。

4. 普遍的由银行办事处（在未成立银行办事处的县份暂由第二科代理），并设立各地的纸币识别所，帮助群众识别本币与伪币，随时供当地群众之咨询。

二、揭破伪造本币者的阴谋

日寇、汉奸以及一切阴谋派、捣乱者，对于任何有利于人民、有利于抗战的设施是在切齿的痛恨着，到处破坏着，北海银行是抗战的经济堡垒，当然也不例外的。

1. 正因为北海银行纸币是替人民谋利益，它才获得了广大群众的热烈拥护。在这面前，日寇、汉奸、阴谋家、捣乱者的公开破坏是失败了，于是跟着必然地又采取了一贯的卑鄙无耻的下流手段，偷偷摸摸地伪造北海币，企图从暗中来破坏。

2. 伪造北海币的出现，是日寇，汉奸、阴谋家、捣乱派一贯的卑劣勾当，企图利用北海币坚固不拔的信仰与广大群众的拥护，来大量地印发无基金的伪币，来吃吸我们民众的脂膏，来攫取我们抗战的物资，来作为他们向中国人民进攻、破坏中国抗战的资本。

3. 伪造北海币的出现，是日寇、汉奸、阴谋家、捣乱派的下流手段，企图以伪造币的混迹市场来损污北海币在群众中至高的威信，来阻碍北海币在广大地区里的发展，来达到他们破坏北海币、破坏我抗战事业的阴谋。

4. 伪造北海币的出现，是日寇、汉奸、阴谋家、捣乱派一贯的毒辣诡计，企图以毫无代价的伪造币无限度地倾注到我们的内部，来摧残我们抗战的金融，来保持伪准备票毒害民众的地盘，特别是企图以这些废纸潜入到市场来贬低币值，使人民生活愈益艰苦，危害民众，驱广大人民群众于饥寒交迫的绝境。因此对于日寇、汉奸、阴谋家、捣乱派及其所制造出来用以破坏抗战、危害人民利益的伪造北海币，我们山东三千八百万人民应该义不容辞的共同起来坚决反对之，严格肃清经济战线上的奸细。

三、假票之处理及奖惩办法

1. 凡查获持有五元以下之假票而确系善良人民，经可靠者负责证明后不予处分。但为制止假票之混淆市场，必须予以注销作废，以免继续危害人民。

2. 如果持有五元以上之假票者，一经查获后即送交当地区县抗日政府，除将假票没收呈交上级机关外，须按情法办。但经证明确属无辜良民者，可由两个以上之县级群众团体绝对负责保释。

3. 如确系故意携带假票在五元以上企图使用变利者，经县府调查属实后呈报上级机关核办，以私造伪钞扰乱抗战金融论罪，定予严厉处分。

4. 凡拘获使用假票犯送交政府或报告政府因而捕获者，经讯明属实后，得给予以下的奖励。

甲、奖金：

（1）凡查获在五十元以下者，给予百分之十五的奖金。

（2）五十元以上百元以下者，给予百分之二十的奖金。

（3）百元以上另议，酌情优待。

（4）凡自行拘获送交政府者，增加奖金百分之五。

乙、名誉奖：凡查获假票在五十元以下而不愿受领奖金者，得在各报给予登载，以资表扬。

丙、奖章：凡查获假票在五十元以上而不愿受领奖金者，得给予特制的名誉奖章。

丁、其他：军政机关人员凡经自动查获者，亦得按上列办法奖励之；如愿放弃，可由军政机关首长酌情予以嘉奖或记功。

四、识别假票办法

A、识别机关

1. 在银行县办事处尚未设立之地区，由县、区、中心村各级政府负责帮助群众识别假票，供群众之咨询，如系假票即予盖销作废。

2. 县银行办事处设立以后，由办事处与政府方面共同负责，召集各村公所财经干事，授以区别本币与假票的办法及盖销假票之手续。然后由各村财经干事负担纸币识别所的责任，随时帮同当地民众对于纸币的识别与咨询。

B、识别法

1. 纸质：假票比本币的纸质要低劣柔薄

2. 号码：假票的号码往往都是重复的。

3. 花纹：本币贰角周围是网丝状，轮船小旗是黑色；假票贰角周围是点状，轮船小旗是白色，其他各种花纹也模糊。

## 山东省战时工作推行委员会
## 关于查禁北海银行假钞问题的通知

(1941 年 5 月 5 日　财字第 10 号)

查北海银行发行之"北"字壹元票业经流通市场，深得民众拥护，在打击伪钞、调剂金融上已起伟大作用。而敌寇汉奸竟蓄意破坏，制造假票，秘密流行，近在北沂水一带发现假票一种。兹将识别办法列后，希即转知所属县府，布告民众一体注意，并严行查禁为要！

**附假票识别办法：**

1. 假票的纸质不好，且反正面之颜色较真票为淡，系石印的。

2. 假票号码多系一三三一六。

3. 假票花纹模糊，红白颜色不分明。

4. 真票背面"一"字下有数小点，假票没有。

## 山东省战时工作推行委员会
## 关于发行北海银行壹元新钞的通知

(1941 年 5 月　财字第 11 号)

查目前敌伪除在军事上加紧对我根据地不断进攻、在政治上实行引诱分裂投降外，尤其在经济上实行残暴之掠夺，实行"以战养战"，滥发伪钞，破坏我金融，实行各种封锁，以致物价日益昂贵，影响人民生活至巨。本会为坚持敌后长期抗战，保证抗战经费，稳定金融与发展农村经济，彻底打破敌人经济掠夺与封锁，遂徇各界之要求，特继续印发胶东区民国三十年度北海壹元票币，以期维持金融之流通，抵制伪钞之行使。除经山东省临时参议会核准在山东省一律通用外，并可与华北各抗日区域之各银行互相建立汇兑制度，以资流通。希即转知所属并布告民众周知是要。

## 山东省战时工作推行委员会
## 关于禁用民生银行钞票的通知

（1942 年 1 月 11 日　　财字第 21 号）

查山东省民生银行纸币，原系韩复榘在山东时所发行，资金短少，等于空头支票。抗战后，沈鸿烈不顾民生疾苦，复继续大量印发，数年来流通巨万，我全山东人民受其毒害者实非浅鲜。乃近来敌人为扰乱我金融，破坏我抗战，竟以山东省兴农委员会名义（伪组织），复将该行接收继续办理，据青岛《新民报》民国三十年十二月十日载称："山东省民生银行整理委员会青岛整理部顷奉到整理委员会函，特函达各界查照。兹录原文如下：敬启者：案奉山东省民生银行整理委员会第八四一号分函略开：山东省兴农委员会业经成立，所有本行资产应遵章移交清楚，函达查照办理等因，奉此。敝行送于十一月底将前段事务结束移交完竣，即自十二月一日起所有敝行一切事务，统由山东省兴农委员会民生银行青岛整理部名义启用新关防继续办理。"等语。是该行自去年（民国三十年）十二月起，业已为敌利用，直接成为敌人扶植下之伪钞。我们为巩固敌后抗战金融，避免人民受害，对伪民生银行伪钞之流通，自当禁止使用。特此通知全山东各级民主政权机关，自即日起应即布告民众，明令禁用，并广为宣传，严加查禁，以期彻底禁绝流通为要。

（摘自山东省档案馆山东省政府档案）

# 山东省战时工作推行委员会发布
# 北海银行组织章程

## （1943 年 6 月 12 日）

### 第一章　总　　则

第一条　为繁荣根据地经济，加强对敌金融货币斗争，特设立北海银行。

第二条　各地北海银行均依本章程组织之。

### 第二章　组　　织

第三条　总行设经理一人，副经理一人，下设秘书一人，科长三人。

（1）发行科：分发行，鉴定、收支各股及印刷所。

（2）会计科：分稽核、会计、金库三股。

（3）营业科：分营业、汇兑二股。

（4）庶务股。

各股设股长一人，并视事务之繁简，设股员若干人。印刷所之组织另定之。

第四条　分行设经理一人，下设秘书一人，科长三人。

（1）发行科。

（2）会计科。

（3）营业科。

各科视事之繁简，各设科员若干人。

第五条　支行设主任一人，行员三人，办事员一人至二人，分掌会计、营业、出纳等事宜。

第六条　县办事处设主管员一人，办事员二人，分掌会计、营业、出纳等事宜。

第七条　各县得在重要集镇酌设代办所，其组织另定之。

第八条　各级银行除受上级银行之垂直领导外，并受同级政府之指导与监督。

## 第三章　营　　业

第九条　各级银行得兼理所在地下级银行之业务。

第十条　总行对各分行及直属支行除在工作上作原则的领导督导外，其一切银行业务，得按各地区之需要自行统一办理之，但本币发行数目应事先报告总行批准。

第十一条　各级银行除照规定经营存款、放款、汇兑及一切银行业务外，并代理，同级政府之金库事宜。

第十二条　本币之发行除经指定之分行外，其他分支行及以下之组织不得代理发行事宜，并依战略区为单位注以地名。

第十三条　各分行或直属支行每年决算一次（一月一日至十二月三十一日），以计算营业之盈亏，并将决算报告总行审核，如有盈余，按下列比例分配之：

（1）公积金：百分之二十。

（2）公益金：百分之十。

（3）资本红利：百分之七十。

（4）奖劳金：在结账时，提经总行批准后，可从资本红利内扣除。

## 第四章　附　　则

第十四条　本章程如有未尽事宜，得随时修正之。

第十五条　本章程由山东省战时工作推行委员会公布施行。

（录自北海银行总行档案第一卷）

# 北海银行代办所简章

## （1943 年）

一、代办所条件

凡农村合作社及有正当营业之商号，具有保证人者，愿代办本行工作，经本行同意给以委托书。

二、工作范围及权限

代办识别、兑换本币，介绍存款、汇款，收买生金银并调查物价涨落及货币流通情形报告银行。

三、待遇

开始代办后，以代办事情之多少，银行给以低利放款一千元至三千元，助其业务之发展。

四、奖惩

1. 奖励

（1）奖金分三等：一等六百元，二等四百元，三等二百元。

（2）奖励标准：能积极代办本行指定的工作，按期完成任务有显著的成绩，并不违犯银行规约者，给一等奖金；能认真代办本行工作，未犯过错误，代办兑换及介绍本行业务有相当成绩者为第二等；一般完成任务，遵守本行规约者为第三等。

（3）奖励期限半年一次。

2. 惩处

（1）工作消极不负责任者，可随时撤销其代办权并收回贷款。

（2）若有违犯政策，违犯规章，或假借本行之名义敲诈群众，贪污舞弊者，除撤销代办权收回贷款外，还按情节轻重，呈请政府处理之。

（录自北海银行总行档案第一卷）

# 山东的北海票（节选）

（1944 年 7 月 1 日）

山东省工商管理局监察委员薛暮桥

东西贱了，日子更好过了。最近山东各根据地都产生了好多年未有过的好现象。

抗战七年，物价本来是天天上涨。现在不论重庆或者上海，物价均比战前涨了几百倍，尤其是最近三、四年来涨得最快。物价如此飞涨，已使抗战经费难以保证，人民生活难以维持。再加上敌伪的推行伪钞，排挤法币，掠夺物资，使我根据地的有用物资滚滚外流，换回一堆堆的废纸。这种巨大的抗日财富之损失，我们是不能忍受的。

山东的共产党和民主政府为着坚持抗战，保护人民利益，挽救经济危机，决定自己发行本位币来稳定币值，平抑物价。民国二十八年胶东区首先成立北海银行，发行北海钞票，这时北海票（本币）是与中央票（法币）等价交换，同在市场流通的。太平洋战争爆发以后，由于日寇禁用法币的结果，法币跌价更加急剧。为使本币不致于随法币共同跌价，胶东民主政府宣布本币币值将与法币脱离。这一消息一传出去，人民立即自动停用法币，只剩北海票在市场流通。于是币值上涨，物价下落，造成山东货币斗争的空前胜利。

胶东胜利的消息传到各根据地后，各地人民纷纷停用法币。但因当时北海票的发行数量太少，金融机构组织亦不健全，故此斗争未能迅速胜利。去年七月滨海民主政府领导人民开展货币斗争，不到一个月就使几千万元法币离开根据地的市场，币值的上涨和物价的下落也引起了根据地人民莫大的兴奋。这个胜利立即影响鲁中，再转而鲁南和渤海。现在山东各根据地已经胜利完成币制改革的初步工作，北海票已经成为根据地市场上唯一的本位币了。

北海票是最受山东人民欢迎的，这首先可从各种货币的比值变化观察出来。过去本币是与法币等价交换（滨海区去年七月以前还是如此），但胶东于去年春天，滨海于去年年底，本币一元已能兑换法币五元。现在胶东本币一元兑法币十五元，其他各地则兑法币八元到十元，伪钞也是跌价，过去伪联银券一元可兑本币七元、八元，现在多数地区已与本币等价兑换，渤海兑本币一元五角，胶东只兑本币八角上下。老百姓说："只有北海票最牢靠，汉奸票靠不住，中央票因为日本人捣鬼也不保险了"。

其次可从物价变化观察出来。滨海区从去年七月到十二月，物价平均跌落一半。鲁中沂蒙从去年十月到十二月，物价平均跌落三分之一，今年还是继续下落。鲁南渤海等地今春物价也已跌落三分之一到二分之一。现在滨海区小麦每斤售本币一元二角，而在邻近的敌占区则售法币十元上下。生油每斤售本币四元八角，法币则售四、五十元。食盐在我沿海地区每斤售本币三角，但到津浦路侧敌占区即售法币二三十元。

货币斗争胜利了，民主政府的威信更高了。去年夏天政府宣布本币快要涨价，法币快要跌价，物价也要跌落，号召人民快把他们的法币换成本币，那时大家对这号召还是将信半疑的。大家心里都想：抗战六年物价天天上涨，哪里还能跌落下来！后来物价果然跌落，大家又惊又喜，都说："民主政府真有办法，说到做到！"

曾经有一位士绅不相信北海票，他在大家换出法币时秘密收藏法币数十万元，后来看到中央票果然不如北海票，只得把它忍痛兑出，兑入时是八折，兑出时是二折，三四个月损失原本四分之三。

有一个敌占区商人因为不堪敌伪压迫，携其资金伪钞三万元来根据地营业，他把伪币依法兑了北海票，三个月后，他的营业尚未开始，但他的北海票已值伪钞九万元了，即比原本赚了两倍，喜的逢人称道北海币的好处。

还有一些靠囤积发财的及投机商人，现在吃不开了，损利赔本，他们埋怨政府不该平抑物价。但是抗日根据地内不像其他地区那样，是不容许囤积居奇、抬高物价的坏现象存在的，因为这是有害于广大人民、有害抗战的。因此，政府没有随他们的意见去做，政府并劝告他们不要垂头丧气，物价就会平稳下来，政府对于正常贸易还是负责保护。后来他们接受政府指导，虽然不能再像过去那样兴风作浪，损人自肥，但他们的正当利益则比过去更有保证。大家都说，我们相信民主政府，民主政府是不会骗人的。

（原载于 1944 年胶东联合社编印的《七一、七七纪念文献》）

# 中共山东分局关于货币政策的决定

（1944 年 12 月 6 日）

过去一年各地货币斗争相继胜利，普遍停用法币伪钞，完成单一本位币制，停止物价上涨，巩固本币信用，予法币伪钞以很大的打击；滨海、鲁中、鲁南且已完成统一发行，这是过去货币斗争所得到的成绩。

但因客观的形势发展超过主观估计，和我未下决心充实银行印刷机构，以致本币发行始终未能满足市场流通需要。目前冀鲁边区及运河地区因缺乏本币未能停用法、伪币，×数地区土产物价跌落过大，影响生产发展，加重人民困难（交纳出赋），亟应设法挽救。同时胶东、渤海发展比较落后，不能共同前进，妨碍全省币制进一步的统一。

为此今后货币政策除继续稳定币值、稳定物价外，必须注意：

1. 服从发展生产、对敌经济斗争要求，供给必要资金，增加各种贷款，勿使土产物价继续跌落（亦勿过分上涨）。粮价且应适当提高，使与群众购入必需品，如粮布价格比值求得相称。

2. 准备反攻以［与］巩固物质基础结合起来，充实印刷机构，贮存大量本币，以适应新的发展，并积蓄力量、物资，随时用于反攻。

3. 加强全省经济情报联系，统一斗争步调，首先争取胶东、渤海的统一发行，接着完成全省币制的统一。

为此特作如下决定：

甲、目前全省发行约为四万万七千万元，须于今后两个月（一月底止）内突击增发一万万三千万元，并须于明年上半年增印四万万元（合共十万万元），按照发展需要随时发行，但需要呈请批准。

胶东增发二千万元（连前共二万万元）。今后发行应当慎重，防止物价高涨，严格保证发行不作财政开支，过去政府借支款项迅速归还。

渤海增发三千万元，明春继续增发至一万万元，迅速完成冀鲁边区停法工作。

滨海、鲁中各增三千万元，两地合计连前约共二万万五千万元。鲁南再增二千万元（连前合共六千万元），明春增发至九千万元。迅速完成运河区停法停伪工作。

上述数额完成后，胶东再印一万万元，渤海再印五千万元，滨海、鲁中、鲁南再印二万万至二万万五千万，不打号码印章，于市场需要时请总行批准随时发行。旧历正、二月间，除渤海、鲁南外暂不增发本币，防止物价高涨。

乙、按照以前规定，以发行半数充实工商管理局之资金，加强对市场及物资之控制力量，以便应付任何货币危机。目前各地工商资金总数为二万万四千万元，一月底止再增六千万元，合共三万万元，以后增加发行，仍以半数作为工商管理局之资金。各地资金分配：胶东现有六千万元，再增二千万元（可能时应增至一万万元以符规定）；渤海现有四千万元（尚未交足），再增一千万元；滨海现有六千万元，再增一千万元；鲁中现有五千万元，再增一千万元；鲁南现有三千万元，再增一千万元。

丙、明年春耕贷款准备发放一万万元，须于今冬完成准备工作，发给贷款证，明春按证领款。各地贷款分配：胶东三千五百万元（连渔业贷款在内），渤海一千二百万元，滨海、鲁中各一千五百万元，鲁南八百万元。贷款必须用于生产，以棉花、水利为主，且须保证收回，不准机关及脱离生产干部挪用贷款。

丁、今冬明春购存物资一万万元，除购军工原料、西药等外，今冬可以大量购存棉花、生油、粮食（粮价低落地区）等类物资。各地资金分配：胶东二千五百万元（余可以购存黄金），渤海一千五百万元，滨海、鲁中各一千五百万元，鲁南一千万元。今后发行本币应以百分之三十购存物资。购存物资由工商局负责，向银行抵押贷款，月利一分。

戊、为完成印刷任务，必须充实银行印刷机构。滨海专员公署负责扩大青年工人四十名，鲁中联办负责扩大三十名，胶东应立即代渤海区印伍拾元票二千万元，并协助充实渤海印刷机构。工厂工人可采用工资制及公私两利奖金制度，改善工厂管理，提高生产效率。

己、加强各地情报联系，统一各地斗争步调。滨海、鲁中、鲁南之间筹设电话联络，胶东、渤海应用电报经常报告币值物价变化，严格纠正过去忽视统调工作，不作经常报告，甚至省方一再去电置之不复的麻烦现象。各地每月应作两次经常报告，遇有重大变化应用最迅速之方法报告省工商处，并与邻区经常保持密切联系，用最迅速方法互相交换情报。

庚、渤海与胶东间如果币值渐趋一致，可即会商统一发行。渤海票印刷差，应整理，可以先让胶东票在渤海通行，进而印行两地通用货币。但因两地贸易不平衡，应防止胶东票的大量挤往渤海。渤海输往胶东棉花、粮食等，应尽可能多换回物资及外汇，其具体步骤由两地工商局会商决定之。

辛、胶东原系货币斗争最先进地区，一年来已变为落后地区。究竟原因何在？党委应督促政府银行及工商局负责同志切实检讨，迅速纠正过去错误，保证今后能与其他地区共同前进。

壬、估计今后伪钞将更动摇，各地随时注意勿多存伪钞，防止突然跌价遭受损失。伪钞大量兑入时，各县局可自动压价或停止兑入。贸易出超应精确估计，有计划换回各种物资，以免不要伪钞影响土产输出。

# 中共山东分局关于山东一年来货币斗争主要情况的报告

（1945 年 2 月 21 日）

中共北局：

山东一年货币斗争主要情况报告：

1. 去年春季山东各根据地停法排伪工作胜利完成，本币已成市场上的唯一工具。本币发行数额一年间自二万万元增至六万万元，但因流通范围扩大，仍感不足。现按根据地人口一千五百万计，每人平均仅四十元，至少须达每人五十元，始够流通需要。

2. 去年根据地物价，胶东稍涨，其他地区普遍跌落，滨海、鲁中均跌百分之二十，粮食跌价一半（近已上涨），棉花涨价一倍。其他物价鲁南、渤海因开始停法，物价均跌一倍上下，均较稳定。同年联币物价涨七倍半，储币（苏鲁边）物价涨九倍半，因此外汇比值发生巨大变化，联币一年前合本币一元四角，现合一角至一角五分，储币自二、三角跌至二、三分（滨海、鲁中、鲁南一致，胶东、渤海部分地区相同）。

3. 货币斗争胜利原因，除军事政治上之胜利外，主要由于对外贸易出超及我掌握重要输出物资支持货币斗争。此外，对敌经济斗争统一领导，掌握市场规律，灵活调剂外汇，亦为保证胜利之重要条件。这些工作做不好的地区所得胜利较少，如胶东、渤海客观条件均好，但因主观领导薄弱，成绩较差。

4. 本币印刷力量不能满足市场需要，造成工作中之许多困难及政府与人民的巨大损失。如渤海、冀鲁边及鲁南运河区，均因缺乏本币未能及早停法排伪；有些边沿区在停法排伪成功后，因缺乏本币，仍被法伪侵占，或因强制没收法伪引起人民反感，并因本币不足政府调剂，引起秋冬时期布贵粮贱严重困难；尤在交纳田赋时期，本币缺乏，粮价狂跌，人民负担几增一倍。

5. 过去所发本币，工商管理局基金及借款共三万万四千万元，农贷一万万五千万元（一万万元今春发出），余为银行购存物资及各种借款。今年准备增发四万万元，连前共十万万元，除以半数充工商管理局资金及人民生产借款外，准备大量购存物资以作反攻准备。资金多了用于调剂物资、稳定物价，对政府及人民均有极大利益。

6. 滨海、鲁中、鲁南三根据地已经连成一片，为便物资流通，三地本币已经做到统一发行，自由流通，实行半年尚无问题。但应于领导上逐渐统一，否则，货币涨落不齐，容易引起货币投机，使我受到巨大损失。胶东、渤海币值稍低，交通亦不方便，还是分区发行。今后拟提高两地比〔币〕值，求得全省币值一致，逐渐达到全省货币的统一。

7. 与华中及湖西贸易来往，因币制不同，颇感困难，妨碍物资交流。近与湖西对贸易问题意见冲突，对人民的印象不好，今后需要加强工作联系，会谈解决贸易上之具体问题。希中央对此问题能有明确指示，并交换各地区的斗争经验。

# 山东省战时行政委员会颁发
# 破本币兑换办法及提奖办法

## （1945 年 6 月 29 日）

为了扩大本币使用，减少破本币在市面流通数量，本会特规定破本币兑换办法及提奖办法，希各地接到后，即遵照此办法执行为要！

### 附一　山东省战时行政委员会关于破本币兑换办法

一、历年来各地区所发行之本币，因破烂而不能在市面行使者，一律由北海银行总行及各地区北海银行分行负责兑回。

二、凡票版前后均模糊认不出真假者不予兑换，如前后有一面认清非系伪造者，均按原价兑换。

三、凡本币竖断、横断、斜断失去一半者均按五折兑换。

四、凡本币票版失去四分之三或三分之二又无号码者一概不予兑换，如票版失去四分之一或三分之一，同时号码具全者一律按原价兑换。

五、在兑换中如发现敌人伪造之假票，由兑换机关负责在票版上剪去三分之一退回原主并追究原行使者。

六、凡各公营商店及财政机关等向人民兑换时均按此办法兑换，不得有丝毫随意折扣之现象。

七、自本办法颁布之日起，前北海银行总行颁布之兑换办法即作废。

### 附二　山东省战时行政委员会关于兑换破本币提奖办法

一、凡工商管理局及各机关部队之公营商店各级政府财政机关等均有负责兑换破本币之任务。

二、凡系五元以下之本币兑换时按百分之五提奖，拾元者按百分之二点五提奖，五十元以上之本币按百分之零点五提奖。

三、提奖数目以兑换本币一百元为起点，一百元以下者不予提奖。

（录自山东省政府档案第六十一号卷）

# 山东省战时行政委员会通令

（1945 年 8 月 1 日　　财字第 22 号）

随着年来我对敌军事经济斗争的巨大胜利，我山东各根据地基本上已打破过去的分割状态，货币斗争亦已普遍胜利。今后为全面地调剂物资，稳定金融，统一步调，更有力地开展对敌经济斗争，特决定全省各地区发行之本币，不分地区统一流通，同时过去各地北海银行及工商管理局所发行之本票与流通券等，应立即停止在市面流通，并限期由各发行机关负责兑回。

全省本币统一流通，政府暂不公开宣布，希各级党政军民接此通令后，立即传达所属各部门，遵照执行，并自行商定具体实施办法为要。

此令

主任委员　黎玉
（录自山东省政府档案第三十二号卷）

# 山东省政府布告北海币统一流通

（1945 年 8 月 29 日　　财字第 24 号）

随着日本无条件投降，山东我解放军向大城市交通要道进军的胜利，现在我全省各根据地基本上已连成一片。为全面调剂物资，流通金融，特决定全省各地区（滨海、鲁中、鲁南、胶东、渤海）过去所发行之北海银行本币，今后不分地区统一流通，过去各地区北海银行所发行之本票流通券等仍限本地区流通，并由发行机关负责收回。

以上仰我全体军民遵照执行为要。

主席　黎玉

（录自 1945 年 8 月 31 日《大众日报》）

# 北海银行总行关于目前银行工作的指示

（1945 年　总字第一号）

敌人投降之后，我们大进军以来，五个战略区在某些条件上已打破封锁，并开始向统一发展，尤其大部分中小城市已被解放，交通逐渐恢复，今后在联系上更加密切。山东北币宣布统一流通以后，在经济金融发展上，有统一计划与统一指挥的必要，因此目前银行工作要有进一步的开展与新变化，总行根据目前急需做的几件工作指示如下：

第一，发行工作。在鲁南、鲁中、滨海，印刷工厂已统一起来，今后在发行本币方面，一定根据市面流通需要而确定票种，尤其补充小票最为迫切。胶东、渤海暂缓统一，主要因为运输上的困难，因而该两分行仍设印刷工厂，但在发行计划上需要统一，今后可根据总行原则指示而有计划地发行，否则一定会发生偏差，不是发行大票过多，就是票面种类不均衡，酿成种类混乱，而影响物价高涨。收回破本币销毁也成为目前主要工作，今后如不注意收回工作的布置，也会影响本币的信仰。总行决定以分行为销毁单位，加强销毁手续的建立，分行之下的支行办事处兑换之后可汇交分行办理，支行办事处无销毁之权，因此分行组织机构一定健全发行组织。现因发行账都不统一，各分行所发行之本币由各分行记账。本币统一流通以后，各分行所发行的本币一定流通起来，甲地区可能兑换乙地区所发行的本币，这样销毁记账必须分开地区写销毁证明书，然后通过总行转账，以免销毁后不能即时转账的偏差。各级分行组织设立发行科或股，以便办理销毁手续，支行办事处可不设发行组织。

第二，会计方面。总行决定一九四五年年底统一执行决算制度，将过去累积的旧欠，或应销未销的一些资产负债，一定在本年底截止清理，并按照总行会字二、三号关于会计科目的规定办法严格执行，一九四六年以后要按期造月报送总行，以便统计了解。

第三，业务方针及重点方面。政府银行除受政府委托代理发行货币外，在中心城市的一些金融事业如银行钱庄等，政府银行应起领导与管理的作用，不让他们自流与违犯政策。这是目前北海银行的一个新的工作，应特别重视与创造经验。扶助生产，改良民生，应从积极方面出发，不能消极地救济，要以资本补充与发展劳动力为主要方针之一。根据现在银行的力量与发展的过程中，应以农贷小手工业贷款为主，重工业、轻工业的投资暂时不可能也不必急需追求，看情况变化再研究。目前应特别强调农贷，合作社、手工业贷款，及经过破坏之中小城市恢复现有商业为主。因此分行组织一级应全面照顾本战略区的农贷及工商管理局的工商业贷款，按期催交利息与收回发放工作。支行与办事处不按行政系统设立，主要有重点地发展与建立城市工作，从主要的工商业城市建立而逐渐普遍设立。汇兑工作总行也是有重点地建立汇兑基点，先以分行之间互相通汇，而不是普遍发生汇兑来往，树立内汇是主要的，在某些港口与通商口岸，可试办外汇，或与其他战略区建立汇兑关系。

其次分行地址问题，今后应选择中心城市，或中心地区固定一些，为了与行政联系，可靠近行政公署常驻地方选择，以便指挥与掌握支行办事处，配合行政进行工作。为汇兑关系便利商民起见，也是固定较好。

在组织机构方面，今后应注意充实，以便准备将来迎接新的局面。在新解放城市注意发动与吸收旧的银行人员或知识青年，进行改造培养，另外原有在职干部中，应提高其政治及业务学习，扩大银行干部的眼界，纠正某些轻视银行工作的观点。

行　长　艾楚南

副行长　洒海秋

监　委　金贯一

（录自北海银行总行档案第一号卷）

# 北海银行总分行办事处会议对
# 银行工作的几个决定

（1946 年 1 月 29 日　总字第二号）

（1）今后分行办事处的任务与方针：因和平形势的变化，今后分行办事处的任务主要是建设中小城市，重点在于扶助生产，从积极方面改良民生，其次恢复旧有的商业来繁荣市场。因为人力财力不够分配，暂有重点设置分行与分行直属办事处，分布在各战略区，具体计划鲁南、鲁中除兼做一城市外，并另分设一办事处。初步的工作有重点地有步骤地划分两个时期：第一步应先配合一九四六年的大生产运动，发放合作组织的放款，主要目的在于发动群众与组织群众，其次发放刺激性与扶助性质的商业放款，总之数额少而能达到普遍性的发展；第二步逐渐转变为较大或正规的工商业放款或投资。汇兑的建立，除总分行直接通汇外，为便于物资交流和商民携带现金，各分支行办事处间可直接确定两方面汇款，方式的采取可自己议定。最后吸收进步的旧银行人员参加民主建设，可成为分行办事处一个重要任务，但是必须经过总行审查批准。

（2）组织供给问题：鲁中与鲁南两个战略区暂设分行组织，另外各直属一个办事处，滨海暂不设分行组织，暂改为总行直属办事处。分行本身设四个股，人数干部十六到二十二人为限，另外通讯员兼警卫员四人，勤务员一人，伙夫两人。办事处不论总行直属办事处或分行直属办事处，暂时确定十六到二十人，警卫员两人，勤务员一人，伙夫两人。

供给方面：暂作试验性质，将所发之物品按十二月平均折合，每月折金一百元，另发衣服与菜金，这样可节省事务人员与理发人员的设备，同时可以吸收外来人员参加银行工作，将所得物资折合成钱供给他家庭，也可提倡个人节约，基于以上而实行的，希各级行能够掌握这种精神。

（3）工作范围：除胶东、渤海两分行外，鲁中、鲁南两分行及所有之总行办事处，关于一切农贷及工商资金拨付都归总行处理，分行组织可专

门经营城市工作，胶东、渤海两分行因暂时形势的分割与发行工作之独
立，可由省财委会决定电达执行。支行办事处可专门拨付资金，经营城市
工作，数额可自行规定。

（录自北海银行总行档案第十二卷）

# 北海银行总行关于精简机构与
# 实行薪级制的决定

（1946 年 5 月 29 日　总字第四号）

1. 各级组织机构要根据业务范围干部质量数量确定甲乙两种编制，胶
东、渤海两分行按甲等分行编制，其余分行按乙等分行编制，支行办事处
亦是如此，由分行具体确定。

2、3（略，见编者按）

4. 印刷厂的组织暂不分总厂、分厂组织，三个工厂组织是平行的，编
制相同，今后形势变化后，可逐步统一领导，目前暂由总行发行科统一布
置工作，因为胶东、渤海两地区暂因运输交通困难，总行仍委托分行直接
领导两工厂。为了统一印刷工作与减免票版样式太多，技术不一致起见，
总行加强发行科组织，各地分行取消发行组织。

（附）编制表：

总行：行长一人，副行长一人。

秘书室：主任一人，文书股三至四人，庶务股四人。

人事科：科长一人，办事员二至三人。

营业科：科长一人，营业股四至五人，汇兑股三至四人。

调研股三至四人。

会计科：科长一人，会计股二至三人，稽核股三至四人。

出纳科：科长一人，收支股九至十三人，保管股三至四人。

发行科：科长一人，发行股三至四人，印制股二至三人。

警卫员兼通讯员十四人，勤务员三人。

甲等分行：行长一人，副行长根据条件配备。

秘书一人，文书一至二人，庶务一人，会计一人。

营业课：课长一人，营业四至五人，汇兑二至三人，调研一人。

会计课：课长一人，会计二人，稽核二人。

出纳课：课长一人，收支六至八人，保管二至三人。

人事课：课长一人，干部二人。

警卫员兼通讯员十二人，勤务员二人。

乙等分行：行长一人，副行长根据条件配备。

庶务兼会计一人。

营业三至五人，

会计三至四人，

出纳三至四人，

营业、会计、出纳内各有一主管。

警通二人，勤务一人。

甲等办事处：主任一人，副主任根据条件配备。

庶务兼会计一人。

营业三至五人，

会计二至三人，

出纳三至四人，

营业、会计、出纳内包括主管一人。

警通二人，勤务一人。

乙等办事处：主任一人。

干部四至六人。

通勤一人。

（编者按：北海银行原定自一九四六年七月一日起改为薪金待遇，并印发了"关于行员待遇之规定"和"关于行员职别等级之规定及薪金审定办法"。职别暂定：（1）练习生；（2）助理员；（3）办事员；（4）行员；（5）课长；（6）科长；（7）行长（办事处主任）。薪级为三十五级：总行正副行长一至五级，分行正副行长、总行科长主任三至十级，支行正副行长、办事处正副主任、分行课长（或股长）、总行股长、秘书（甲乙分行秘书）八至二十级，支行股长、办事处主管员、总行行员十二至二十五级，办事员十五至二十八级，助理员二十一至三十一级，练习生二十九至三十五级。后因战争影响，总行于一九四六年八月七日以总字第六号通函暂缓施行薪金制，内称："如仍按正规要求，实行薪给制，实多不便，为适应这一形势之要求，决定薪给制暂缓施行"。）

（摘自北海银行总行档案第三卷）

# 山东北海银行总行分行行长联席会议决议案

（1946 年 9 月 18 日）

## 关于业务工作部分

### 一、今后的业务方针

自农村贷款工作交由政府办理，银行工作本身主要任务转入扶助重要城市的经济建设后，这方面对整理与恢复重要城市的工商业及减免群众失业上，起了很大的作用；但另一方面，在一般较小城镇及广大农村中，银行没有直接业务活动，虽由政府实业部门办理农村贷款工作，但由于其本身业务之繁多，对此不够专门，不能起更好的作用。更由于此次自卫战争的重新发展，使我城市工作很难开展。在此种情况下，决定今后银行直接经营农村工作。

并且因为目前解放区已解决了与正在解决着土地问题，农民生产热情已大大提高，我们若能在经济上更好地加以扶持，必然使农民的生产力更为提高，农民生活更为富裕，不仅可以供给工业上所需要的原料，而且能够吸收与消费大量的工业生产品，为新的资本主义开辟市场，只有这样，才能使工商业的恢复与发展，得到坚实的基础，并且工业的发展必须有一定生产的技术条件与运输条件，在我解放区因目前的军事情况与技术条件的限制，不容许我们迅速发展重工业，所以今后我们银行工作应把主要的资力和人力，散布到农村中去，以更好地扶助农村农业生产与手工业的发展，这也正是为了将来可以建设近代化的重工业的基础，当然目前我们也不放弃在尽可能的范围之内来整理与恢复城市工商业，不过这工作应放在次要的地位。

在目前自卫战争的情况下，由于某些重要城市可能暂时放弃，发展广大农村的农业生产与副业生产，以达到自给自足，解决军民衣食，支援前线，提高胜利信心，更有其重要意义。因此总的来说，我们的银行，基本上应该是农民银行，今后必须到农村中去为农民服务。

### 二、关于目前为配合收缩通货稳定物价的几项工作

（一）秋收后收回农贷，克服过去部分干部放而不收，单纯救济观点。

（二）机关部队生产贷款，尽量收缩，到期的坚决收回之。今后各地区各系统机关部队生产贷款，总的数额必须由省府批准，由总行各分行及滨海支行进行此项业务，一般支行办事处不得贷款。

（三）收缩商业贷款（包括透支投资等）及其他到期之贷款（特殊者例外），但扶助自给生产（主要为必需品）之贷款，仍应继续适当推行，因为只有群众生产发展、解放区财富增加，才是巩固与提高本币信用的积极办法。

（四）关于收购金银问题，虽黄金（与法币相较）容量较小，有外汇价值，且贬值可能较少，但在目前情况下，亦暂停尽量收购，只在内地产金地区，为防止金价过分跌落（与一般物价指数相较），影响生产与工人失业，可以酌量收购之。至于银元与纹银，以容量太重，运输不便，价值不高，使用范围较少，今后停止收购。过去收购之金银，原则上仍不得外售。

（五）收购物资，过去虽规定仅限于为扶助生产性质的，而目前为了配合收缩通货，亦决定暂行停止，各行处如存有一般物资，应尽量抛出。

### 三、接收农村贷款工作

（一）自明年度（一九四七年初）起，所有农业贷款农村副业贷款

（包括农村合作贷款）、渔业贷款等，俱由政府交还银行直接经营，根据需要发放新贷，该项贷款资金数额由省府决定后另行通知划拨。

（二）今后至年底三个半月时间内，各分支行处应切实协助政府收回旧贷，应以大部分干部配合政府实业部门，下去进行该项工作，借以了解情况熟悉工作，以迎接明年发放新贷的任务。在工作中应随时总结经验，提出今后工作意见，汇报上级银行，以准备今后工作。个别行处如因城市工作较忙，经上级银行同意后，不能派出大批干部，亦应尽可能抽调若干干部进行该项工作。详细办法由各分行、滨海支行与各行署及滨海专员公署协商布置之，并将布置情形，报告总行。

（三）此次虽增设机构，一时尚不能做到每县有一个办事处，但每个县的农村贷款工作，必须划归一定的行处经营，此种业务活动地区，由各分行滨海支行与政府协商后具体划定之。经管行处在划定地区进行工作，应特别强调与当地党政民的配合，通过与运用组织，及打通地方工作干部思想。

（四）在年底前各行处应负责搜集农村贷款工作之各种材料，提供总行，由总行统一订定办法。

### 四、提高存放款利率

（一）根据中共中央一九四二年土地政策决定的附件的精神，银行对工商业贷款的利率，应不受分半减息政策的限制，而且为了调节与平衡社会利润，对商业贷款的利率，应该更其提高。

（二）放款利率提高后，存款利率亦可随着提高，过去由于存款利率太低，群众不愿存款银行，不能尽吸收游资转而使用于经济建设事业上的作用。

（三）今后存款利率为：

1. 群众性活存利率月息九厘。机关经费存款利率月息最高不得超过六厘。

2. 定存利率三个月的月息一分五厘，六个月的一分八厘，九个月的二分一厘，一年的二分五厘，一年以上面商。

（四）放款利率为：

1. 农业放款利率月息一分。

2. 渔民放款、盐民放款、合作放款利率月息一分二厘。

3. 小本放款利率，集体贷款月息一分二厘，个别贷放月息一分五厘。

4. 工业放款利率月息三分。

5. 商业放款一般按当地市场自然利率为标准，但最高不得超过平均商业利润的百分之二十，最低不得逾月息五分。

6. 工商局放款，机关部队生产放款，公共事业放款月息一分二厘。

## 五、对友邻地区之汇兑问题

（一）为促进兄弟解放区贸易往来，交流两地物资，加强市场金融活动，各地区视条件可能，可与附近友邻地区银行订立合同，互相通汇，但如条件不足，进行困难，则亦不必勉强进行。

（二）与友邻地区协商通汇问题时，应依据下列四项规定：

1. 汇率——根据两地交接地带之物价指数，计算两地货币比价（亦即边沿地区兑换之市价），给予汇兑。汇出行在汇票上填写付款行之本位币为主，但如汇出行对于边沿区之两种货币比值之市价了解不够迅速，只能根据大概情况定出汇率时，则仅收汇公款，不汇私款，以免商人之投机。

2. 与各兄弟解放区汇兑之透支总额，拟定：

（1）与东北行：不得超过本币一万万元。

（2）与华北行：不得超过本币一万万元。

（3）与冀南银行之冀鲁豫区行：不得超过本币五千万元。

（4）与晋察冀边区银行与冀南银行之冀南区行：不得超过本币五千万元。

3. 汇费及透支利息——汇费由两地行自行订定后通知对方，但不得逾千分之十，往来利率月息九厘至一分二厘。

4. 清偿透支差额——每届结算期前清偿一次（六月二十日，十二月二十日），清偿时以两地指定地点之指定物资及外汇之当时平均指数，来规定两种币制之比价，以此种比价抵销互汇金额，其所余差额，由债务行代购债权行所需之物资及外汇，以收购时之债务行本位币作价折算清偿之。

（三）签订合同时，除依据上述四项规定外，还应确定：

1. 通汇地点与各个通汇行处之透支限额，每笔汇款最高额以及汇款种类。

2. 清偿差额时计算两地货币比价，双方以何数地之何种物资与外汇之平均指数为标准，及规定清偿差额时之一定比例之一定物资与外汇。

3. 互相通报两地行情之办法。

4. 统一规定汇款手续、计息办法（各以本位币来户计透支息）、密码、交换印鉴及汇票式样。

5. 经过双方总行之批准，始为有效。

### 六、关于分支行处资金问题

（一）省府已原则上决定在发行额分配中，增加银行业务活动之资金，以达到发展生产、支援前线、改善人民生活的目的。但此项增加之资金，主要运用于农村经济建设上。

（二）关于资金分配的办法，大体上仍根据通函营字第七号的规定，其中关于工商局放款、政府财政透支、机关部队生产放款、公共事业放款、及农贷、渔贷、农村副业贷款（包括合作贷款）、收购外汇基金、对外汇款基金等，由总行统一规定后另行通知外，其余城市一般营业资金：——包括工业放款（包括投资透支等，下同）、商业放款、小本放款、对内汇兑等业务，希各行处于十月底前，根据经管地区情形（一个行处若经管数个县，则将此数个县中之城镇开展业务所需要之资金，俱计算在内），提出今后城市一般营业资金之数额（办事处不超过二千万，分支行本身不超过五千万，应分别详列开展各种业务所需之数额），以便由总行核定后调整拨付之。

### 七、代理财政厅收解与划拨财政收支

（一）银行代理金库是将来的工作方向，在目前县级银行机构尚未普遍前，暂不代理金库。

（二）目前各地征收田赋契税等，为数颇巨，财厅已将鲁中、鲁南、滨海三地区政府所收田赋契税等款，代理缴解之任务交给我们银行，凡我上述三地之行处，会后应接收政府交来之该项款项，划收总行，转解财厅，必要时并要代理财厅划付财政开支，其具体手续另定之。

（三）胶东渤海二区是否代理该项工作，由两地分行与行署接洽后自行决定之。

### 八、关于存放款规程问题

（一）今年一月份所印发之存放款暂行规程，已有若干部分不适合实际情况，准备改订。

（二）该项活期存款暂行规程第二条关于结存数超过二十万，其超过之数不计息一点，今后应改为群众性存款之结存数不论多寡，概行计息，但机关活存，银行需要吸收存款时，给予利息，不需要吸收存款时，如他们必须交银行保存者，应当面言明代为保管，不计利息。

（摘自北海银行总行档案第二号卷）

# 山东北海银行总行关于加紧催收农村贷款的通函

（1946 年 11 月 23 日    营字第二十二号）

一、根据九月份行长联席会议的决定，本行冬季业务工作以配合政权催收以前各种农村贷款为中心，省府指示，助字第五十三号亦明确指出："收回各种贷款，由各级实业处（科）负责，各地银行可以配合，所收回之贷款，全数交各地方银行不得将收回贷款移作其他用项，或未经银行许可而有自行贷出等现象"。为此我各分支处必须与各实业处（科）经常协商清理贷款办法与收回手续等。并派出干部帮助实业部门进行实际收款工作，一面亦借此熟习各种农村贷款工作，以迎接明年度发放新贷的任务。查在此一个半月大部行处都已在执行此项决定（如鲁南分行与行署共同召开各县贷款人员会议等）。但还有部分行处未坚决执行，对农村工作缺乏高度的热情，愿意经营实物买卖，不愿做农村贷款工作……。

二、鲁中、鲁南、滨海三地区之农村贷款借据，原已集中总行，与省府实业厅统一订立借据，兹经与实业厅协商，决定将三地区借据仍转给三地区分支行。该分支行收到总行转去借据后，收资金科目各种农村贷款（农业贷款、合作贷款、渔业贷款等）资金细目。该分支行处对所辖行处原则上不必再将借据转去，以免混乱，只将该处经办区之各贷款数开去，令其代收即可。至于胶东渤海二地区之借据，原来都在该地分行。各分行与滨海支行于该项贷款收回后应与各行署与滨海专员公署办理结束手续。该项收回之各种农村旧贷款项，不得擅自移用于其他业务。

三、根据省府指示，决定：凡以往数年之农业贷款，限于本年十一月底全部收回，其他合作、纺织、渔盐等在营业已有基础、而收回不妨碍营业者，亦尽量动员收回。贷款到期必须归还银行，必要时如欲继续再贷者，亦须归还利息，另办贷款手续。为此决定：

1. 各种农村贷款之收回，最后如有无法收回之呆账，由各分行及滨支与当地政府实业处（科）共同商讨，将必须批准报销之呆账数额，于十二月二十日前，报告总行与实业厅商讨，批准报销之。

2. 合作、纺织、渔盐等贷款，如为实业厅经管贷放的，由实业部门负责，本行配合，除依据上述原则尽量动员收回者外，其如收回妨碍营业，因而暂缓收回一部分者，应由本行经营行处重新审查，结束旧手续，而与本行办理新手续。未到期之农贷中之水利贷款、耕牛贷款，其如不可能动员收回者同此办理。

3. 各分行及滨海支行，必须于十二月二十日前，将催收旧贷工作告一段落，将各种农村贷款之应收额、已收数，已往接手之暂缓收回数及呆账数等报来总行。

4. 路南三地区之各分支行处，必须将已收农村贷款数额，随时报来总行（最少每月一次），以使总行能及时了解情况及掌握领导之调拨。

四、滨海区之盐民贷款，仍由工商局负责经营，本行不接手，胶东、渤海二地区之盐民贷款，明年度是否交由本行经营，由该分行与当地政府协商后，报告总行核备。如决定由本行经营，该项贷款章程，由该分行自行拟定，送总行核备之。

（录自北海银行总行档案第四号卷）

# 山东省北海银行破本币代兑所组织简章

（1946 年 11 月 24 日    总行第十号通函附发）

一、本行为巩固本币信用，便于商民兑换破币及进行反假票斗争起见，特于分支行处所辖各该地区有计划地设立代兑所组织机构。

二、代兑所机构为委托代办性质，原则上应限于合作社，公营商店或有信用之私人商号。由本行管辖行处给予委托证明书，并对外正式挂牌。

三、代兑所之工作任务为：（甲）兑换破本币。按本行规定标准给予兑换，兑入后按本行规定办法分类整理清楚，解送本行分支行处，兑换通用本币。（乙）进行反假票斗争。如将本行发给之各种真假票样，对外公布，每逢发现假票，应利用集会，用口头及文字向群众进行宣传，并替群众识别真假票以及检查假票等。

四、代兑所不应经营上项规定以外之本行业务，并不得冒用本行名义，对外发生其他业务关系及其他违犯本行规约之行为。如有该种情形由该商号或合作社自行对外负责，与本行无涉；对本行并应负法律责任。

五、代兑所兑入之破本币整理后解送本行时，得按本行破本币兑换提成办法，给予提成奖励。其查获之伪造本币亦得按奖励查缉伪造本币办法予以奖励。其宣传反假票斗争必要时之费用，经过其管辖行处同意后，可以实报实销。此外一般不另发基金及其他待遇。

六、代兑所每半年考核工作成绩一次，凡热心服务宣传与检查假票特别努力，兑换破本币为数甚多者，由本行管辖行处授给一千元以上、一万元以下之奖励金。

七、凡到代兑所兑换之破币，不论大宗或零星，概不给予提成。如有非委托兑换之商号或私人积存及兑入大宗破本币，并按票种分类整理清楚者，可送到本行分支行处兑换，亦得给予提成奖励。

（录自北海银行总行档案第三号卷）

# 北海银行总行对一九四七年的工作指示

（1947 年 1 月）

一九四六年已在胜利的斗争中过去了，一九四七年将必然带给我们以更伟大的胜利。在不远的将来，中国人民的新的独立和平民主运动的高潮一定要到来，我们对此必须在思想上与工作上有充分的准备。在我们的前面，现在还存在着一个艰难困苦的时期，特别是财经工作，它的困难更为严重。一方面由于大规模战争的空前巨大的消耗——具体表现在广大的军队人员与参战民兵民伕的财粮开支，及械弹被服医药用品的大量供应；另一方面，由于战争地区受到蒋军与炮火的摧残，以致房屋为墟，田园荒芜，而许多中心地区则大量的人力物力投入参战支前方面，影响了开展生产；其次，由于华中地区暂时变为游击区，也增加了我们山东的负担。因此，我们要争取战争胜利，必先克服这种财政困难，而我们银行工作的方针任务的提出，也必须环绕着这个总的任务，为配合克服财经困难，加强战争需要的物质基础，争取战争胜利的早日到来而奋斗。今后一切工作的布置，必须以战争需要为尺度，分别轻重缓急，掌握工作重点，集中使用力量，反对平均使用力量，要求百废俱兴，不从战争需要出发的观念与布置。

兹对目前工作的方针与任务。确定如下：

一、尽量减缩发行，配合稳定物价，扶助军需生产，保障战时供给。由于财政开支的空前巨大，和目前处于内线作战，财政收入的相对减缩，虽然领导上尽量开源节流，以期全年收支平衡，但在各个不同时期中财政收入与支出的数字，不会都是恰恰相等，所以在某个时期某种情况之下，尚存在着入不敷出的现象，而不得不在银行的发行数字内来拨补一部分。

这样就会促使发行的数字扩大，然而我们要求在扩大中尽量求其减缩，于是便也不得不减少其他方面的资金，以配合缓和物价上涨与稳定物价。

另一方面，为了奠定争取战争的雄厚的物质基础，同时也为了从积极方面来稳定物价，就必须要发展生产。但是我们银行业务活动的资金不得不相对减缩的情况之下，也就规定了必须要从战争的需要出发，掌握发展生产的重点，以集中使用资金。

我们目前是处在农村的环境，主要是依靠农业生产、手工业生产与小规模的群众经营的生产来解决战争需要的各种供给，特别是衣食供给，因此我们在业务工作上必须面向农村。目前以发放各种乡村贷款为中心工作（结合催收旧贷工作），来贯彻扶助战争需要的生产。在工作进行中，并应结合培养乡村信用合作社，以此作为我们在乡村中的金融堡垒。

在城镇工作方面，必须收缩不必要的任务，主要是商业贷款（包括透支、投资等，下同）除必要时对于有关战争需要的物资之输入与调剂，可以加以扶助之外，一般的都停止贷放。其次，买卖实物，只在该项实物要作为实物贷放之用时，可以酌量买入，一般亦停止进行。关于工业贷款，亦仅是扶助战时军民所必需的生产。对于某些形势动荡我们还可能暂时放弃城镇，应及时停止与收缩业务；对于某些已经收复而且形势业已巩固的城镇，可以进行恢复必需的生产的工作；对收复后形势尚未巩固的城镇，则暂缓开展工作。

对于汇兑业务，则仍可进行，但对外汇兑，要顾及兄弟解放区银行与本行彼此资金力量，不要因透支数额过巨，而影响一方地区大量增加货币流通数量，促使物价高涨。关于存款业务，应尽量创造与运用各种方式方法去开展。关于收购黄金，在物价相对平稳，金价较平，产金及外来黄金较多之处，应酌量收购之。

关于各地公营工商业基金，机关部队生产放款，公益事业放款以及财政透支的限额，必须事前经总行批准，方能贷放。关于到期未收回的贷款与各种暂欠，必须严格催收与清理，定期结束。今后严格禁止从私人情面、个人权利思想、单纯利润观点以及为小公家一面利益出发的任何贷款与经营。

如上所述，虽然我们在业务活动资金上尽量限制本币向外发行，但发行工作方面，工厂仍要利用最大限度的人力与工具以进行印刷，宁可印刷后不用而存贮起来，决不能因印刷不出来而妨碍战争进行中所必须的应用。同时必须加强反假票斗争，以免影响本币使用，促使物价上涨。

二、厉行生产节约。大家节衣缩食，出力流汗，全力支援前线，渡过难关……（略）。

三、开展立功运动。（略）

（摘自北海银行总行档案第十六号卷）

# 华东财委会关于银行工作的决议通知

下列决议经财委会审查通过，希即讨论施行。

华东财委会

一九四八年一月七日

## 目　　录

### 一、银行性质和工作方针

北海银行是山东省的地方银行，但由于它被授权发行山东省范围内独占的货币，因此它在山东省内执行了国家银行的任务，是政权的一个组成部分，它既不能混同于一般的资本主义的商业银行，更要区别于国民党的所谓"国家银行"。我们的银行应该执行政权所代表的阶级相一致的阶级路线（产业工人、手工业工人、雇贫农、中农、广大的小资产阶级知识分子及其他民主分子），对于这些阶级（不是钱庄老板和银行老板），我们银行在自己工作范围内为他们服务，而不是用我们雄厚的力量去压榨他们（像国民党地区的"国家银行"与商业银行所做的）。由于中国农民约占人口的百分之八十，而雇贫农、中农又约占农民百分之九十，所以我们的银行在今天农村环境中基本上是为农民服务，也是农民银行。

山东省政府授权北海银行发行独占货币，一方面排斥了蒋币，使人民脱离蒋匪的通货膨胀掠夺；另一方面就是山东省政府向人民借得了一大批款项，处理这批款项是政府的权力。政府考虑全局，以对人民负责的精神，把它分为若干部分，以分别支持自卫战争的需要，建立各种公营企业，其中一部分分配为银行资本金，银行根据政府发展生产的政策，运用此资金，进行其本身业务，帮助人民，特别是在今天土改中翻身的农民发展生产。消灭高利贷，为发展经济而服务。

因此，我们的工作范围可概括为以下四条：

第一，发行独占货币，排斥蒋币，严禁假票，建立巩固的本币市场。

第二，支援爱国自卫战争，供应战时财政的调度，并代理政府金库，以保证财政收支统一。

第三，以银行的资本金为农村的城市的基本群众发展生产服务，为消灭高利贷发展经济服务。

第四，在一般情况下掌握市场通货流通规律，予以适时的膨胀与紧缩，以求币值相对的稳定。

## 二、工作任务

### 1. 农业贷款

农业贷款是我们银行所有各种贷款（渔盐、小本、合作、工商）中的主要业务，是从金融方面促进经济发展的主要办法。在今天贯彻土改以及生产节约备荒保证前方供给总方针下，则是扶助土改中翻身雇贫农为主，以及受蒋灾不能维持生产的雇贫中农，使他们获得生产资本，提高土地的产量，并以此消灭封建高利贷剥削及建立农村新式资本主义的借贷关系。因此，农贷不是只顾目前对农民的救急一时盲目而无发展前途的工作。

银行发放农贷必须有雄厚资金及时满足农民要求。过去银行资金分散使用，应重新集中用于农贷；过去以现金贷款因币值不稳定农贷资金无从积累，应逐渐改为以实物贷放为主；过去银行没有普遍机构，农贷分散为政府部门贷放，既不能保证正确贷放与积累经验，又无人收回，资金徒然消耗，今后银行应负起本身职责，主管贷款。因此我们会议决定：

第一，银行暂时取消过去决定各种贷款基金（以后根据情况需要另行增设），一律改为农贷基金。此外并请华东局财委会在旧历年前准拨鲁中农贷基金五亿元，鲁南四亿元，滨海四亿元，其中包括种子、肥料、耕牛、农具、副业等。以农民为对象之各种贷款，具体划分由各行按实际需要决定。

第二，所有农贷基金，在不刺激粮价的条件下，逐渐变为黄豆、豆饼、小麦等粮食。今后贷放种子及肥料均以实物往来，农具、耕牛等则以现款往来，农贷以借粮还粮、借钞还钞为原则。

第三，利息方面，暂时倡议钱利仍以月息一分五厘到二分计算，实物利息根据收获季节计算。规定秋收后借麦种明年夏收还小麦，其利息每百斤十五斤，延到秋收后还的每百斤二十斤。春天借种借肥料，夏收时归还，每百斤七斤半，秋收后归还再加五斤，第二年夏收归还再加十斤。其最后决定由各分支行就地与群众讨论后报告总行转财委会决定。

第四，银行应具体了解当地农民在一年中耕种几次，施肥几次，收获几次，并各在何时。依据以上了解的情况，把资金有计划地周转，先后衔接不断，以使农民在每次耕种施肥时，都能得到一定的贷款扶助。

第五，银行现在资金不足，普遍发放，平均分配，其结果是大家借得很少，大家都不能解决困难。必须采取重点发放，选择土改正确进行，最贫困，受蒋灾、水旱灾荒最严重地区为重点。借户中则选择最贫苦、最缺乏生产资金的贷户为重点。贷款数目务求解决借贷农户之生产资本的要求，并以借户六至十家组成借户小组（有劳动互助组者不再组织），互相保证贷款用于生产，不乱用。干部、军工烈属、荣军在农贷中视同一般农民，无特殊权利。

第六，为保证以上贷款原则的贯彻，规定：

（1）农贷之分配权，应由当地党委、农会、政府实业部门及银行会同商定之。

（2）银行为农贷之主管机关。

（3）发放农贷之动员组织，应由党、政、农会、银行共同负责进行，具体确定贷户应走群众路线，由村农民大会最后决定。

（4）发放贷款应由银行与借户直接经手交接立据。

（5）凡党委政府尚未及时解决银行干部问题，以致银行尚未建立机构之县或区，则农贷暂缓发放，经迅速建立银行机构以后再放。

（6）如灾荒过重、需要进行救济之地区，应由政府向上级政府请求拨款救济，不得直接向同级银行要求动用农贷基金，移作救济之用。

第七，进行农贷工作时，要在农民中做广泛宣传，指出农贷要用于生产以及银行与农民的关系等生动标语口号。

2. 代理金库

会议一致拥护山东省统一收支程序。接受代理金库任务。并通过金库办事细则（办事细则另附），呈请省府审查，颁布施行。

### 三、组织机构与干部配备

1. 银行金库组织系统：

为保证以上工作在各个行政区步调一致，易于贯彻并积累经验，决定银行金库为垂直系统。

2. 分支行编制：

A. 增设县办事处：

（1）滨海，除原有临沂、日照、竹庭三处外，增设莒县、临沭、莒南三处。

（2）鲁南，连原有办事处在内，计平邑、白彦、麓水、苍山、费县、赵镈等六处。

（3）鲁中未讨论。

B. 分支处编制（附表）：

3. 干部问题：

过去银行机构在县以下既不普遍，已有的也大多数不健全。今后，各县既要接受代理省金库任务，又要发放农贷以扶持翻身农民，故县银行办事处必须建立与健全。

（1）县办事处主任须调相当于县府科长级干部担任。

（2）区贷款员选雇贫农成分、公正无私的积极分子担任。

（3）县区银行干部请同级党、政机关负责配备，后如有调动应征得上级银行之同意。

（4）各级银行工作人员在政治生活上归各级党政机关领导，按级参加政治性会议及阅读一定文件，请各级党政负责人按照同级党政民干部一律照顾。

**四、其他**

1. 银行经常费，自一九四八年度起一律按供给标准由同级政府统一编制预算，向省府请领。

2. 银行办事处之警戒，请由县政府负责。

**五、附件**

**附件一：各级行编制表**

此编制表供给各级党政在统一整编时之参考，表中所列之工作部门希勿更动，每部之人数可视工作实际需要，予以增减。

（一）分（支）行：

行长一，秘书（或文书）一，经费会计一，事务员一，炊事员二，饲养员二，警卫通讯班十二至十五；业务课（股）：课（股）长一，业务调研员四至五；会计课（股）：课（股）长一，会计二；出纳课（股）：课（股）长一，出纳员八至十二，共计干部二十一至二十五，勤杂人员十六至十九，牲口三，脚踏车二。

附注：1. 分行业务、会计、出纳各部门称课，支行称股。2. 业务部门不计账，其账目归会计部门管，业务部门以外勤工作为主。3. 调研需有专人负责，与总行调研室发生联系。4. 警卫通讯班，如银行与政府共同行动，政府负责担任警卫及押运款项时，可减少通讯员三至四人。

（二）督察专员区设特派员一人（可兼中心县办事处主任）。

（三）办事处：

干部：主任一，事务员一，业务员三至四，会计二至三，出纳五至六。勤杂人员：炊事员一，饲养员一，通讯勤务员一。共计干部十二至十五人，勤杂人员三人，牲口一，脚踏车一。

附注：1. 业务、会计、出纳部门各设主管员一人。2. 业务、会计部门人员不机械分工，轮番习职及相互帮助，当出纳工作忙时并应共助出纳。

（四）区设贷款员一人。

**附件二：北海银行代理金库办事细则**

第一条　本办事细则依据山东省统一收支程序订定之。

第二条　银行代理金库之名称依据行政区域名称确定之。

（一）北海银行总行代理总金库，称山东省总金库。

（二）北海银行各分行代理各行政公署区金库称××区分金库。

（三）北海银行各专员公署区支行代理各专员公署区金库，称××区支金库。

（四）北海银行各县办事处代理各县金库，称××区××支金库××县金库。

第三条　北海银行直属滨海支行兼滨海专员公署金库，称滨海区分金库；其所属各县办事处兼各县金库，称滨海区分金库××县金库。其办事程序滨海区分金库得按以下各条中分金库办事程序办理，其所属各县金库得按以下各条中支金库办事程序办理。

第四条　北海银行除滨海支行外，各行办事处，凡属行政专员公署及其各县代理金库者，得按以下各条中支金库及县代理金库者，专员公署库及其县金库一律称××区分金库××县金库，其办事程序得按以下各条中支金库办事程序办理；凡直属之市镇及专员公署性质尚未确定者，其所属支行及办事处兼金库之名称及办事程序，得由总金库根据其行政领导系统及工作范围另行确定之。

第五条　各级银行之代理金库，银行之内部分工：凡公款公物之出纳保管事项由出纳部门负责；凡公款公物之账务处理由会计部门负责。

第六条　凡收入之公物由金库会同同级财政部门负责处理，收入公物时得由金库开具实物收据，并记入考查簿；公物在未折价变卖前，不得作金库之正式收入，并不得记入正式账册。

第七条　为处理金库业务起见，规定以下各会计科目：

一、金库存款：凡各种公款之收入付出均入此科目，属负债类，本科目除总库外各级均用之。

二、汇出库款：凡拨由下级金库支付之款入此科目，属负债类，本科目各级库均用之。

三、暂收库款：凡未办理正式手续或未确定收入之性质之公款入此科目，属负债类，本科目各级库均用之。

四、金库总收款：凡一会计年度内各级库之收入入此科目，属负债类，本科目唯总库用之。

五、各库往来：凡所属金库之库存均入此科目，属资产类，本科目各级库均用之。

六、暂付库款：凡依支付书或拨款书支付款项，在未完全支付正式转账前入此科目，属资产类，本科目各级库均用之。

七、金库付款：凡一会计年度内财政厅以支付书支付之款项入此科目，属资产类，本科目唯总库用之。

八、金库透支：凡金库透支银行之款入此科目，属资产类，本科目唯总库用之。

第八条　凡收入之公款，应按财政厅统一规定会计科目填具解款书，未填具解款书或款项与解款书不符者，不得作金库之正式收入，可贷暂收库款科目入账，待其填具解款书或将不足之数补足时再按以下各条之手续办理。

第九条　县金库之收入及报解程序如下：同级政府或经征机关持交金库之公款，填具解款书交金库，收款金库核对科目，金额无讹后，即以贷金库存款科目收入现款，并将解款书各联注以收讫，经金库主任及会计签章后，将一、二联退交解款机关，三联留存，收款金库于每旬四、九两日汇送收支报告表五份，将解款书四、五两联一同呈送支金库核收。

第十条　支金库之收入及报解程序如下：支金库直接收入之款其手续同县金库。支金库于收到所属县金库之收支报告表及附件时，经核对无讹，即以贷"金库存款"科目与借"各库往来"科目相转账，并以收支报告表一份，加盖核讫之章退还原送金库，以一份存查，在每旬一、六两日编汇总收支报告表三份呈送总金库核收。

第十一条　分金库之收入及解报程序同支金库，每旬三、八两日编造收支报告表三份呈送总金库核收。

第十二条　总金库之收入及解报程序同分金库，但在收现或转账时得使用金库总收入科目，每旬五、十两日编造收支报告表两份送省府财政厅。

第十三条　付款，总库需依财政厅支付书；分库以下需依拨款书为凭，凡未有此项凭证者，一概不得付款。

第十四条　总金库付款及解报程序如下：总金库于接到领款机关转来财政厅签署之支付书二、三联后，应即核对领款机关之领款书，根据库存情形付款，直接支付现款者即以借"金库付款"科目支付现款，其需要汇拨所属金库支付者，即开具三联拨款书，以存根联存查，以收据与报核联交领款机关，向指定金库领款，并以贷"汇出库款"科目与借"金库付款"科目相转账，总库付讫后，即将支付书与领款书第三联退回财政厅，总库于接到所属金库退回付款书之报核联时，即以借"汇出库款"科目与贷"各库往来"科目相转账，并以退回之支付书报核联作转账之附属单据。

第十五条　分库于接到领款机关转来总库签署之拨款书后，即根据库存情形照前条办法直接支付现款时，借"金库存款"科目，汇拨支付时以"金库存款"科目与"汇出库款"科目相转账，付款后以收据联存留，以报核联连同收支报告表于规定时间一同呈送总库。

第十六条　支金库及县金库支付款项及报解程序同上条。

第十七条　金库汇款之密码及其使用办法，由总库另定之。凡密码不符者一概不得付款。

第十八条　各级金库除总库外，不得透支银行款项，凡遇有签署之拨款书，款项大于金库之存款时，金库得与领款机关商定迟期或分期付款办法；但在该款未完全支付前，不得正式借金库有款科目，金库可依拨款书分期付款，其账务处理可依拨款书为凭，借暂付库款与贷暂收库款转账，由金库出具暂收单据作分期。付款之凭据。待完全支付后，即以贷暂付库款与借金库存款转账，拨款书之报核联与收支报告表于规定期间一同呈送上级金库。

第十九条　凡收入之款项有假票与长短等情况发生，应由解缴机关处理。

第二十条　凡遇误解款时，在未呈报上级金库前，得凭原经解机关之正式请求退回之；凡已呈报上级金库者，得按支付款项办理。不得随意自行退还。

第二十一条　凡上级金库提取下级金库现款时，亦得依拨款书为凭，下级金库支付现款时，直接借金库存款科目，上级金库收到下级金库解款时，直接贷各库往来科目。

第二十二条　收支报告表五日为一期造报（如无变化时毋须造报），每期之数字，应以金库实收付或转账目为凭，各级库并应每期编造金库余额表，份数及呈报时间与收支报告表同（见上九至十二条）。

第二十三条　每月应选收科目统计表，该月之数字应以解款书上之月份为凭，县金库应造四份呈支金库，支金库汇总选三份呈分金库，分金库汇总选两份呈总库，总库汇总选一份呈财政厅，该表之造报时间，不得迟于月后十五日。

第二十四条　金库记账之凭证为银行之各种传票及有关单据；未有正式之凭证不得记入账册。

第二十五条　金库账簿除于银行总账设统制科目外，得设各科目之明细账以补助总账之记录。

第二十六条　各级金库除设立以上正式账册外，并需设立收入科目分户考查簿，记载之根据为解款书之三联及每月收入科目统计表为凭证，收入科目考查簿于每个科目下设所属金库分户记载之。

第二十七条　年度终了时，得依规定时间办理年度收入计算书，收入以科目、地区、月份分类计算，其年度月份皆以解款书之年度月份为凭列入之。

第二十八条　本办事细则由山东省政府颁布履行，未尽事宜由山东省政府随时补充修正之。

（录自北海银行总行档案第二十三号卷）

# 关于华北与山东两区间货币工作的协定（草案）

## （摘录）

（1948 年 5 月 13 日）

在华北金融贸易会议上，为了解决全华北各解放区在货币尚未完全统一之前，从整体思想出发，取得两区物资畅流，以利物资交换发展解放区之贸易，并在此有利基础上，使解放区的生产便于发展。由双方协议规定两区货币工作办法如下：

一、精神与方针：由于目前华北各区货币，因行政、财政及其他种种原因尚不能统一（但其前途是在不远的将来即走向统一的），在未统一之前，两区间之货币关系应力求其改善，本统一的精神互相支持以利贸易工作之开展，这样发展生产才能创下有利条件（当然发展生产不仅是货币和贸易问题尚有其他条件），因此必须克服过去某些存在过的本位思想，取得两区货币关系之协调，使我华北解放区国民经济之顺利发展。因之在这个方针下面，两区在接壤地带建立混合流通地带，并且在全线上进行汇兑与兑换工作。

二、具体任务：这一工作的任务为掌握比价，开展两行所辖区之汇兑及全线之兑换工作，以及办理清算。兹就比价、资金、兑换、汇兑、清算等项工作分别规定如下：

1. 比价问题：全线比价由联合办事处作一定范围之掌握与指挥，以求全线比价之统一（统一在一定范围内具体执行可以有些差额）与稳定，比价的规定由联合委员会（联办）依照下列几个条件确定，通知所辖各行处所执行。

甲、双方物资货币之供求关系，应根据比较全面的情况来掌握。

乙、群众交换中实际存在的自然规律（即自然比价）。

丙、几种主要必需品物价平均指数的计算，这种价格应选择两区接近边沿之较大市场价格，兹暂定为粮、棉、布、盐、牲口等几项。

丁、但因目前物资交流现在实际情况是由东西来盐较多，而东去物资较少，故应在规定比价时特别注意到使物资由西边而东流，在比价的这一有利的照顾下使群众形成有利可图的活动，这样在双方比价的稳定上是更有利一些的，同时并可由此而有一定程度的减少兑换。

戊、比价的掌握，由联合委员会在每月的例会上作全月一定方向之研究与决定，具体执行由三常委商议决定，指挥各行处所执行在一定范围以外，各行、处所不得自行决定比价。

2. 资金：两区共出汇兑兑换基金二十五亿元，均以冀钞计算，双方各出一半，损益双方平均分担，其中作常用汇兑兑换基金十五亿元，余十亿元为准备基金：用作周转不灵时以及到期不易清偿时支持兑换汇兑之用。各点分配由联合委员会分配，报告两行总行。

3. 兑换工作：沿线混合市场不再扩大（按原混合市场），混合地带内两种货币自由行使和兑换，以利群众东西来往行使，在混合地带内群众并可自由兑换。

4. 汇兑问题：把汇兑工作和兑换工作结合起来，在便利商民上，在便利计算和清偿上，在调剂汇价上，在掌握双方物资交流情况上，在掌握比价上都有方便和好处，故双方同意汇兑工作同时进行，进行办法如下：

甲、汇兑方法：两区其他行处均不直接通汇，凡有汇兑业务均通过混合线上之德州泊镇沧州三行处办理进行转汇。

乙、汇兑地点：华北银行确定为河间、安国、辛集、石家庄、邯郸、刑台、临清、南宫、衡水，北海银行确定为惠民、柴胡店。

丙、汇兑额数：汇兑付款额，华北与北海同指定各行处付款额均以三千万元至五千万元为最高额（冀钞计算），同时至三千万元时即行清算偿还（石家庄付款最高额为一亿元，但到七千万元时即行清算），德州、沧州二处，向华北指定行处汇款总额两地共计不得超过规定。

丁、汇兑手续费问题：汇兑手续费最多不超过千分之五，在千分之五范围内视汇兑具体情况收取之。

5. 清偿问题：

甲、清偿精神：在到清偿时间进行清偿时，其应清偿金额，均按原兑换和汇兑之实际价偿还之，以保持原来足数之基金，以支持长期之工作（这样即不发生兑换之损益）。

乙、清偿时间：双方议定每两个月结算及清偿一次。

丙、清偿办法：除经常组织双方兑换和汇兑力求减少差额外，首先是各点上的及时调剂，其次为用汇兑放松与紧缩方法来调剂，另外是用黄金、特货及一般物资折合应偿付之货币清偿之。

丁、核算问题：这一联合汇兑兑换工作基金由双方各半分出，损益由双方各半负担，因之各执行机构得单独记账，单独计算，单独建库（记账计算均以冀钞为单位），以便于及时核算。

三、组织设置及领导关系：

1. 混合流通地带：以北起马厂南至黄河北岸沿津浦线，按原来过去所定的货币混合流通地区仍为此次协议之混合流通地带，使两区货币在带内自由地流通，两方都不准拒绝对方货币之行使。

2. 管理与执行机构：

甲、在线上设一联合委员会、委员由华北银行、北海银行、华北盐业公司各派一人，及德州、泊镇、沧县三个银行的行处各出二人（各该行的负责人），共九人组成之。内由华北银行、北海银行和华北盐业公司所出之三代表为常务委员，并由华北银行代表为主任委员，北海银行代表为副主任委员。这一委员会为这一线上两区货币汇兑兑换工作的决定机关，受华北银行直接领导，但有关大的原则问题应请准华北银行而后行之。同时有向北海银行报告之义务，一般问题与有争议时，主任委员有决定权，并应即向两行报告。委员会议每月开会一次。会议记录向两行各报一份。常务委员会每十天一次。

乙、执行机构：两区在德州设华北银行，北海银行联合办事处，是联合委员会的对外名义，办事处主任副主任即由联合委员会之正副主任委员充任，该联合办事处即直接办理两区之汇兑与兑换工作，在德州即不再另设机构（并直接领导德州段内之各兑换所）。

联合办事处下就现在原有之银行机构设沧州、泊镇两汇兑兑换所机构，其名称不另规定，即就原名称办理此项汇兑兑换工作，该沧泊两行处在两区之货币汇兑兑换工作直属联办领导，不受其原属上级行领导（只限两区之汇兑兑换工作与这项工作之资金调拨力量调剂）。

全线共设三段，计德州段（由联办直接负责）下设直属兑换所桑园、黄河崖、平原、禹城四所、泊镇段下设冯家口、南霞口、东光连镇四个兑换所，沧州段下设马厂、砖河、青县、兴济四个兑换所。

丙、人员配备问题：联合办事处主任由华北银行派出，副主任由北海银行派出，其他人员由联办视工作之繁简而设。泊镇汇兑兑换机构其负责人由华北泊行负责人充任，副职由北海银行派出。沧县兑汇机构之负责人由北海沧行负责人充任，副职由华北银行派出。此外各兑换所除原有人员外，再由对方银行派出一人以便利于两币之识别，以外不足之人员由联办派出。现有该线上之兑换人员一律仍留做此项汇兑兑换工作，不准调走，各处所人数之规定计沧泊各十至十五人，各兑换所三人至五人。

丁、组织领导问题：联合办事处直接受华北银行领导，联办并起一个兑换和汇兑机构的作用（同时直接领导桑园、黄河崖、平原、禹城四个兑换所），沧县、泊镇两机构在兑换和汇兑业务上受联合办事处直接领导，该两行处直接领导各该段之兑换所。

在领导权限上，全线比价（除德州段各所由联合办事处直接指挥外）联办对沧泊两行处直接指挥，该两段之各所即由沧泊两行处直接指挥，联合办事处并有权对沧泊两行处作全线比价调整之资金调拨，以调剂各该行处在汇兑兑换中两种货币之供需，使之在工作执行中能取供需之均衡，以维持比价在一定程度上的统一和稳定，但这种调拨应为两行处（如泊镇和沧县）现款交换，联办只作指挥即不再转账了。

戊、人员待遇……

干部调动，原机构人员之调动须与联办商妥，联办派出之人员不得调动。

已、建设期限：两区应出之干部、资金，均需于七月一日以前凑齐，七月一日即开始全线工作。

四、定于六月十日在德州开第一次委员会，以便布置具体进行中的一切制度办法等。两行总行应派人参加。

（录自华北银行总行档案）

# 为完成货币统一准备调整 华北山东物价问题的通知

（1948 年 9 月 25 日）

接华北财委会紧急指示，为了更好地完成统一货币的准备工作，减少统一之始的市场波动，商人投机，维护人民利益。决定：

一、两区贸易上皆抛售物资卖北币，使北币物价下降百分之十，华北区抛出一部冀钞，提高冀钞物价。

二、银行用冀钞大量兑换北币，使比价迅速上提。

三、自然比价接近一比一时，再张贴布告，不必限于十月一日。

四、津浦路北段之物资出售、比价调整，何时张贴布告由梁耀负责，两区贸易公司、银行必须服从。

此意已电告华东。

因此，除按照德州会议所决定之办法坚决执行外，通知如下几点，请见通知后按照执行：

1. 公布时间改十月一日为十月十日，因此应把已发之布告上十月一日完全改为十月十日，并展至十月十日张贴。

2. 根据上次会议决定，把比价物价按照计划坚决执行，务必要求到十月十日前完成。

3. 冀南、冀中之贸易公司。银行应尽量将能调回之冀钞吸收物资，并支持混合市场的兑换，十月十日前津浦路西侧商店能互相流通。

五、冀南钞与北海钞比价固定为一比一，就是冀南钞一元等于北海钞一元；北海钞与晋察冀边钞比价固定为一比十，就是北海钞一元等于晋察冀边钞十元，以后不再变动。两区任何地方所有纳税交易，及公私款项往来，一律按此比价流通收付，任何人不得变更。

六、不论军民人等，如有私定比价，投机取巧，意图扰乱金融，垄断物资者，一经查获，决给以严厉处分。此布。

主席　黎　玉

（录自北海总行档案第十六号卷）

# 山 东 省 政 府
# 华东财经办事处　　　联合布告
# 华中行政办事处

（1949 年 1 月）

为统一华北、西北、华东三大解放区的币制，特将山东、华中两地区各种合法流通的货币公布如下：

一、山东境内合法流通的货币有中国人民银行钞票、北海币、冀南币、晋察冀币、华中币五种，其中以中国人民银行钞票为主币，北海币、冀南币、晋察冀币、华中币四种货币为辅币，无论是主币和辅币，都一律合法流通，任何人不得拒用。

二、华中地区合法流通的货币，除现在的华中币、北海币外，自即日起中国人民银行钞票，亦开始在华中地区流通，并以中国人民银行钞票为主币，华中币、北海币为辅币，主币、辅币一律合法流通，不得拒用。

三、中国人民银行钞票、北海币、冀南币、晋察冀币及华中币之相互比价规定如下：

1. 中国人民银行钞票对北海币、冀南币、华中币均为一比一百，即中国人民银行钞票一元等于北海币一百元，或冀南币一百元，或华中币一百元。

2. 中国人民银行钞票对晋察冀币为一比一千，即中国人民银行钞票一元等于晋察冀币一千元。

3. 晋察冀币十元等于北海币或冀南币或华中币一元。

4. 北海币、冀南币、华中币各一元等于一元。

四、自二月一日起，山东华中各级机关、公营企业、民间一切商业往来、款项收付。新老债权债务及货物标价、契约合同之订立，均须一律改以中国人民银行钞票为计算单位。

山东省政府

华东财经办事处

华中行政办事处

（录自一九四九年二月三日《胶东日报》）

# 华北人民政府关于发行新币的布告

（1948 年 12 月 1 日　金字第四号）

为适应国民经济建设之需要，特商得山东省政府、陕甘宁、晋绥两边区政府同意，统一华北、华东、西北三区货币，决定：

一、华北银行、北海银行、西北农民银行合并为"中国人民银行"，以原华北银行为总行，所有三行发行之货币，及其对外之一切债权债务，均由中国人民银行负责承受。

二、于本年十二月一日起，发行中国人民银行钞票（下称新币），定为华北、华东、西北三区的本位货币，统一流通。所有公私款项收付及一切交易，均以新币为本位货币。新币发行之后，冀币（包括鲁西币）、边币、北海币、西北农币（下称旧币）逐渐收回。旧币未收回之前，旧币与新币固定比价，照旧流通，不得拒用。新旧币比价规定如下：

（一）新币对冀钞、北海币均为一比一百，即中国人民银行钞票一元等于冀南银行钞票或北海银行钞票一百元。

（二）新币对边币为一比一千，即中国人民银行钞票一元等于晋察冀边区银行钞票一千元。

（三）新币对西北农币为一比二千，即中国人民银行钞票一元等于西北农民银行钞票二千元。

以上规定，望我军民人等一体遵行。如有拒绝使用，或私定比价，投机取巧，扰乱金融者，一经查获，定予严惩不贷。切切。此布。

主　席　董必武

副主席　薄一波

蓝公武

杨秀峰

（录自中国人民银行总行编印《参考资料》第一辑，一九四九年七月一日刊印）

# 山东省人民政府关于不得拒用北海币的通令

（1949 年 8 月 11 日　行字第一号）

令各公营企业部门：

查自北海币发行以来，信用卓著，已有巩固的基础，人民币发行后，北海币仍准予按固定比价流通，但近据各地反映，铁路车站及税收机关与公营企业部门，在收进各种款项当中因点数不便，竟有直接或间接拒绝收受之事，此举不仅影响北海币流通信用，而且可能发生商民人等不欲行使之错觉，因而造成市场紊乱，影响政府威信。今后除饬令北海银行继续收回小面额之北海币，并尽量发行人民币外，铁路各车站与税收机关及公营企业部门，在收受款项时，无论大小面额之北海币，均应按固定比价行

使，不得拒用。收进后可到当地北海银行换取人民币，借以维护北海币之信用。特此通令，仰即遵照执行为要！此令

主　席　康　生

副主席　郭子化

（录自北海银行总行《金融旬报》第三卷第五期）

# 中国人民银行山东省分行指示

（1949 年 11 月 6 日　业货字第二号）

查关于对外宣布收回北海币，业以指示布达在案。现山东境内流通之友区货币经决定亦对外宣传收兑，为求及早完成此项任务，争取在本年内将所有流通之旧币全部收回，应视同目前中心工作之一，现在旧币流通以农村及中小城市占多数，因此收兑重点应放在农村行处及小城市行处，除由各行处本身进行收兑外，并应重点地建立临时兑换所或委托兑换所（在城镇委托合作社、公营企业、商店，在农村委托农村合作社代为收兑，并给予薄酬，每千张最高不超过十二两小米，以当时小米价格折合付给人民币，在收兑中收进假票，银行不负责任），在力量允许条件下，组织流动兑换组下乡赶集赶庙会进行宣传收兑，此外再联系合作社、公营企业等在收进款中大量吸收旧币，交银行兑换人民币。

附：人民币与旧币比价（略）

（录自北海银行总行档案第二九一号卷）

# 北海银行一九四九年的货币工作（摘录）

一、自人民币发行后，北海币等其他地方币自上半年开始在交易中即发生贬价，拒用等现象。

1. 贬值原因：

（1）人民币发行后信用极高（二月份开始发行），特别是天津解放后，津市禁止北币流通，商人为了赴津购物不惜暗中进行贴水兑换人民币。

（2）人民币假票较少，票面额大，点数携带方便，且流通全国。北币等发行久，假票多。

（3）不少火车站、公营企业为了图方便，拒收北海币等货币，给予商民等以影响。

（4）有的行处机械强调整理好交款之影响。

2. 解决办法：

通知各行处收进后不再付出（头寸紧时放一下），大量收回伍佰元以下之北海币、华中币，计划年终收回北币发行总额三分之二，通过政府指示各公营企业铁路商店不得拒用北海币，之后，贬值现象逐渐消失，地方币流通数量亦大为减少。据十一月份对十一个城镇之调查，市场货币流通量中人民币已占 98.66%。目前由于物价不断上涨，人民币贰拾元票面以下者，个别地区又发生拒用之现象。

3. 接总行、区行指示后公开收兑地方币：

（1）收回北海币：十一月一日接区行指示公开宣布收回北海币，于六日下达所属执行，要求年底完成。

（2）收回各种地方币：十一月二十九日接转总行指示，所有旧币（东北币、长城币除外）不问大小票额一律收回，即于十二月六日布置执行。在中小城镇与农村设立临时兑换所或委托兑换（每千张手续费不超过 12两小米），并组织流动赶集宣传收回。

4. 收回进度：至十一月底止不完全统计已收回北海币 4 416 468 220元，占总发行额 56%，及各种地方币一部分。估计年底最少能收回 80%以上。

二、发行伍佰元、壹仟元人民币

为避免刺激物价上涨，采取重点、分散、限额有计划地兑换办法：

1. 以青、济、徐、潍、博、烟六处为重点兑换，每人最多不超过 5 万元，存户每户不超过 20 万元，职工学生公教人员持证明集体兑换者限额可增加一倍，私营银钱业每家不超过 50 万元，钱庄 30 万元。

2. 登报解释，发行意义，并指示各行处广泛进行宣传解释。

3. 群众反映：开初惊愕，认为物价一定要涨，商民有的表示欢迎，认为减少点数，方便大家交易。

三、发行定额本票

为方便收支，于一九四八年十二月开始发行定额本票（票面北币 10 万元），开始各地不习惯，发行为数甚微。经过商人座谈反复进行宣传才正式在济、徐、济宁、新海连、周村、博山、益都、烟台、石岛、潍坊、德州城市行使。在物价不断上涨的情况下，本票之行使要求逐渐增多，受到欢迎，以致有的为了索要本票而打起架来。计共发行 490 000 万元。自发行伍佰和壹仟元人民币后，即指示备签发行一律收回，截至十一月底已收回 4 345 929 000 元，现正函催收回转交中。

（摘自北海银行总行档案第一七四号卷《金融管理工作总结》）

# 附录二 红色金融沂蒙行

## ——金融作家沂蒙采风文选

# 金色丰碑

　　2013 年 8 月 24 日，当盛夏的酷热依然在这迟来的秋天泛滥之时，我们山东金融界一行三十余位文友，心怀热烈，驱车前往沂蒙山腹地——平邑县天宝山区，去探寻中国红色金融发祥地之一、中国人民银行前身之一的成立于抗日战争初期的北海银行遗址，去抚摸那一页早已泛黄的历史页张，去感悟那烽火岁月中红色金融人艰苦卓绝的奋斗历程。

　　天宝山位于山东省平邑县城东南 30 公里处，这里群山连绵，树密林荫。北海银行鲁南分行印钞厂旧址——朝阳洞就位于这地势险要有"一夫当关，万夫莫开"之势的山腰之处。

　　沿着崎岖的山路，拨开那开满紫色小花的丛生荆枝，大片的槐树林掩映下，一座木栅栏寨门映入眼帘。继续拾级而上，一座洞口被块石几乎封死的天然石洞展现在我们面前。洞内分上下两层布局，上部宽阔，一线阳光从没有完全封死的洞口射入，下层狭窄阴暗。这就是抗日战争时期沂蒙根据地北海银行鲁南印钞厂所在之地。

　　抚摸着洞内那潮湿冰冷的石壁，我耳边仿佛响起印钞厂那仅有的三台石印机节奏欢快铿锵有力的声响；空气中，仿佛依然散发着那淡淡的油墨芬芳。站在洞口环望群山，仿佛那成箱整包的北海币，正通过八路军小战士人背肩挑沿着山间小路发往北海银行鲁中、鲁南、滨海各个分行。

　　有一位伟人说过："金融是现代经济的核心。"改革开放三十多年，中国经济飞速发展的实践证明，这一论断是正确的。

　　其实，中国共产党人对金融的认识，远不止于对经济建设的认识，早在 20 世纪 30 年代初，第一次国内革命战争时期，当 1932 年 2 月 1 日中华苏维埃共和国国家银行在江西瑞金成立的时候，"统一货币，统一财政"就已成为当时与武装割据斗争同样重要的任务。

　　埃德加·斯诺在《西行漫记》一书中对苏维埃国家银行作过这样的评价："不论在什么地方，苏维埃通货似乎是普遍信任政府的基础上……取得它的地位的。"

1937 年 7 月 7 日，卢沟桥事变，揭开了全国抗击日寇的大幕。山东的中共党组织根据党中央的指示，广泛发动群众组织抗日武装暴动，建立抗日根据地。1938 年 3 月 8 日，中共掖县县委举行了武装起义。在总指挥郑耀南的率领下攻克了县城，组建了胶东抗日游击第三支队，成立了山东最早的抗日民主政府掖县抗日民主政府，建立了财政委员会。4 月，开始筹建北海银行。1938 年 12 月 1 日，北海银行在掖县县城开业。

说起"北海银行"行名的来历，因胶东地区按方位分为东海、西海、北海、南海几个专区，蓬、黄、掖地处胶东北部，故名北海银行。

然而，就在北海银行成立不久，日伪武装大举进攻掖县，北海银行仓促转移。随着根据地相继失陷，北海银行被迫暂时停业。

胶东北海银行的成立是一个标志，虽然开业只有短短的两个月时间，但是，红色金融的种子已在山东抗日根据地广阔的土地上发芽、扎根。

1940 年秋天，北海银行总行在鲁中地区的沂南县青驼寺成立，山东战时工作推行委员会财政处长艾楚南兼任行长。鲁南区初期不印钞票，所发行的钞票是从滨海分行调入。1944 年在平邑县的天宝山区建立了鲁南印钞厂，开始发行加盖"鲁南"字样的北海币。自此，"朝阳洞"便永远镌刻上红色金融丰碑。

纵观抗日战争时期，北海银行从创立到发展，起到了为抗日武装提供经济保障，同时致力于发展根据地经济和与日伪在经济战线斗争的作用，而且发展壮大为遍布山东各地及冀鲁豫苏边区的红色根据地银行。

从 1948 年开始，我军陆续在全国各个战场展开战略大反攻。北海银行为支前作出积极贡献。随着孟良崮战役、济南战役的胜利，山东全境陆续解放，北海银行的工作任务日益繁重，分支机构扩张，招录了大量的工作人员，为全国解放做好一切准备。

1948 年 12 月 1 日，华北银行、北海银行、西北农民银行合并，在石家庄成立中国人民银行。因解放战争迅速发展，山东又是淮海战役的后方供给基地等多种工作需要，对外仍然沿用北海银行名义，北海币也继续流通使用。

解放战争时期，是北海银行组织机构和资本实力进一步发展充实的时期，不仅有力地支援了解放战争，对于恢复战争创伤，迅速发展解放区经济，改善人民生产生活条件也都发挥了重要的积极作用。而且，北海银行派出大批干部跟随解放大军横扫华东、华南，接管官僚资本银行，组建人民银行分支机构，为新中国金融事业作出了不可磨灭的贡献。

从 1938 年 12 月成立到 1949 年 11 月结束，北海银行经历了 11 年艰苦卓绝的奋斗历程。总行成立 8 年，全部活动均在沂蒙山区，为中国抗日战争和解放战争的胜利，为革命根据地的建立和发展，为中国革命的最后胜利不懈努力，其历史功绩永载史册。

天宝山松柏万古常青，朝阳洞见证不朽史诗。北海银行——新中国红色金融的摇篮，如红色金融丰碑，永远伫立在蒙山之巅。

（中国农业发展银行淄博市分行　柴洪德）

# 探访朝阳洞

刚过处暑节气，秋风乍起，秋意渐浓。我们一行三十多名文友，驱车300多公里，踏上了探寻红色金融遗址之路。到临沂市平邑县后，由县城通往朝阳洞大约有40多公里，大道很宽也很通畅，而通往朝阳洞的山路却充满了曲折。

## 一条崎岖的山路

朝阳洞位于平邑县地方镇（之前为天宝乡）天宝山林场内。一进入林场，路便显得十分狭窄，仅能通行一辆车。车行不多远，林场向外运水果的车挡住了前进的路，我们的车队只好后退至一个岔路口让行。好在后来没有再遇到由林场外出的车辆，否则里边无法错开车。因为路较窄又是土路，有时路边还有水沟或石块，大家一路壮胆开车，土路的两边是各种果树，有梨树、桃树等。车缓缓行驶了约二三公里，到距离朝阳洞不远处一座看林场的平房前，大家在此停车。上行几个大石台阶，即看到一处"北海银行印钞厂旧址"字样的石碑，立于1998年4月。由此碑旁沿石阶向山上行，路两边除果树外，更多的是高大的槐树。先是看到一处高大的松木栅栏门，门的左侧是一个木板房，我猜应该是当时的哨所，远远看见高高的山崖下有一处洞口。我们一行人怀着对红色金融的景仰之情，快乐地拾级而上。朝阳洞距离停车的平房处大约有400多米远。

细细地观察朝阳洞，三面是高耸的山崖，山崖下是高高的树林，以槐树居多，我们匆匆在洞口外拍照后，沿石阶而上准备迈入洞口。洞口外是用石块垒的山墙，像是当年用来防守的掩体。入洞口处竟有一棵歪斜长着并倒在石墙上的树，有碗口粗，恰好挡住了去路，洞口前人不得不低下身来从树下迈过去。这棵树应该是当年印钞厂工人栽种的，像是在守护着洞口。

继续上行，便进入山洞。山洞较深，有300余平方米，洞纵深约有十二三米，宽有近30米，洞中最高处约有四五米高。洞中地面较平坦，中间有四五根木柱，既有顶立作用又有分隔功能区的作用。

　　每个人都在洞中驻足观察，许久不肯离去。山洞中并不潮湿，但十分阴暗，不通风，仅不足两米多高、宽十余米的洞口处有若明若暗的亮光。

　　此时，我相信大家脑海中都在想象着当年印钞时的场景是什么样子！

　　出来后，下山的路显得比上山更难些。大大的石阶两旁，满是树木和野草。我不时驻足回头观看，用相机频频拍摄下山的石阶和路边的野花，努力想象着 69 年前的印钞厂和上下运送物品、钞票究竟是什么情形。我们看到的只是印钞厂旧址，而朝阳洞早已成为一段值得金融人研读的历史教科书。

　　车出天宝山林场时，尽管往返是同一条路，但也许是刚刚走过的缘故，车开起来显得比进山时好一些。从车上望去，两侧的树林里猛然发现有两棵挂满桃子的桃树，桃子已成熟，红得格外好看。车上的亓女士说，从来没有见过这么好看的桃子。

## 朝阳洞

　　根据史料考证，朝阳洞是北海银行印钞厂旧址，确切地说，是北海银行鲁南分行印钞厂旧址。

　　抗日战争初期，北海银行于 1938 年冬天在胶东掖县创建，在黄县、蓬莱各设办事处，当时未设总行。北海银行开业后不久，日伪军进攻掖县，1939 年 1 月 16 日，北海银行转移，不久便停业解散。

　　1940 年 8 月，山东省战时工作推行委员会（战工会）在鲁中区（今沂南县）成立，不久创建北海银行总行，地点在沂南县青驼寺艾于湖村。1941 年春，北海银行总行印钞厂在沂南县依汶镇大梁峪村开办。

　　1942 年秋，山东省战工会在鲁南区设办事处，不久办事处改称支行，属滨海分行。1944 年 7 月，在鲁南支行基础上成立鲁南分行。鲁南区初期不印钞，所发行的钞票是从滨海分行调来的。

　　1944 年初，北海银行总行决定，在鲁南区设立印钞厂。由于斗争形势的需要，厂址设在天宝山中的朝阳洞。1944 年 4 月 8 日，北海银行鲁南印钞厂创办，1945 年 8 月 15 日日军投降后，鲁南印钞厂仍设在朝阳洞。抗战胜利后,各印钞厂陆续由农村转移至城市。1946 年 3 月,鲁南印钞厂迁至滕县(今滕州市)县城附近的上下辛庄一带。鲁南印钞厂随后与鲁中印钞厂合并。鲁南印钞厂在朝阳洞近两年时间,由于当时保密工作做得好,附近群众不知道此处有印钞厂,日伪军队也从来没有搜查到这一印钞厂。

1946 年底,华中银行及其印钞厂北撤至山东,华中银行与北海银行合并,仍称北海银行。1948 年 12 月 1 日,为迎接新中国成立,在党的统一领导下,北海银行与华北银行、西北农民银行合并为中国人民银行。

1949 年 4 月,北海银行总行由临沂县迁往济南市市中区经二路 146 号。此办公楼上方至今仍留有"北海银行"浮雕字样。1949 年 11 月 1 日改称中国人民银行山东分行。北海银行在济南的办公地点,即新中国成立后中国人民银行山东省分行的办公地点。2003 年 10 月至今为山东银监局办公地点。

经二路 146 号,我有幸于 20 世纪 80 年代在此院内工作、生活过,后又因工作原因经常进出此处。

## 九间棚人的金融情结

九间棚村是远近闻名的富裕村,也是一处著名的旅游景点。朝阳洞所在的天宝山,与居于山顶的九间棚村隔山相望,两座山相距约两公里。

20 世纪 80 年代,九间棚村人在村党支部书记刘嘉坤带领下,艰苦创业,经过五六年光景彻底改变了贫穷面貌,创造了发展奇迹,树立了享誉全国的"九间棚精神"。

据九间棚村现任党委书记刘嘉坤说,他在小时候听村里老年人讲"对面天宝山的朝阳洞是开过银行的"。九间棚人为了进一步发展,于 1991 年开始下山创办企业,至 1992 年已做得风生水起。1992 年秋,刘嘉坤在一次会议上与时任中国人民银行山东省分行行长的刘秀胜说到"平邑天宝山朝阳洞里开过银行",引起行长的重视。人民银行省分行遂派人于 1993 年初到朝阳洞和九间棚村考察,接着拨款十万元修路和立碑。从此,平邑天宝山朝阳洞得以在全省广大金融从业人员中扬名。

目前,九间棚村和天宝山林场在当地金融部门的大力支持下,均已获得了长足的发展。九间棚村已成为全国新农村建设的典范，是省内外知名的旅游景点，村党委书记刘嘉坤作为新时期沂蒙精神的典型代表，是中国村官论坛连续多届的主讲人之一，九间棚精神正在中国大地上传扬。天宝山和天宝山林场的森林覆盖率已达90%以上，山上山下，漫山遍野是各种经济林和果树，有梨树、桃树、苹果树、山楂树、石榴树等，天宝山早已变成了花果山。

当下，九间棚村人的梦想就是进一步与当地金融部门合作，取得更大支持，争取把富有地方特色的金银花产业、果品产业、旅游产业、农业科技产业、医药产业、沂蒙特色礼品食品产业等做大做强，成为中国农业领域的文化旅游名村，成为银行纷纷援手的优质客户。

九间棚村人的又一梦想，是在不远的将来能把朝阳洞打造成山东红色金融的重要品牌和旅游胜地，让越来越多的人了解朝阳洞、参观朝阳洞、宣传朝阳洞。

## 红色金融畅想曲

欣闻，在近两年的临沂市人代会上，临沂市人大代表、人民银行平邑县支行行长邓强先后提出的《关于开发沂蒙红色金融文化资源建立北海银行纪念馆的建议》、《关于在临沂建设红色金融博物馆的建议》，已获得文化、金融、旅游等部门的认可。北海银行史料征集、整理、研究工作已全面展开，《不应忽视的红色金融文化》、《开发红色金融资源建设先进金融文化》、《钱币博物馆在央行文化建设中的作用初探》等文章，被《金融时报》、《齐鲁钱币》、《时代文学》、人民网、新浪网、搜狐网、齐鲁网、中国经济网、山东新闻网等几十家媒体转载，经过广泛呼吁，已引起各方重视。可以相信，朝阳洞作为现存可以确定的为数不多的北海银行印钞厂旧址，一定会建设成富有红色金融特色的旅游胜地，也会有越来越多的省内外金融从业人士慕名前来参观、考察和纪念。平邑天宝山朝阳洞将是越来越响亮的名字。

（山东省农村信用社联合社东营办事处　　张德兵）

# 心中的圣地

## ——探访北海银行鲁南印钞厂旧址

刚刚度过了炎炎的盛夏，转眼踏进了凉爽的初秋。这是一个特别的秋天，应中国金融作协山东创作中心之邀，我踏上了探寻红色金融圣地的千里之旅——参观北海银行鲁南印钞厂旧址朝阳洞。

虽然我不是第一次来山东，但这次来红色沂蒙革命老区还是第一次。出发时秋雨初停，空气极其清新，略带着淡淡的凉意，当地人民银行的同志热情接待了我们。驱车行驶在蜿蜒的盘山公路上，路两旁瓜果飘香，满目青山绿水，连绵不断的山脉，林木茂密，苍松翠柏，松涛阵阵，同行的金融作家张主任介绍说，这就是天宝山。

朝阳洞就位于天宝山中。刚进山时可见清泉奇石，林壑幽美，可当车队真正开始穿行在天宝山林场蜿蜒曲折的山路上时，几乎看不见了山中的景致，山路仅容一车通行，两旁几乎全是桃树和梨树，伸出长长的树枝，像是热情地和你打招呼，空气中是秋季特有的甜香和青草及树枝混合的森林的气息，偶尔可见满树都是火红的李子，仿佛那些果实是约好了同一个时间呈现成熟的美丽，美得令人窒息。

在距朝阳洞500多米左右的地方，已经没有可供车辆通行的道路了，仅在南面有一条乱石砌成的不规则的石头路，湿滑窄小，顺山势而建，可以蜿蜒攀入，一路草木丛生。此时最明显的是已不见了桃树和梨树，几乎是清一色的槐树，粗的一个人能在胸前环抱，多是碗口粗细的树木和新发的细枝，树下荆棘灌木丛生，虽不像城市里生长的槐树粗壮，但这里的槐树枝干细长，树身潮湿漆黑乌亮，枝叶繁茂翠绿。

朝阳洞在山腰上，三面环壁，坐北朝南。攀爬朝阳洞，脚下的石头路不时有细小的石块滑落。也许是因为昨夜的雨水，地下格外湿滑，让人不得不一步一步小心翼翼地往上走。山路陡峭崎岖，即使是不负重任何物品，都会让人气喘吁吁，大汗淋漓。尤其石径上荆棘横枝斜逸，需要不时用手去拨开阻挡前进的枝条，一些荆条上布满了尖利的细刺，一不小心就划破了手指，也使我不得不停下脚步。向山下望，山脉秀美，树木翁翁郁郁，青翠欲滴。我不禁感慨，真是物华天宝，怪不得当年的金融先驱把印钞厂设在这里，它不仅隐蔽，而且美丽。

朝阳洞极其隐蔽，不到洞前看不到洞口，即使在洞前，洞口也并不明显，像一只低垂着微微睁开的眼睛，在满是槐树的绿荫之上。洞口长约20米，高约3米，有上下两层。上层为主洞，沿着一人宽的梯子登上主洞，最高处约有四五米高。刚进入洞内，光线暗淡，只有洞口有些微弱的光芒射入洞内，整个洞内基本是黑魆魆的，眼睛有短暂的不适应，什么也看不清。等渐渐适应了洞内的黑暗，隐约可见洞内深10余米，显得宽敞，地面较平坦，有许多根木柱不规则地立在洞中，这就是当时的鲁南印钞厂车间。

尽管这一路的艰险让我有了充分的心理准备，眼前朝阳洞的简陋和艰苦还是超出了我的想象。相隔近70年岁月，透过那花香和青草的香气，我仿佛闻到印钞时混合着油墨的特殊香气，似乎把我拉回当年炮火连天、战火纷飞的年代，我的耳边仿佛回荡起印刷时均匀的打码声和裁切声。当时为发展抗日根据地的经济，抵制法币，满足根据地群众对北海币的需求，北海银行成立了鲁南印钞厂。在那个物资匮乏的战争年代，我们的金融先驱就在这里，在这样艰苦简陋的条件下，冒着生命危险，印刷出了一张张崭新的北海币，打响了对敌金融货币战争，起到了保护根据地的物资、与敌人争夺物资、平抑物价和促进根据地生产发展的作用。

做过银行工作的都有体会，钞票是相当沉重的，尤其是印制的小面额钞票，在艰苦的战争年代，从掩藏到转移更需要勇气和智慧。山里的空气格外清新，不管朝阳洞有多么隐蔽，印制钞票油墨的味道，会给敌人有工厂存在的蛛丝马迹，敌人也许会顺着味道来搜山。看到洞口的残垣剩壁，我想生产中的朝阳洞也许是封闭着的，这会让条件更恶劣。仅仅几分钟，我的四肢已经让洞中的大黑蚊子咬得奇痒无比，这还是秋季，已经过了蚊虫肆虐的季节。我不知道当年我们的金融前辈是怎样忍受过来的，更何况战争中的生产线，面对枪林弹雨，重重封锁，随时都会发生比自然条件更为艰苦与危险的事件。

我禁不住联想到山下城市中现代的银行，使人无法把现在的高楼大厦与眼前的山洞叠加。在这心中的圣地，我的心被深深地震撼。我深深地感到，我们今天金融人所拥有的一切，都是金融先驱用生命和鲜血开拓而来的事业，让我备感珍惜。

告别朝阳洞，踏上了回乡的路，此时的天空格外蔚蓝，山风中已有了阵阵凉意，但我心中却热血澎湃，这是红色金融的火炬点燃了我的心。薪火相传，爱岗敬业，不负先人的希望，将金融的精神传承下去，珍惜和平年代我们所拥有的一切，铭记我们肩头的责任。奋进，每一位金融儿女。

（山西省银行业协会　亓祥平）

# 谒北海银行鲁南印钞厂旧址

已入秋了，但人们仍要忍受着迟迟不退的酷热。8 月下旬的一个周末，我跟随中国金融作协山东创作中心的领导和各地的文友三十余人，齐聚沂蒙山腹地的平邑县，开始了"红色金融沂蒙行"活动。

下午，车队出平邑县城，沿公路向东南方向疾驶，我们的目的地是北海银行鲁南印钞厂旧址。公路旁结满果实的树木和掩映在绿荫中的村庄匆匆闪过，我兴奋地欣赏着车窗外的美景，思绪却飞回到这次活动前。20 世纪八九十年代，我在淄博市农行人事科负责过干部管理工作，记得不少新中国成立前参加工作的老同志的档案里有在北海银行工作的经历。那时我只知道北海银行是中国人民银行的前身，但对北海银行的创建、发展和演变的历史以及鲁南印钞厂等知之甚少，也没想过去探究。金融作协组织这次活动，促使我用心补了补中国现代金融历史课，查阅了一些相关资料，拜访了几位曾在北海银行工作过还健在的老前辈，感受颇多。

"快看，天宝山到了。"车内的同伴兴奋地喊起来。

天宝山区距县城约 30 多公里，这里群峰环列，清泉飞瀑，林壑优美，景色宜人，是闻名遐迩的水果之乡。路边长满了青草，开着不知名的各色小花，满眼看到的除了树还是树，苹果树、梨树、桃树、核桃树、山楂树……汽车在峡谷和盘山的狭窄公路上小心翼翼慢行，左拐右转，上上下下，犹如行驶在绿色的海洋上。约莫走了近半个钟头车停下来，我下了车但已辨不清东西南北。不知谁说了句"怪不得印钞厂选在这山里，别说日本鬼子，就是汉奸领着来也会迷路。"逗得大伙儿一阵欢笑。

同行的天宝山林场王场长，帮着我们辨别了方向，指着一座山说："这就是天宝山。"又指着天宝山斜对面姿奇势险的山峰："这是大巡山，我们要去的地方，就是大巡山东侧坐北朝南的天然溶洞，就是印钞厂的旧址——朝阳洞。"

未等人们聚齐，我便性急地往山上爬去，踏上七八级稍陡些的台阶，走了十几米，小路旁一块青石板制成的石碑掩映在山楂树丛中，近前一看，上面镌刻着北海银行印钞厂的字样。黑油漆刷过的碑面有的地方已露出青石的原色，碑文也只能依稀看出曾经的红色。我拿出相机恭敬地给石碑拍了张照片。

山路崎岖陡峭，没膝的藤蔓蒿草不时给人羁绊，我们艰难地爬山，不一会儿个个都大汗淋漓，粗气直喘，还不时被蚊虫叮咬，几个女同志连声说："咬死了，咬死了。你看看，腿上胳膊上都咬出大疙瘩了……哎呀，他们以前咋受得了呢？"我胳膊上也被蚊子叮咬，扣过后起了红疙瘩，又疼又痒，这滋味真难受，心想：是啊，他们那时不光也被蚊虫叮咬，还要忍受艰苦的生活条件和繁重的工作任务，更面临着随时可能牺牲的危险，但由于他们有着坚定的信念，所以能够忍受常人无法忍受的一切。

山上怪石嶙峋，松树参天，槐树成林。继续拾级上行，远远望去，在一片大树的掩映下，一座石乳裹挟着的天然石洞若隐若现。我卯足劲儿紧走几步，终于爬到了朝阳洞前。

这里有两个洞口，下面的一个洞口狭窄，不算太深，仅能一人进出。在小洞口的西侧沿人工开凿的石蹬攀登四五米，又有个稍大些的洞口。进到里面，一个有百十多平方米的天然溶洞呈现在人们眼前。看得出这是当时为适应印钞工作精心修整过的，错落的两块地面可能是分开的办公和生产区域，原先偌大的洞口用石块从底部垒砌，上面只留出一道高不过半米的空隙。我在想，只留这么小面积的洞口肯定不是为了采光，那为什么呢？或是为了隐蔽仅供通风之用，也或是预备万一敌人发现便于防御，或是两者兼而有之。

洞内阴暗潮湿，空空如也，几根柱子不知在洞内立了多久。我猜想不出那几台印钞设备是如何摆布、如何运转的，也无法想象当时我们北海银行的印钞工人是如何在此种恶劣的环境下生产、生活的。但它确确实实存在过，而且坚持了七百多个日日夜夜。

站在石洞中央，我仿佛看到了石印机在工人们的熟练操作下转动着，印制好的大幅纸钞一张张飞出来，仿佛听到了印钞机、打码机不停地发出有节奏的悦耳声响，仿佛嗅到了工人身上的咸涩汗味和纸钞油墨的缕缕清香……

走出洞外，我驻足凝望，脑海里又浮现出我拜访过的几位老前辈步履蹒跚的身影和深情回忆的声音：

"那时候我们很重要的任务是排除法币，主要手段就是发行北海币、收兑法币。"

"敌人进攻，我们银行也被迫转移。个人的东西全扔了，每人一大包北海币背着。形势严峻，我们的信念就是人在钱在。"

"解放区反假币的任务相当重，挑拣破旧币、整点钞票常常干到深夜。"

我赞叹，北海银行人靠着艰苦奋斗、不怕牺牲、乐观向上、团结拼搏的精神，想尽一切办法办好银行，战胜重重困难印好票子，保证了各根据地的银行在极其艰苦的条件下生存发展壮大，有力地支援了抗日战争和解放战争的胜利。北海银行的历史功绩不可磨灭，彪炳千秋，永垂青史。

下得山来，我不禁再次回首望去，远远地，天宝山、朝阳洞沐浴在夕阳的金辉里……

（中国农业发展银行淄博市分行　高文清）

# 红色金融传奇

在中国大地流传甚广的一首《沂蒙小调》，可谓妇孺皆知，家喻户晓。那简洁动人的歌词，优美悦耳的曲调，不知感染激励了几代人，成为爱国曲目中经久不衰的红色经典。

金秋 8 月，双脚踏上了沂蒙山老区这片火红的热土，亲身领略她那优美壮丽的风景，清醇质朴的乡情。映入我们眼帘的是不断耸起的巍巍群山，一望无际的是绿油油的玉米地和硕果累累的果树林交织而成的青纱帐。路边的七色花在微风中摇曳，向我们这些远道而来的客人微笑着致以亲切的问候。

初秋的沂蒙大地处处洋溢着蓬勃的生机，一种英雄主义情怀在我们胸中油然而生。不是吗？在这片英雄的土地上，传诵着多少动人的故事，传唱着多少美妙的歌谣，她是我们中华民族的骄傲。沂蒙精神，不论在残酷的战争年代，还是在改革开放的新时期，都放射出耀眼的光芒，诠释着不可估量的精神价值。

当日下午，我们来到了位于平邑县天宝山区的朝阳洞，它是北海银行鲁南印钞厂的旧址。拾级而上，青石铺就的台阶光滑而坚硬，因为刚刚下了一场小雨而略显湿滑。小路两旁树木种类繁多，蓊蓊郁郁，青翠欲滴，显示出这座青山的无限生机和活力。

经过半个多小时的跋涉，我们结伴来到了山顶。这是一个坐北朝南的天然溶洞，名叫朝阳洞。旧《费县志》记载，洞内有井，四面环山，可容纳百余人，仰视石乳玲珑，宛如装塑。朝阳洞从古至今不愧为天宝山区的一大胜景。

仔细观看，只见在朝阳洞入口处，有一条向西北方向的斜路，可通西边山体。迈步而上，洞内黑魆魆不见丝毫光线，轮廓中见有两间"房屋"："东屋"狭小，"西屋"较空阔，"屋顶"密不透风，如同铜墙铁壁一般。只因年久失修，这座"房屋"仍然呈现出原貌，北面无门、无窗，是一个天然溶洞，故名朝阳洞。

　　无法想象，70 年前，北海银行派出刁如心厂长，率领十余名经过短训的青年工人，就是在这样恶劣的环境中，手搬脚蹬，冒着失去生命的危险，开创了鲁南印钞厂，其艰辛可以想见。那时广大农村地区还未通电，何况是空旷无人的山区？在山洞里，只有 3 台石印机和两部脚蹬子，工人们借助有限的蜡烛开展印钞工作，设备十分简陋，制作技术也很落后，需要花费大量的人力物力。石印机印票面，脚蹬子打号码，切纸用手刀。印制壹角、贰角、伍角三种面额的钞票，各种票面为一种颜色，不套印。由于室内光线十分阴暗，很多人得了青光眼，时常头疼恶心。又由于通风不好，也有几个人患上风湿病，关节疼痛难忍。工人们夏天常被蚊虫叮咬，冬天缺衣少被，被严寒冻得哆哆嗦嗦，即使得了痨病，也无药可医，只能忍受病痛折磨。就是在如此恶劣条件下，我们的金融前辈们，仍然以铁人般的毅力，忘我工作，出色完成了党组织交给的工作任务，有力地支援了革命根据地的经济发展，取得了对敌金融斗争的重大胜利。

　　在这期间，因为印钞厂工作的极度保密性和严肃性，发生了许多鲜为人知的动人故事，至今在沂蒙山区流传，并被演绎成多种版本，经久不衰，历久弥新……

### 故事一：支书乡亲热心肠，深冬腊月送衣裳

　　印钞厂创建之初，可谓白手起家，条件极差，工人们只能席地而卧。由于工作的保密性，就连本村的党组织也无法知晓它的具体情况。后来支书得到上级指示，要他暗中保护，他才知道这一群人工作的特殊性和重要性。腊月的一天晚上，寒风呼啸，夜深人静，支书和印钞厂联系好，和几个得力人员带上木板、钢钉、手电筒，到达朝阳洞，给工人们安上木门、木窗，并定制了几张大木板床，带着他们自家和亲戚的棉衣、被褥和草席，送给工人们冬天驱寒，印钞厂工人的生活条件有了初步的改善。

### 故事二：拔刺砍薪不怕伤，荆棘满山把寇挡

　　附近山民因生活所迫，常到朝阳洞附近砍柴取水。天宝山草木茂盛，

且山上有一口浅井，水质清澈，长流不断。印钞厂工人们免不了与村民相遇，他们面带微笑，礼貌待人，还时常帮助村民手提肩扛，村民便认定这些人是共产党派来的，是干特殊工作的，但具体什么工作他们也不甚清楚，只觉得应该帮助他们才对。

1944年7月的一天上午，天热得如同满山上着了火，处处滚烫。9点左右，高高的崮顶上消息树突然倒了，正在山上忙碌的果农及割草砍柴的农民知道鬼子快要来了，就相互转告，四散隐藏起来。

这时，正在山脚下砍柴的母子二人，母亲60岁左右，儿子正值青年。母亲对儿子说："看来鬼子是冲着山顶上的八路来的，你抓紧去报信。我在这里割蒺藜和刺槐，把上山的小道堵住，不能让鬼子上去，好让八路军安全撤离。"儿子听了，二话没说，拼命向山顶跑去。

母亲急忙招呼村民们围拢来，把紧急情况说了，并做了布置。众乡亲立即割砍满山的蒺藜、刺槐和酸枣树等往小路上放，急得连喘口气的功夫都没有，手上、腿上，胳膊上被针刺扎得流了血开了口都不觉得疼，心里只有一个目标：快把小路堵上。不一会儿，上山小路上遍布荆棘。母亲一声令下，乡亲们呼啦散开各自隐蔽起来。

这位母亲和她报信归来的儿子没有离开。他们要阻止鬼子上山，至少要拖延鬼子上山的时间。不多久，果然从东边山路上来了一群日伪流寇，大概有七八十人，衣衫不整，垂头丧气的，是被我八路军打散的散兵游勇。可能是知晓了印钞厂情况奔扑而来。

怎么办？母子俩镇定自若，仍在砍割柴草，旁若无人。一个伪军走到他们跟前，伪军一把抓住儿子的胳膊，恐吓道："你把柴草抱走，带路！"儿子没有作声，一动不动。一个鬼子拿起刺刀，狠狠朝他胳膊一刺，鲜血顿时流了出来。母亲被一个鬼子一脚踢了个趔趄，站立不稳，重重摔倒在一块大石头上，鲜血从额头流了出来，满脸都是。但母子两人一点也不胆怯，冷笑着朝敌人瞥了一眼，双眼燃烧着愤怒的火焰。

无奈之下，敌人只得用刺刀将一路的荆棘挑开，一步一步如蚂蚁般爬上山顶。到了洞内一看，室内早已空空如也，一切物品荡然无存，连一张废纸都没找到。敌军官咆哮如雷，恼羞成怒，对着一个伪军就是一记耳光，打得他头晕目眩，两眼直冒金星。其实，印钞厂所有设备和材料已被安全转移了，万无一失。

### 故事三：民兵队长智勇广，一死两逃缴手枪

1944 年的冬天特别冷，天宝山朝阳洞因海拔较高更加寒冷，石洞里挂着冷冻而成的冰溜，整个冬天都难以融化。印钞厂工人们穿着薄薄的棉衣，几个同志得了冻疮，奇痒难忍。

这个情况被村支书知道了，便派支部委员、民兵队长老刘在风高天黑之夜去朝阳洞，给亲人们送衣送药。这天夜里，刘队长背上医药，带上猎枪就出发了。谁知暗中被三个汉奸特务尾随。"狗日的，老子今夜跟你们玩玩藏猫儿。"他自语道，"若直往山上走，更容易暴露目标。"他灵机一动，右拐弯朝一片坟地跑去。其中一个胆小的汉奸，吓得不敢去，悄悄溜掉了。

剩下的两个汉奸紧追不舍，到坟地中间，有一片茂密的树林，北风呼呼刮着，树枝来回摇摆，在暗夜中发出窸窣的声响，让人毛骨悚然。刘队长不仅无丝毫的寒意，身上还起了细细的汗。他趴在一个高埃坟头上，瞄准了跑在最前面的高个子皮毡帽，"嗵"的一声枪响，只听一声"哎哟，我的妈啊"，帽子被打飞了。这一枪，直把这家伙吓得魂飞魄散，屁滚尿流慌不择路地消失在无边黑夜之中。

不多时，那个矮矮胖胖的家伙自恃手中有枪追了上来，大约有三四十米的距离，"嗵"的一声，子弹正好击中对方的头部，黑暗中一个人影摇晃了一下，跌到了。刘队长走近细看，胖子早已一命呜呼了。他拔出胖子手中的手枪，打开手电筒一照，嘿，还是一支标准的日本造呢。他一路飞也似地跑着，翻山越岭，不知不觉就到了朝阳洞，高兴地将医药送到了印钞厂领导的手里。

在那血雨腥风的抗日战争年代，这样的故事比比皆是，枚不胜举，三天三夜也讲不完。这是朝阳洞的光荣历史和传奇故事，也是根据地军民同仇敌忾，众志成城，不怕流血牺牲，为了民族解放的大业，浴血奋战勇往直前共同谱写的一曲曲动人凯歌。

　　今天，我们瞻仰她，纪念她。以朝阳洞印钞厂职工为代表的北海银行先烈们前仆后继，用生命和鲜血换来的红色金融不朽的历史功绩和伟大的时代精神，需要我们去追忆，去缅怀，去发扬光大。北海银行是中国人民银行的前身和雏形，也是中国红色金融的摇篮。更重要的是，在当下，在今天，在日益复杂的国际国内形势下，我们更需要继承金融前辈们崇高的理想信念，不屈不挠的革命斗志，艰苦奋斗的工作作风，密切联系群众，视人民为亲人的共产党人的精神情怀。果然如此，我们的军民鱼水情，我们的干群休戚与共意，就会以血浓于水的大爱无疆，谱写新时代的动人华章。我们中华民族必将以腾飞的姿态、巨人的形象屹立于世界东方。


　　　　　　　　　　　　　（中国农业银行章丘支行　李登高）

# 心中那座山

作为沂蒙金融人，我自豪、我骄傲。

天宝山，更是我心中的圣山。

时至八月，天气燥热异常，但天宝山却是凉风习习，风景如画。

在这个收获的季节，我有幸参加了中国金融作协山东创作中心组织的红色金融之旅，而天宝山之行似乎是叩开了仰慕已久的红色金融之门，时光也仿佛回到了那烽火硝烟的岁月。我忽然想到了一位朋友，他叫汉春。

汉春姓张，是我曾经的同事。

汉春是土生土长的沂蒙后生，老家就在地处沂蒙山腹地的平邑县天宝山小崮头村。应该说，汉春出身于金融世家，爷爷是当年北海银行印钞厂的一名金融老前辈，父亲退休前是中国人民银行胶南县支行的会计。爷爷去世那年，汉春刚上小学二年级。

汉春记得爷爷经常给他和妹妹讲述当年在北海银行印钞厂那段艰苦卓绝的金融战争故事——

抗日战争时期，由共产党领导的山东各抗日民主政府开办的北海银行，在与敌进行的货币斗争、稳定市场、解决解放区军需民用等方面发挥了重要作用，设在山亭区徐庄镇崔虎峪村的北海银行鲁南办事处印钞厂功不可没。崔虎峪村位于群山之中，处在抱犊崮、天宝山抗日根据地的中心地带。1940年上半年，八路军第一一五师师直机关一度驻扎在这一带，鲁南行署领导人在这里从事革命活动。这里的群众基础较好，又地处深山，便于隐蔽。1941年10月，山东北海银行决定发行壹角、贰角、伍角辅币，北海银行鲁南办事处根据上级的指示，在崔虎峪村设立了北海币（辅币）印钞厂。

印钞厂开始设在崔虎峪村村头的三清观内，条件十分简陋，印钞设备十分落后，使用脚蹬的打码机，裁切纸张全部用手刀，印完后的纸币要由骡子驮到山后北海银行鲁南办事处盖章才可发行。

印钞厂设在寺庙期间还多次发生有趣的故事。据说印制的纸币的颜色不是浓了就是淡了，有时还不上色，甚至经常出现漏印、错印的情况，造成了很大浪费。当地群众说是印钞机的声响打扰了神灵，故此经常出现差错。为减少差错，经上级批准，印钞厂在三清观南河边新建了4间房屋作为印钞车间。其后，果然很少出现差错。其实，在庙内易出现差错的原因，一是印钞厂刚刚开办，工作人员业务不熟练；二是寺庙房屋采光不好，纸币印刷使用的颜料靠手工调制，容易出现偏差。

随着战争形势的恶化，为了躲避敌伪特务，印钞厂搬迁进了天宝山朝阳洞。在极其艰苦的战争环境里，我们的金融战士克服常人难以想象的困难，默默地在山洞里工作着。如今，当年的天宝山朝阳洞印钞厂旧址已经被当地政府开辟为红色金融纪念地，迎来了一批又一批参观者。

天宝山，你物华天宝，人杰地灵，以更加美丽的身姿迎来了新中国的建立；你又像一部史书，展现在新一代金融人面前，诉说着那段艰苦卓绝的岁月；你又像一座丰碑，矗立在新中国金融史册上，熠熠生辉。

作为一名金融儿女，作为一名新一代银行员工，我对天宝山充满了无限敬畏，无论在工作中遇到什么困难，我都会用老一辈金融拓荒者的精神鼓励自己，无论我今后走过、看过多少名山大川，我都不会忘记心中的这座山——天宝山！

（中国工商银行临沂分行市中支行　冯培学）

# 从朝阳洞到金融大厦

初秋的风夹杂着渐凉的空气，广袤的沂蒙大地上弥漫着瓜果的香气，青山如黛，白云悠悠，带着对红色金融摇篮之地的崇敬心情，部分金融作家在八月的第三个周末赶赴临沂，开启红色金融沂蒙之旅，相约美丽的天宝山，去探寻传奇的朝阳洞。

朝阳洞位于天宝山区大巡山之东，洞分两层，下层有一巨大石壁。上有多种图案，若蛟龙出谷，若猛虎下山，若芙蓉浮水，惟妙惟肖，蔚为奇观。上层宽敞，底部面积 300 多平方米，可容纳数百人。朝阳洞三面环壁，荆棘丛生，仅南面一道小石径可以蜿蜒攀入。《费县志》记载："咸丰之季，山人避寇于此，烬于火，石乳无存。"1944 年，北海银行鲁南印钞厂曾设在这里，承印壹元以下的辅币。因洞口向南，故名。

据当地史料记载，在洞门外西侧，原立一石碑，上面镌刻着明代进士、诗人王雅量游此所作《朝阳洞留题》诗。诗云："冒险途容足，探奇山尽头。悬崖千尺峻，古洞四时秋。泼泼泉连灶，层层石作楼。不嫌云湿重，竟日作淹留"。抗日战争和解放战争时期，北海银行在朝阳洞创建北海银行鲁南印钞厂，印发北海币纸币，当年搭棚立柱所凿的石窟，至今完好无损。

蹒跚于又黑又潮的朝阳洞内，洞外鸟儿唱着美丽动听的歌，杂草丛中黑花的蚊子像敌机一样猛烈地啃噬着我们的肌肤。伫立于朝阳洞口前，我不禁思绪万千。

过去的我们注意到的只是波澜壮阔的战争场景和诡异多变的政治斗争，对于隐蔽于战争狂涛波澜之下的经济斗争知之不多，而对于现代银行的摇篮之一的北海银行更是知之甚少。为了坚持长期战争，必须扶持群众生产，进行经济建设，而开展这些工作都需要资金。资金从哪里来？现实的办法是成立银行，发行钞票，办理贷款业务，北海银行应运而生。

1940 年秋季北海银行总行在沂蒙革命根据地正式成立，时任北海银行总行发行副科长的任志明，在1988年5月的《战斗在沂蒙山区的总行印钞厂》的回忆文章中指出，北海银行之所以能够扎根沂蒙大地迅速发展的第一条经验就是：紧紧地依靠群众。

紧紧依靠群众，得民心者得天下，这些是党的三大法宝之一——群众路线的体现。在临近全国解放的前夕，郭沫若写了《甲申三百年祭》，告诫我们不要脱离群众，毛泽东主席在入北京城之前也强调，我们要进城赶考，要牢记两个务必。

我们欣喜地看到：2013年4月19日，中共中央政治局召开会议，决定从今年下半年开始，用一年左右时间，在全党自上而下分批开展党的群众路线教育实践活动。中央政治局带头开展党的群众路线教育实践活动。围绕保持党的先进性和纯洁性，在全党深入开展以为民务实清廉为主要内容的党的群众路线教育实践活动，按照"照镜子、正衣冠、洗洗澡、治治病"的总要求，着力解决人民群众反映强烈的突出问题，提高做好新形势下群众工作的能力。

又潮又暗的朝阳洞迎来了灿烂的朝阳，那时的银行人信仰坚定，一心为民，条件艰苦异常。而如今我们这些身居现代化银行大楼里的银行人，享受着优越的办公和生活条件，却总想着自己那点"小私"，我们真的应该由此教育自己，像鲁迅先生所说的那样，榨掉自己身上的"小"。

（中国工商银行淄博市分行　吕连谓）

# 红色金融之旅

金色，代表着丰收和金融，金融是经济流通的血液；红色，代表着蓬勃向上充满朝气的力量。正是这两种色彩，组成了我们的国旗，而这一次金融作家红色沂蒙之旅就充分展现了这种结合。

我跟随着诗人、作家丰沛雪老师一路畅谈，一路颠簸，谈兴未尽便来到了蒙山脚下的平邑县城。吃过午饭，随着车轮的翻滚，步伐的起落，不知不觉间，便到了北海银行鲁南印钞厂旧址——朝阳洞。

虽已是秋天，可这里仍是一派夏天的景象。一群群鸟儿被我们的笑语惊得隐到一片绿意盎然中，一只只小虫企图阻止我们落下的脚步，却被我们踩进散发着林木幽香的松软泥土中，阳光透过稍显稀松却不失秀气的阔叶林，和朝阳洞里完全是两番景象。

朝阳洞中，久无人烟，有些湿滑，在通向洞内的过道里伸手不见五指，也不知有没有昆虫毒兽，脚下没底心里也没底。不过，这点小困难，难不倒我，外在的危险、心中的恐惧都被我三跳两跳解决掉了。

走出朝阳洞，我仔细观察了一下这座山。这山顶果然是个好地方，一块巨石犹如一个天然保护盾，虽然遮挡了许多阳光，却让敌人无处寻觅。据说，朝阳洞飞机轰炸不能伤损分毫，地面搜寻更是无缘相见，就在这阴暗潮湿、道路崎岖的小山头，印出了大量的北海票，大大缓解了根据地当时粮食、武器短缺的状况，为抗战胜利尽了一份力。

离开朝阳洞，乘着清爽的秋风，我们一路奔向九间棚村。这一路上，九间棚村的刘嘉坤书记给我们讲了许许多多严肃动人的故事，包括他怎样重视保护朝阳洞的经历，以及开放朝阳洞景区的设想。

山里最夺目的当然是树。两边看去，最多的除了槐树便是山楂树。初秋时节，槐树已稍显老态，而山楂还裹着青衣，没有成熟。我在想象那青山楂味道的同时，忽然又鬼使神差地想到朝阳洞。当年那些金融先驱们在工作的同时，是否能有些许空闲，领略一下这漫山遍野的山楂树，能否有机会在深秋里去采摘红遍山岗的成熟的山楂。

　　第二天我们又去沂南县参观红嫂纪念馆。红色金融与沂蒙红嫂，同处于一个时代，他们的事迹同样激励着我们珍惜当下，坚定地走向未来。天宝山是英雄的山，沂蒙人民是英雄的人民。我虽然还只是一位尚在读书的初中学生，但这次金融之旅留给我的震撼将永生难忘。我特为朝阳洞作诗一首，以志纪念：

　　　　　　　　盘古开天几人知，
　　　　　　　　朝阳洞里谱史诗。
　　　　　　　　天宝山上金碑立，
　　　　　　　　精神不休世人知。
　　　　　　　　印钞抗日解国难，
　　　　　　　　热血染得青山赤。
　　　　　　　　往事如烟千古事，
　　　　　　　　不忘心中报国志。

　　　　　　　　　　　（山东省临沂市十二中学　　刘子檀）

# 薛暮桥在沂蒙

我国经济界学术泰斗薛暮桥先生曾转战于沂蒙山区，与蒙山沂水结下血肉之情。他给自己的儿女分别起名叫薛小沂、薛小和（河），以纪念他在沂河两岸工作战斗的岁月。晚年的薛暮桥仍不忘沂蒙山区的经济发展、百姓生活的提高，尤其是对山区教育事业、群众子女就学问题十分关心。2005 年，薛暮桥获得首届中国经济学杰出贡献奖，他把 30 万元奖金悉数捐赠给沂水县高庄镇小学。2006 年 1 月 7 日，沂水县薛暮桥希望小学落成竣工。

北海银行发行的北海币之所以能够成为中国共产党领导的根据地货币中流通时间最长、使用人口最多、涉及范围最广、币值最为稳定的货币，这与薛暮桥货币金融理论的正确指导密不可分。

薛暮桥（1904—2005 年），原名薛与龄、薛雨林，江苏省无锡人。1927 年 3 月加入中国共产党，后被捕入狱。在狱中学习经济学、哲学、历史。1931 年后开始从事中国农村经济调查，1934 年任宣传抗日救亡著名刊物《中国农村》的主编。1938 年参加新四军，任新四军教导总队训练处副处长、抗大五分校训练部长。1943 年，薛暮桥先后任中共山东分局政策研究室主任、省工商局局长、省政府秘书长兼实业厅厅长。通过发行根据地货币，排挤伪币，成功地领导了对敌货币斗争和贸易斗争。

学界有人把我国的经济学家分为四代，其中第一代包括顾准、孙冶方和薛暮桥；第二代有吴敬琏、刘国光、厉以宁等；第三代有樊纲、林毅夫、张维迎等人；20 世纪末开始活跃的经济学者属于第四代。2005 年 7 月 22 日，经济学界备受尊重的百岁老人、我国第一代经济学家薛暮桥悄然谢世。而此前 100 多天，薛暮桥刚被授予首届中国经济学杰出贡献奖。对于百岁老人来说，这迟来的荣誉或许并不重要，它更多的是表达了经济学界对于老人的敬意。

让我们一起回到战火纷飞的年代，一起领略老一辈经济学家经世济民的雄才大略。

1927 年薛暮桥在杭州被国民党当局逮捕入狱，和时任中共浙江省委书记张秋人关在国民党浙江陆军监狱甲监 5 号。面对死亡判决，张秋人一如平时起居规律，饮食如常，依然每天坚持读书五、六个小时，他说："我们活一天就要做一天革命工作，在牢里不能做革命工作，就要天天读书。读书就是为着革命。"

张秋人的一举一动，深深吸引着同囚室的薛暮桥。

薛暮桥把张秋人临终前的教诲牢牢记在心上，在国民党的监狱里开始了 3 年的"深造"。监狱里、禁闭室中，薛暮桥都置若无人，如醉如痴地沉浸在书本里。他阅读了大量政治经济学、哲学、历史及自然科学著作，为他后来成为"中国经济学界的泰斗"奠定了基础。

多年后，薛暮桥到美国访问，一位美国教授问薛暮桥的毕业院校，薛暮桥以"牢监大学"答之，又问何事入狱，答道："Communist（共产党员）"。教授们恍然大悟，传为奇谈。牢监三年，是薛暮桥第一次系统读书的时期，为薛暮桥打下了一个比较宽博的知识基础，并养成了独立的理论思考的习惯。

薛暮桥在狱中的学习很快派上了用场，出狱后不久，他与孙冶方、钱俊瑞等人一起在共产党员、历史学教授陈翰笙的指导下，从事农村经济调查研究工作。新四军建军之初，薛暮桥参加筹建教导总队并主持政治教育工作。在新四军队伍中，薛暮桥完成了《中国革命的基本问题》和《政治经济学》两本教科书。1943 年春，中央决定抽调一批高级知识分子干部到延安工作，薛暮桥名列其中。

薛暮桥走到山东境内时，到八路军 115 师驻地歇脚，时任山东军区书记的朱瑞和政府主席的黎玉早就知道薛暮桥的大名，竭力留他在山东抗日根据地工作。征得中央同意后，这位享誉军界的大才子就此留在山东。

薛暮桥到达山东时，山东战工会财政处正全力以赴应对根据地因法币大批流入而出现的严重通货膨胀问题。轰轰烈烈的"排法"斗争，只是在局部取得胜利，通货膨胀问题并没有得到根本解决。1943 年春，在北海银行总行行长艾楚南配合协助下，薛暮桥对山东地区的货币情况进行了深入调研。

根据地没有黄金和外汇，怎么保持币值和物价的稳定？薛暮桥提出，建立以北海币为本币的市场，要把法币彻底从根据地驱逐出去。就货币和价格的关系，他提出了自己独特的观点：货币的价值决定于货币发行数量，而不取决于它所包含的黄金价值。根据地要建立工商局，其职责就是随物价的涨落吞吐物资，调节货币流通数量，保持币值和物价的稳定。

薛暮桥在他的回忆录里记载了这样一个故事：1946年春，一位美国经济学家来到当时中共山东省政府所在地临沂调研，他带着满腹狐疑采访了当时主持山东经济工作的薛暮桥。美国经济学家问，你们的北海币一无金银二无外汇做储备，为什么能保持物价稳定。薛暮桥答，北海币以物资作为储备。看着满脸迷惑的美国人，薛暮桥详细阐述了货币发行与物价同步增长的规律。

在这次几乎被经济学界遗忘的对话中，薛暮桥用北海币为例，每发行一万元北海币，至少有5 000元用来购存粮食、棉花、棉布、花生等重要物资。如果物价上升，就出售物资回笼货币；反之，则增加货币发行量，收购物资。因此，货币价值决定于货币发行数量，而不取决于它所包含的黄金价值。美国学者认为，这是不可能实现的。当然，作为一个学者，他的说法很委婉，只是说，这个理论是中国人在现代经济学上的一个新发明。30年后，世界头号资本主义经济强国的美国放弃了货币发行的金本位制，改用控制货币发行数量的方法来保持物价稳定，到这时，"币值决定于货币发行数量"才成为国际社会公认的经济原理。

薛暮桥的"货币斗争理论"包含着三个层面，即货币斗争、贸易管理、生产建设。其中，货币斗争排第一位，但要取得货币斗争的胜利，必须有贸易管理和生产建设的支持。同样，完善贸易管理和生产建设，就必须完成"停法禁伪"工作，这样才能保护物资，稳定物价，克服经济危机。

相比1942年初开展的排法斗争，山东抗日根据地新的"货币反击战"从一开始就有系统理论作支持，组织上也更为严密。作为根据地的金融调剂机关的北海银行总行，在这场"战争"中更是起着不可替代的作用。

可以说，1943 年是山东抗日根据地老百姓抗战以来幸福指数最高的一年。根据北海银行总行的统计，在近一年的斗争中，单就滨海区而言，北海币已把几千万元的法币排挤出去，由法币泛滥造成的经济危机得到有效地缓解，北海币不但成为滨海区唯一的流通工具，流通范围逐渐扩张到游击区和敌占区，币值不断提高的结果就是老百姓直接得到物价迅速回落带来的实惠。

滨海区排法战争取得的胜利，激励了各个根据地的斗争热情，鲁中、清河、鲁南相继成立停法委员会，他们借鉴滨海区的措施和做法，同样取得了辉煌的胜利。1944 年 4 月，山东抗日根据地宣告，排法斗争获得胜利，伪币、法币完全退出市场，北海币成为根据地唯一流通的本位币，经济斗争和外贸斗争的主动权由此转移到抗日根据地一方。

这是一场惊天动地的货币战争。时任山东局书记的黎玉 1945 年 6 月在山东省全省工商工作会议上的报告，题目就叫作"山东对敌经济斗争的巨大胜利"。他指出：排法斗争使我本币物价自脱离法币以后，不但没有上涨，反而下落了百分之三十到四十。以此估算，排法斗争不仅是粉碎了敌人通过法币掠夺根据地物资的阴谋，在山东分局、抗日民主政府的领导下，以薛暮桥同志经济理论为依托的排法斗争为山东抗日根据地避免了近六亿元法币的经济损失。如果综合物价等多种因素，这个数额放在今天是难以想象的。

站在一个更高的角度看这场货币战就可以发现，世界范围内，战时通货膨胀是不可避免的，共产党政权在农村革命根据地内，以落后的农业和手工业生产来支持大规模的近代化战争，想实现物价完全稳定，更是非常困难的。能够做到每年上涨不超过 1 倍，而且保持逐渐上升，避免大的波动，这在世界战争史上是非常少见的，因此，山东根据地在这种背景下取得的货币战争胜利，被很多中外人士认为是一场奇迹。

解放战争初期，在一次财经会议上，有中央领导问薛暮桥，国民党 70 万大军进行重点进攻山东，新四军主力部队移驻山东，山东要负担多少脱产军政人员？薛暮桥答，有 90 万人！很多人都没有想到，山东根据地的财政实力居然如此之强。这显然是排法斗争带来的效益。

这是新民主主义革命经济上迈进的一大步，同时也是北海银行走向成熟的一大步。抗战后期，北海银行的工作重点也逐渐转向城市，面对新形势，北海银行不但总结出一些金融工作的特殊规律，更培养、锻炼出一批懂得现代金融业务的干部。

在薛暮桥这位货币战争"总导演"实事求是、注重实践的工作作风影响下，为适应形势的变化，北海银行总行和胶东分行先后组织力量，对烟台等城市金融工作进行了全面的调查与总结，为下一步城市金融工作的开始奠定了必要的基础。这时，通过货币战争的磨练，北海银行这个红色金融机构已经拥有了迎接更大挑战的经验和必胜的信念。

薛暮桥，这位被中国新民主主义革命锻造出来的社会主义经济学家，在世界上生存了102年，在追求富民强国理想的漫长一生中，1943年的惊涛骇浪恐怕不过是他在岁月长河中偶尔经历的一个涟漪。但无论如何，沂蒙革命根据地金融史上应该留下这位老人的名字，北海银行的发展史上更应该给他留一个位置。某种程度上，是这位老人把蹒跚学步的北海银行带进茁壮成长的青春期，他的扎实作风和敏锐判断使每位北海银行的工作者深信，经济学的确是造福国家和百姓的"经世济民之学"。

"经世济民"不但是北海银行工作总原则，也是新时代金融工作的宗旨所归，更是我们的共和国带领我们从胜利走向胜利的强大凝聚力和推动力。

（中国人民银行临沂市中心支行　邓强）

# 红色金融沂蒙行

## ——记北海银行鲁南印钞厂遗址

山叠嶂，水含情，金秋八月沂蒙行。

林壑幽美群峰立，硕果盈枝香气浓。

七十年前枪声响，东瀛猖狂神州沉。

焚我家园践我土，凌我同胞苦呻吟。

我党派兵来山东，沂蒙红壤扎下根。

譬若拨云走浓雾，漆漆长夜见北辰。

天宝山下朝阳洞，草深林密实难寻。

仰视石乳玲珑挂，俯察危岩势惊魂。

天造地设绝佳处，曾驻银行印钞人。

模版细细雕，着色密而匀，

石机印压稳，油墨赛清芬，

裁刀用力切，打码精又准。

冬时飘雪寒刺骨，夏日闷潮飞蠓蚊。

更有"合围"与"扫荡"，

难阻北海银行忠肝烈胆赤诚心！

印出北海币，抗战裕军民。

经济军事两条线，军民鱼水一条心。

驱逐倭寇扫阴霾，迎来丽日景色新！

旧址初登临，澎湃欲啸吟：

红色旗帜红色路，红色金融泽厚深。

抚今誓振中国梦，追昔不忘先辈人！

（中国人民银行茌平县支行　金庆友）

# 金银花盛开的地方（诗四首）

金银花盛开的地方
很早我就有一个梦想
去看看金银花盛开的地方
听说那里的山谷像九寨
听说那儿的山楂红遍山岗

自从加入了银行
我就有一个愿望
听说平邑有红色金融遗址
那里的山中有北海银行印钞厂

在蛇年初秋的早上
我随作家们来到天宝山
绿绿的松柏长满青山
弯弯的山路九曲回肠

站在山脚向上遥望
密林深处石壁如墙
那可是金融前辈创业的圣地
那可是北海银行印钞厂

一切都超出想象
条件如此艰苦，山路如此漫长
但一切都是事实
这便是红色金融人战斗过的地方

现在我们的国家蒸蒸日上
金融机构早已遍及城乡
高楼大厦林林总总
繁华的地段，宽敞的大堂

幸福生活来之不易
后人应代代把先辈敬仰
高歌一曲献给红色金融
高歌一曲献给伟大的党

### 天宝山吟

才落金银花，又闻果香浓
初谒天宝山，探寻朝阳洞
当年倭寇侵，齐鲁烽火浓
北海银行人，隐身此山中
何惧日伪袭，不怕毒虫叮
纸币源源出，锋利如刀锋
与敌拼经济，日伪胆战惊
红色政权稳，金融大业成

如今百业兴，国富民又荣
大国立东方，谁敢将我轻
银行如林立，高楼层叠层
大堂宽又阔，服务精又诚
如今思前人，为党献忠诚
当代众同业，敬业莫放松
振兴千秋业，民族必复兴
携手齐努力，实现中国梦

## 朝阳洞

前人不怕创业难，翻山越岭只等闲

血雨腥风不避让，枪林弹雨复经年

崖高洞深酷暑艰，冰天雪地石壁寒

更喜中华富强日，金融同行尽开颜

## 红色金融有感

巍巍天宝山，幽幽朝阳洞

弯弯登山路，曲曲林间径

虽已七十载，钞机仍有声

红币似炮弹，敌人心胆惊

不惧山风冷，不怕毒虫叮

为了新中国，慷慨献此生

作为后来人，丹心献金融

不负先人望，力图中国梦

（中国邮政储蓄银行山东省济南市分行　贾岩）

# 烽火熔金

## ——观北海银行鲁南印钞厂旧址而作

战火激情燃岁月，荡涤日倭泣如歌。

马背银行藏山里，朝阳洞中度坎坷。

为消敌顽穿火线，走马沙河百战多。

北海峥嵘多少事，红色光芒照你我。

（中国建设银行淄博市分行 马如军）

# 后　记

　　2013 年 12 月 1 日是北海银行成立 75 周年，山东省钱币学会于 2013 年 10 月 25 日在临沂市组织举办了系列纪念活动，召开了北海币学术研讨会，举办了学术讲座及北海银行及北海币实物展览。同时，与临沂市钱币学会联合编写《北海银行在沂蒙》一书，并筹建山东北海银行纪念馆，全面收集、记录和展示金融史研究工作者在北海银行红色金融文化资源保护、传承方面所做的工作，交流探讨研究成果，向社会宣传红色金融文化，教育引导金融职工弘扬北海银行优良传统和作风。

　　为进一步全面掌握北海银行在临沂辖区的历史遗存分布情况，2013 年以来，在人民银行济南分行领导的关心指导下，人民银行临沂市中心支行成立了由邓强、王强、李银等业务骨干组成的史料征集研究工作小组，对北海银行在全市范围内的历史遗迹、业务活动及实物资料进行收集、整理和研究。

　　寻访活动期间，工作小组冒着酷暑，深入各县区寻访北海银行亲历者、知情人和研究者，收集到大量有价值的第一手资料。在近三个月的时间里，工作小组累计出差 30 多个工作日，足迹遍布 50 多个乡镇、近百个村庄，行程 3 000 多公里；走访了全市各县区金融、地方党史和史志部门，召开座谈会 10 余次，上门访问 100 多人次；收集有关北海银行的图书资料及各县区金融史志、党史资料 25 册；拍摄照片 1 000 多张，现场录音 1 000 多分钟，拍摄录像资料 200 多分钟，收集到历史影音资料近 300 分钟；新发现待考证确认的北海银行及印钞厂遗址 10 余处，收集、借用或复制北海银行实物资料 150 多件，发现一批有重大研究价值的史料线索，填补了北海银行史料研究的空白。

　　本书在收集大量北海银行资料的基础上，由山东省钱币学会、临沂市钱币学会联合编写。临沂市委宣传部、市委党史研究室对本书的编写给予大力支持。本书分为北海银行总行在沂蒙地区的创建与变迁，北海银行在滨海、鲁中、鲁南的活动等几个部分，同时结合银行业务特点，撰写了《北海银行启示录》，并选辑了部分重要史料。书中收录了大量在本次寻访活动中发现的有价值资料，为广大钱币收藏爱好者和北海银行史料研究者提供了新的素材。

人民银行临沂市中心支行负责牵头本书的编写工作，邓强负责编写工作的日常组织协调、史料整理和考据工作。全书由贺传芬统一审稿，第一章、第二章、第三章由邓强、李银撰写，其中北海银行大事记由李银撰写，李克彬参与部分章节的撰写，第四章由邓强撰写，附录一由唐士文选辑，附录二由中国金融作家协会山东省创作中心组织撰写。感谢为本书的资料收集和编写给予帮助支持的单位及有关人员。

由于编者水平所限，本书难免存在一些疏漏和不当之处，敬请广大读者批评指正。本书出版之际，山东北海银行纪念馆筹建工作也在临沂市正式启动，恳请关心北海银行史料研究的党史工作者和金融史工作者，继续关心支持我们的工作并多提宝贵意见。

**本书编委会**